不能成为什么，但能想象什么，这是真正的御座；不能要求什么，但能欲望什么，这是真正的皇冠。任何由我们放弃的东西，都会由我们完整无缺地保留在自己梦中。

——佩索阿

新青年文库

新青年小历史读物系列

【图文本】

小历史的蕾丝花边

爱与欲望

蒋蓝/著

中国青年出版社

目录

爱与欲望

AI
YU
YUWANG

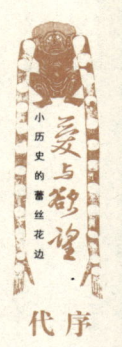
小历史
的
文体变革
一个随笔主义者的世界观

　　阅读奥地利作家罗伯特·穆齐尔（1880—1942）的汉译作品，从《没有个性的人》到《穆齐尔散文》，差不多持续了一个月。我的感觉不是曲径通幽，而是觉得我像一只飞蛾，在越来越危险地靠近火苗，无法刹车，直到火啃噬掉羽翼的边缘，我就大口呼吸自己的一股股肉香，开始下坠……

面膜下的明快与犹豫

　　穆齐尔生长在一个颇有名望的家庭。17 岁进维也纳军事技术学院，1903 年进柏林大学攻读哲学、心理学、数学和物理。1908 年获哲学博士学位。1906 年出版长篇小说《学生特尔莱斯的困惑》，获得好评。获博士学位后放弃在大学任教机会，选择了作家的职业。后又出版短篇小说《协会》、《三个女人》以及剧本《醉心的人们》、散文集《在世遗作》等。

　　根据翻译家张荣昌先生的介绍：穆齐尔穷尽毕生之力，却没有完成《没有个性的人》。这显然是一部超级小说，第一卷（包括第一部《一种序言》19 章和第二部《如出一辙》104 章）初版于 1930 年，奠定了穆

齐尔的世界声誉。与许多德语文学大师一样,穆齐尔的写作态度极其缜密,一些章节他修改竟达数十遍,直到自己认为完全满意时为止。后在出版商的再三催促下,又有 38 章在 1933 年面世,这就是第二卷第三部(《进入千年王国》)。这两卷三部 161 章便是今天呈现在中国读者面前的译本。后来,希特勒占领奥地利,第三部的另外 20 章(即第 39 章至第 58 章)的出版便受到阻挠,此后,穆齐尔生活在贫病交加之中。1938 年,他流亡瑞士,从此便渐渐为世人所遗忘。但是穆齐尔笔耕不辍,直到逝世前一天的 4 月 14 日,他仍在润色书稿……

1952 年,即穆齐尔死后 10 年,著名出版家阿·弗里泽首次整理出版了包括作者遗稿在内的新版《没有个性的人》,全书共两卷,2160 页,汉译约 100 万字。我仔细观察着穆齐尔死后制作的面膜照片,额头上有两道非常深刻的皱纹,而比较起他暮年时代的照片,可以发现面膜上的穆齐尔还悄悄藏匿了靠近眉弓的那一条皱纹,哪里去了?我想,穆齐尔大概把它收回到额头里,继续他随笔主义的思考。或者,他金蝉脱壳了。

随笔主义是穆齐尔在《没有个性的人》里独创的一个概念,是主人公乌尔里希的生活理念与思考方法,同时也作为一种美学风格灌注在穆齐尔的创作当中。徐畅博士在《可能的文学——罗伯特·穆齐尔的随笔主义》(《外国文学评论》2003 年第 2 期)一文里认为,"随笔主义"的雏形是乌尔里希青年时代奉行的一种把当前的生活视为假设 / 可能的生活态度。核心就在于不把眼前的现实看作绝对的和最终的,而是仅仅将其视为无穷可能性中的一种,视为一种像数学假设一样不具备长久有效性的临时状态:

> 他的天性中有一种自我发展的意志。这种意志不允许他相信任何完善的事物,但是他遇到的所有事物却又显出一副完善的样子。他隐约觉得,这种秩序并非如它显现出来的那样稳固,没有哪件事物、哪个自我和哪个原则是确定的,一切都处于一种看不见的但却永无休止的变化之中。不稳定中比稳定中包含着更多的未来,而当

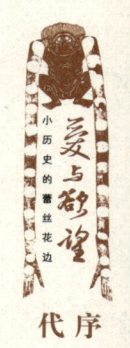

前只不过是人们尚未走出来的一个假设。（罗伯特·穆齐尔《没有个性的人》，张荣昌译，作家出版社 2000 年版第 288 页）

对生活的种种不确定，弥散到笔端的，不仅是现代主义肇始阶段特有的狐疑、孤独气息，而且是纷至沓来的"假设"与瞬息万变的"可能"性推论。这是一个作家调动文学形象的"试错法"，他渴望接近答案，但这似乎不是生活中的那一种难以逃脱的、无法宰制的结局，而是依据自己的思想向度，按照思想的逻辑而终然抵达的一个地界。这又表明了随笔不是情绪的涂鸦。

这就意味着，随笔主义不但是一种生活态度，更是一种向内心纵切的思考方式，闪烁玻璃的碎光。就一个作家而言，它已经意味着一种明确的、有意识的试验精神：差不多就像一篇随笔按段落顺序从不同的角度去处理同一个事物但却并不从整体上去把握它一样。

穆齐尔实际相信，用随笔主义的方式，他能够"最正确"地看待和处理世界与自己的生活。他笔下的乌尔里希，俨然就是他派遣到文学中从事冥想战斗的影子武士。

1938 年他在托马斯·曼的赞助下流亡瑞士，住所离当时名满天下的詹姆斯·乔伊斯仅几步之遥，可是他竟从未想过去拜望后者。诺贝尔文学奖得主、奥地利小说家、剧作家埃里亚斯·卡内蒂回忆穆齐尔时写道："他是一个战士，又像一只乌龟般的敏感；他拒绝一切的态度使他在人际交往中显得极度傲慢，同时他又非常渴望帮助，内心极其不安，以至于他在他只和他妻子常去的咖啡馆总是只选择同一个座位，在这个座位上他可以始终看到门，因为他非常怕出现意外……"（吴勇立《没有个性的人"——穆齐尔素描》，《世界文学》2003 年第 2 期）

既然已经放弃了一切个性，成了"忍者神龟"，那就只能从事壳中思考了。

随笔的追根朔源

在此，我们不妨简略梳理一下随笔的渊源。

"随笔"（Essay）一词源于法语的 essais，其拉丁语本意即是"尝试、试验、试笔"。在此，随笔作为一种"试验性"文体的特点，已经被穆齐尔深刻领悟并在写作中有意识地运用了。

在我看来，自古希腊始，随笔的源头就是口头语，动机是辨析、演绎、靠近真理。它汇集了演讲、辩难、问答、自语等等形态。古希腊的演说家将雄辩术推至登峰造极，而左右政治家命运的也正是雄辩术。比如，吕西阿斯是一名雄辩的天才，由于地位低下，他被剥夺了当众演讲的资格。于是他就把自己的天分转移到撰写演讲稿上，成为著名的演讲撰稿人。在羊皮/纸上矗立起来的雄辩言辞，是否就是随笔的启始？其实，叫"随口"文体可能更接近雏形。

索绪尔对于人们拘泥于书面语（比如文学）非常不满："但是在这一方面，语文学考订有一个缺点，就是太拘泥于书面语言，忘却了活的语言；此外，吸引它的几乎全都是希腊和拉丁的古代文物。"（《普通语言学教程》，商务印书馆 2002 年版，18 页）从鲜活度而言，显然口语高于书面语。这固然反映了索绪尔对后世西方文学"嗫嚅症候"——声音高于语言的不满，但他所言并不完全适用于汉语。

随笔主义固然是穆齐尔提出来的，但并非空穴来风。我们在英国随笔的演变中，就一再目睹了随笔的机变。

蒙田固然是思想大家，而他把文集命名为《Essais》，并非出于礼仪性的谦逊。尝试性而非正儿八经反省自我、独抒己见，这种不拘形式的尝试性随意态度与深邃、博大的思想相糅合，正是蒙田随笔文体形成的基础。蒙田的《Essais》引入英国以后，译为《Essays》，英语原意也为"尝试"、"试笔"，并带有论说文的意思。

蒙田自己承认："我所描写的是自己。"对此，孟德斯鸠说："在大多数作品中，我看到了写书的人；在本书中，我看到了思想的人。"也许过于彰显思想的力道，季羡林先生在《漫谈散文》里，有一段议论

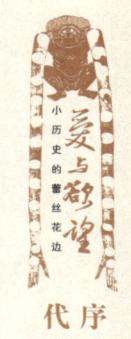

涉及蒙田："蒙田的《随笔》确给人以率意而行的印象。我个人认为在思想内容方面，蒙田是极其深刻的，但在艺术性方面，他却是不足法的。与其说蒙田是一个散文家，不如说他是一个哲学家或思想家。"（《1998中国最佳随笔》，辽宁人民出版社1999年版）季先生论说颇精到，但也把蒙田称为散文家，可见事情的难办。

鲁迅把Essay译为"杂笔"，看来鲁迅更多地注意到了文体的杂芜；而随笔之随，更暗含了随心而为之意。

既是随心，随笔的试验精神就是随笔最高的精神宗旨，悄然贯注于思想层面与文体嬗变。

既是试验，随笔的宿命就是历险。

话说回来，这还能保证壳子里的安然而思吗？

不管怎样，鉴于杂文和随笔本质上都是以议论为其内在的魂灵，它们从散文的方阵里遗落，坠生民间，分别形成了独立的文体。

我注意到，在汉语写作中流行了十几年的人文随笔，从来就没有被从未命名的"人文散文"置换过。林贤治先生对人文随笔的解释很清晰：抛弃学院立场，坚守民间，以此立场表明一个非学院的民间价值向度。我认为，随笔不但是散文界的撒旦，也是文学散文的异端。散文需要观察、描绘、体验、激情，随笔还需要知识钩稽、哲学探微、思想发明，并以一种"精神界战士"的身份，亮出自己的底牌。

散文是文学空间中的一个格局；随笔是思想空间的一个驿站。散文是明晰而感性的，随笔是模糊而不确定的；散文是一个完型，随笔是断片。

这没有高低之说。喜欢散文的人，一般而言比较感性，所谓静水深流，曲径通幽，峰岳婉转；倾向随笔者，就显得较为峻急，所谓剑走偏锋，针尖削铁，金针度人。

面对一棵果树，我的朋友白郎使用了一个类比：散文会对这棵果树的生长、开花、果实、色泽、气味等等进行全方位描绘，并勾连自己的情感记忆，得出情感性结论；随笔是掰开果实，品尝味道，让果酸在味蕾上找到那些失去的，并获得理性品析的结果。如今，汉语人文随笔已逐渐出现一种趋向"打通"的努力，这是值得期许的。

所以，不能结果的花，自然是花；但剑身的锈，却不能叫锈。

断片是对思想的深犁

而在德国浪漫主义作家的文体当中，随笔铺天盖地，摇曳多姿。最引人瞩目的乃是"断片"的丛生。

断片并非碎片，更非整体的碎屑。断片是对思想的深犁。

"断片"不是"片断"、不是伟人"语录"，也不是拉罗什福科的道德"箴言"（那种通篇找不到一个"我"字，而是充斥了"我们"的虚拟群体道德话语的"箴言"不在此列）。"断片"特指古希腊以降的一种思想性文体。从古罗马奥勒留《沉思录》，到留基伯、奥维德的断片文献，从帕斯卡《思想录》到尼采《查拉斯图特拉》，从施勒格尔《雅典娜神殿》到利希腾伯格的《箴言集》，再到俄罗斯的"狂人"罗扎洛夫的大量断片，体现出思想大于文学的特点。就汉语写作而言，从张申府的《所思》到鲁迅的《热风》，从萌萌的《升腾与坠落》到陈家琪的《人生天地间》，却逐渐使思想的彰显与意象的深植达到了某种均衡。

"断片"不但是德国浪漫主义者阐述文艺理论的一种形式，而且是他们打捞梦境、触摸天庭、神游太虚的一种历险文体。他们已经将"断片"的灵活性和开放性功能，发挥到了随心所欲的地步。从施莱格尔的《雅典娜神殿断片集》到诺瓦利斯的《断片》和《新断片》，从歌德的断片再到本雅明的断片，断片成为了浪漫主义者记录思想的吉光片羽。所以有学者断言，没有"断片"就不会有德国浪漫主义者们对后世文艺理论批评界的影响。

从思想层面而言，浪漫主义者意识到，全面真理是不可能达到的。人们只能永远处于一种接近全面真理的状态，而问题和结论永远处在一种运动中的、开放的状态，所以，"断片"就成为了他们朝觐历险之路上的一副木掌。

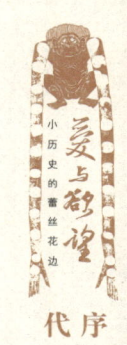

从高处着眼,断片就是个体思想者逾越天堑与宏大叙事的一根钢丝。

常识告诉我们,思想必须通过它最"对位"的文体来表达。文体之变,宛如兵器之于技艺的重要。显然,文体意识是由文本在读写过程中的自有功能所决定的。它主要体现在两个方面:为写作提供了编码程序;为阅读暗示了解码方式。我再提示一个如下的言路:思想往往是在思者毫无准备的情形下光临的。它总是以缓慢的姿态出现,让思者松弛下来,准备好盛接它的器皿。它以一个形象、一个反诘、一个断片的彰显来还原我们渴求的形象。时间被劝化了,空间柔软而浑圆,思想得以打开,使黑暗进一步黑下去,黑得雪亮;思想使光进一步纯粹,就像刃口上飘过的细雪……

当思想使思者无声地受孕于一瞬之时,当事人就能感觉到,思想是一件需要精心准备的后事,是让大面积的时光通体流过而无须阻拦的时刻,什么事也不能干,就让它通过。这让我想起了伽达默尔在《存在·精神·上帝》中道出的思想实质:"所谓思想,就是在思想中工作。因为思想的激情令他震颤,如同受着凌驾在他之上的暴力的胁迫和一个被果敢地提出的问题的激发一样。"

但,思想是一件需要放弃"用力"的工作。思想是一种富有意味的慢。有时,"比缓慢更缓慢"。

卡夫卡日记里有很多断片,洛特雷阿蒙所呈现的也多为断片。法国诗人蓬热说:"打开洛特雷阿蒙,整个文学便像一把雨伞般翻转过来,合上他,一切又立即恢复正常。"佩索阿的《不安之书》也是断片,准确诠释了随笔主义的峰回路转。再如钟鸣的《徒步者随录》,梁小斌的《梁小斌如是说》、《独自成俑》,刘恪《词语诗学·复眼》和《词语诗学·空声》,张炜的众多随记,均是汉语断片的典范之作。

我们看到思想之流连续不断。但事实却非如此。我们发现,每两个思想之间都有间隙。当过去的思想过去了,而未来的思想尚未生起时,你将发现当中有间隙,心性就在其中显露出来。因此,思想就是要让思缓慢下来,让间隙越来越明显。明显到一朵花盛开,凋谢,结果,然后,

看着果实从枝头落下，慢镜头一样，落在间隙里，成为一棵草……这种对思之片刻的空前重视早就引起了前人的警惕。诗人瓦莱里就说："要什么样黄金般辉煌的时刻，才能补偿因失去片刻光阴而产生的痛苦？"形成思想的过程是间隙、断片而飘零的，间隙使之得以畅流，断片使之完整，飘零使之有根。在若断若续的偶合中，弱力的构造开始用持续的忍耐力展开它强的一面。

这就意味着，最适合个人思想表达的文体，往往是断片式的，而非体系性、制度性的高头讲章。

按照 Leech（1975：188）的观点，词化是将某些语义成分"包合"在一起形成一个词，使之在句法上当作一个不可分割的整体来使用。进一步可以发现，遍布在断片文体当中的动词，加上不同的修饰语可以表达多种语义，语义具有极大地包容性。动词除了基本语义，一定还兼有某些附加语义。它们之间的横向缩略为词，在语义学中被称为"词化"。当然还有各种缩略语的词化方式。词化促使了隐喻文体的进一步凝聚与内陷。隐喻网络的一致性，构成了主体的象征。在我看来，词化程度越高的文体，就越能反映写作者精神的层次性。这些布局看起来有些像暗道机关，识门径者幡然抵达，闲人止步，构成了一种敞开、分岔、清晰、迷惘的格局。但走出米诺斯迷宫的丝线，却是强韧的理性。

在我看来，如果说断片文体的弱项，恐在于递出思想的刀口之后，却无法展示思想的起承转合，结论陡峭而尖利，易授人以柄。但退后一步想想，大凡极具冲击力的思想，矫枉过正，总有些"偏激"——这话，又往往是中庸之辈竭力把芝麻放大为西瓜并企图绞杀异端的习惯性证词。

在此，我无意再做繁琐的分析了。我提出这些问题，目的在于提示随笔主义在汉语中的文体意识还将进一步丰满和强化。它将受到文体规律和实践的双重左右，以一种不断嬗变的态势，趋近思想的说出、落地生根和圆成。

这样的随笔会斜睨纤细的散文，会反对宏大叙事，会反对大词写作，会反对制度性散文。这样的随笔没有武器，如果非要自卫的话，那就是

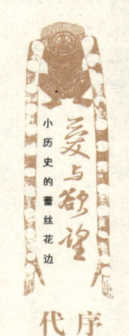

随笔中的断片。

这样，我心目中的随笔主义逐渐就清晰了——

它的价值立场是高扬理性自由的。在前行过程中尽管有无限的可能，但关注每一个可能就是打通靠近自由的路途。

它的文体意识具有试验精神，具有不确定的文体特征。断片是思想的犁沟，构成一种逶迤放射的隐喻文体。

无须架空形象来梳理思想。把理念还给思想，让理念流动在思想之中。

鉴于随笔的主题私人性、结构随意性、感情亲和性，就无须回避在思想演绎过程中对情绪的接纳。

我在蜀地的言路

多年以来，我的随笔写作偏重思想言路，是置身个人生活深处的回顾与探幽。我在个体的、碎裂的、独木难支的思考中写下文字。如果它们是一地的碎片，拼合起来的光，注定要大于一块镜子的光学时空。

但博尔赫斯好像这样说过："左右相反的鸟在镜中离去。"

有时，看看周围风起云涌的文学党人，还在忘情地修造一些走向空中的巴别塔，但他们的装修策略过于简单。一些取自海德格尔麾下的诸种词句，墙体的瓷砖拼贴，塔身在低云的掩护下，得到了遁词般的呵护。想起来，他们既然无法像叶芝那样独守巴利里塔，把头颅埋入星群和回忆，那就不妨听听诗人杨炼的话，可能更接近现实："他的塔是向下修筑的，一级级通向地心深处。"

2009 年 5 月中旬的某个上午，突降暴雨，我在诗人、收藏家钟鸣家听他谈蜀玉文化。雷鸣电闪中，他高亢的语流擦亮一屋子的古物，硬玉闪出诡异之光。镌刻在玉刀、玉斧上的古蜀文字，张开翅膀。

我注意到，蜀人的祖先鱼凫，以打鱼为生，后来杜宇教会老百姓耕作种桑，古蜀国进入农耕社会。而三星堆的发现，将古蜀国的历史延伸到 5000 年前。

请注意《韩非子·说林》中的一段话："鳝似蛇，蚕似蜀。人见蛇则惊骇，见蜀则毛起。然而妇人拾蚕，渔者握鳝，利之所在，则忘其所恶，皆为贲诸。"蚕是益虫，蜀是毒虫；蚕、鳝鱼是善良的，蜀、蛇则是恶毒的；蚕代表中原主流的农耕性、编织性的主流文化，蜀则是西南一翼特立独行的祭祀性、消解性文化。

蜀地古来就是与中原相对峙的吗？就像一个人在对峙一个积累深厚的奥吉亚斯牛圈，就像蚩尤的脑袋被主流者砍下来，球一样踢。

思想必须在具体时空当中进行，"发生"一词在英文里作 take place，意思就是"找一处地方"。是的，我只是在几千年之后的蜀地之上工作、生活、写作，但是我逐渐清晰地意识到，放弃全部的个性会让一个人面容模糊。成为一个思想者，让思想成为了自己的影子内阁。如同一棵树，回到了火柴盒，它只能想象、只能预测自己举起火的时刻。

我想到了汉语当代文学里的一种命名现象：文学人总是喜欢从西方哲学那里借鉴术语，然后予以翻新处理。其实，无论加入了怎样的修饰，甚至与原初定义南辕北辙，但总难以摆脱错位的宿命。1955 年 8 月海德格尔在法国诺曼底所作的《什么是哲学》的讲演中指出："如果我们用希腊耳朵听到一个希腊词语，我们就会追踪它的 Legein（它的说话），它所说的直接的、当下的显现。它所显现的乃是当下存在于我们面前的东西。通过可以听见的希腊词语，我们直接处在事物本身的在场之中，而不是首先处在纯粹的词语——符号的在场之中。"这还进一步意味着，你用汉语文学的耳朵贴近海德格尔的贝壳，存在贝壳、在场贝壳、诗意贝壳、栖居贝壳，听到的未必是大海的涛声，而多半是自己耳朵里的嗡嗡声——记得几年前，美尼尔氏综合症就这样困扰我的耳朵。

我们是不是可以像穆齐尔那样，从文学现实、而非通过异己的耳朵来厘定自己的思想向度？

所以，对我而言，远没有诗人雪莱《西风颂》中"冬天来了，春天还会远吗？"的昂扬乐观。因为，有很多人是没有春天的；我也没有像波伏娃在《人总是要死的》当中体现出来的那种生死观。那个得到永生的、

经历了欧洲六百年风云的人物——雷蒙·福斯卡，在漫长的生涯中明白了永生乃是一种天罚。既然如此，死固然是一种解脱，那么活着，活着思考，就是我热爱的工作。

最后一点，如果一个巨大的意外命令我终止自己的工作的话，因无法抗拒，我也会终止。我会想起"和光同尘"的气息。

使事物变得熟悉起来并不困难，困难的是：要能够让熟悉的事物再度陌生。就如同我向落日举行柔术一般的鞠躬，然后从胯下看出去，就发现那些巍然的巴别塔，顶着一个球。塔居然是向下修筑的，一级级通向大地的黑暗……

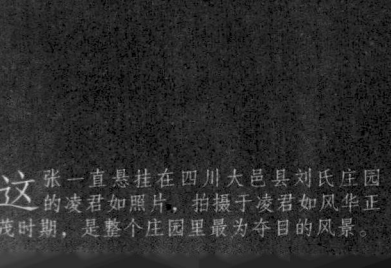

这张一直悬挂在四川大邑县刘氏庄园的凌君如照片，拍摄于凌君如风华正茂时期，是整个庄园里最为夺目的风景。

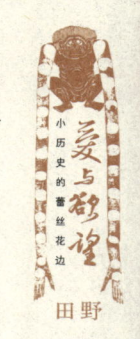
身世揭秘

刘文彩三姨太凌君如

早晨一直下着小雨，水雾的丝绒从金沙江与岷江汇流处的旷达水面蒸腾而起，也将合江门码头以及长江起始点的地标广场笼罩在久远的历史迷雾中，置身其间，有一种很不真实的感觉。今天是 2009 年的元旦，宜宾的市区已经在细雨的渗透下苏醒起来，唯有这俯身大江的合江门一线，似乎被一两声汽笛声牵引着，隐隐绰绰地滑向了江心……

冠英街的青砖风火墙不断将水雾抬高。墙壁上的灰雕花卉和祥云宛如梦游。它慵懒而卷舒，朝里而卧，只把弧线曼妙的肩背和绿腰转向凹凸不平的石板甬道。这倒影立在石板上的水洼里，宛如事物的背面，在斜依的房檐阴影中，有一种步步生莲的韵致。

因为在报社工作的关系，我到大邑刘文彩庄园采访过多次。记得2005 年夏天陪北京作家祝勇到庄园采访，站在凌君如的几幅老照片前，祝勇停留了很长时间。

凌君如的眉毛浓黑粗短，与瓜子脸并不相配；上嘴唇丰满，而下唇过薄；鼻子具有川人特点，鼻梁矮平，缺乏立体感；但烫过的头发却枝蔓袅娜，挽住了一种与她年龄不太相称的老练。

祝勇也认为，从五官长相看，凌君如并不出色。她没有一张露出笑意的照片，也毫无上世纪三十年代交际花那种特有的烟视媚行。黑白照片上，她显得文而不弱，宛如一枝凌霄花，被那旷达的黑暗所支撑，才没有从镜框边缘逸出。从她刘海遮掩下的眉梢里，飘浮着一脉忧伤底色中的沉静。这对于一个偏僻乡野出身的弱女子来说，不能不承认她的历练已经打熬到了相当火候。

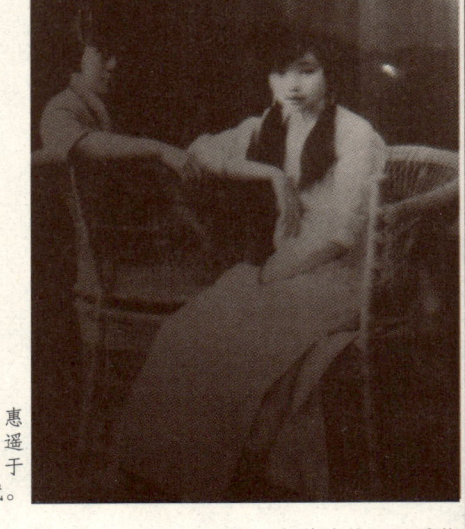

凌君如和梁惠茹坐在逍遥椅上。约拍摄于上世纪三十年代。

凌君如身着旗袍，双手抱肩，以一种上世纪三十年代的海派造型烟视媚行，露出了罕见的笑容。梁惠茹则像一个淳朴的教师，反差极大。

来自宗场乡大楼子的丽人

刘文彩一生共娶了 5 个女人，发妻吕氏，正室杨仲华，姨太太凌君如、梁惠如、王玉清。当然还有一些姿色卓异的女人穿插其间，只有杨仲华育有子女。叙府时代的刘文彩最喜欢凌君如，凌君如带给刘文彩的，是一种令玉山倾倒、令金河澄清的噬骨魔力。

二十世纪二三十年代，宜宾城大约有四五万人。加上自重庆、川南、滇北逶迤而来的从事商业贸易以及众多的鸦片贩子、捐客、大爷、赌棍、戏子、娼女，宜宾城的人口也在五六万人左右。刘文彩在宜宾权势鼎盛时期，社会上传说他有所谓"四熊"、"二壶"、"四副官"，号令一出，官道黑道，莫不风从（笑蜀《刘文彩真相》，陕西师范大学出版社 1999 年 11 月版，146 页）。每到夜晚，各个路口、烟馆的灯笼一亮，整个叙府俨然是刘文彩麾下的盛大夜宴。这等声势，找几个姿色出众的女人易如掌上走水。但世界上有些事情，尤其是情事，往往不在生活逻辑的掌控之内。男人就像金沙江里的漂木，横冲直撞之余，突然在水面徘徊不去了，围绕一个平静的、永无休止漩涡跳起了笨拙的狐步舞。凌君如的漩涡宛如黑洞，真把刘文彩卡在那里，让"土老帽"刘文彩露出了塌陷的肋骨。

涉及凌君如的所有文字资料上，均异口同声地指出，她出自娼门，

乃是叙府名妓。而实际情况要复杂得多。

据宜宾民间文化学者丁芝萍的田野考证，凌君如的弟弟凌寿勋（应作"凌受勋"。他改换过很多名字，这是使用时间最长的一个）曾对她亲口讲述说，凌君如出生在宜宾县的象鼻镇的镇上，生父姓张。但据宜宾市翠屏区政协文史委员会未刊资料《存稿精选·刘文彩专卷》中，孙望山先生于1983年6月12日提交的手稿《刘文彩二三事》一文（原文1800字，王国瑚先生于2000年3月16日重新审理）明确记载，凌君如本姓喻，宜宾象鼻场街上人，生父与后来的凌友臣均是袍哥中人。丈夫死后，母亲曾胖子带着凌君如嫁给宜宾县宗场镇凌友臣（有成）后，始改名换姓。可以肯定，母女应该没有血缘关系，因为母女的年龄不会相差太多，后来母亲与凌友臣所抱养的几个弟弟，年龄竟然比凌君如小十几二十岁。也就是说，最大的可能是，凌君如同她的兄弟们一样，是凌家抱养的。

根据宜宾宗场乡凌姓家族的排行，清乾隆庚申年（1740）"编班二十字"记载，按照"均受生成慧，群沾富教公，传家惟孝敬，积善自昌隆"字辈，由此推断，一般文字资料写作"凌君如"是望人生义的，应该作"凌均如"才符合实际。

养父凌友臣何许人？凌友臣乃是叙府袍哥"叙荣乐"里跑二排的干滚龙，据说是"吃喝嫖赌，五毒俱全"（凤栖《小老丈人与"和记"赌场》，见四川人民出版社《龙门阵》1987年5期，63页）。在"干馇"过日的岁月里，他跑过马帮，也经营过茶社、旅店、川戏班子，但主要是为盟主两肋插刀，也为地头蛇干些"下事脚"的拉皮条、安排烟馆、找东西、勾兑关系的勾当，从中牟利。这等"跳滥坛"的货色，肩膀扛个安了滚珠的脑袋，手脚发痒，两眼喷火，面对一个与自己非血缘关系的吃闲饭的俊俏女儿，能够干些什么，完全可以推论出来。

值得一说的是，哥老会源于四川，是近代中国活跃于长江流域，声势和影响都很大的一个秘密结社组织。在四川的哥老会被称为袍哥，而"哥老会最赞扬和称道的是'值价'。'值价'是所谓临死不求饶，挨

位于宜宾宗场镇大捲子村的凌友臣故居。凌君如随母亲来到凌家，大约12岁。

打不喊痛，也叫不'拉稀摆带'。'值价'的被官府拿获，任你严刑拷问，绝不泄露会中秘密和指出同伙。如不值价，就不算袍哥"（何俊民、何嗣源、蒋紫垣等《宜宾哥老会》，见《四川文史资料集粹》第六卷，四川人民出版社1996年12月1版，461页）。凌友臣的社会交往和生活环境，对凌君如无疑有影响。袍哥的剽悍、坚韧以及面对"三刀六洞"的淋漓血气，在凌君如后来的岁月里，逐渐焕发出与命抗挣的底色。

到达宗场凌家时，凌君如的年龄大约在12岁左右。那个年代的人总是成熟得过早、过快，艰辛成为了生活的常态，可以让人成为易耗品，就像投之入水的一幅美轮美奂的绵竹年画，春花秋月的纸上遣兴，迅即化为了纤维的丑陋和褴褛。

学者笑蜀在《真相》中引证了一个资料，说凌君如"智慧超群，能歌善舞，皮肤白皙，身材苗条，其娇弱羞柔的媚态，袭人魂魄"。而长期居住在大邑安仁镇、在安仁镇中学当了几十年语文教师的胡嘉老先生著文指出，凌君如具有初中文化，能歌善舞。她皮肤白皙，身材苗条，剪短发，娇姿百媚，口齿流利（《刘文彩的婚外恋》，《成都掌故》[第二集]，四川大学出版社1998年9月1版，635页）。这等风月技术，不可能天赋灵异、无师自通，就像西施被越国委以复兴大任之后，曾专门请老师对其"教以容步"。这是什么意思？"容步"不是学习表情与猫步，这是特指中国古代神秘的媚术。这种取悦于他者、进而对自身施以全方位的的媚术革命，体现为个人内与外均被他者宰制。这里的"容"，

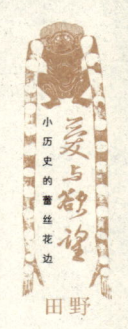

可以理解为三层意思：其一是从外美其姿、自内丽其容；其二是容忍、包容他者的一切；其三就不好说白了，显然与性事有关。单这几点来说，肯定比死难。因爱（或伪爱）而容忍一切献出一切，是漫漫长路，远没有一死了之的爽快与英武。面对"他者"，西施的身体越来越抓不住那些滑腻的信念。无数的行政指令在她玉体上打滑，被香汗越冲越远；而对凌君如来说，这个"他者"，就是各种地头蛇、袍哥大爷、江洋大盗从她身体上呼啸而过之后，扔下的一点钱财。显然，她要低级得多。

至今没有明确的资料可以证明，凌君如在宜宾的"台基"里讨过生活。"台基"和一般的妓院不同，不挂牌，不对外公开营业，来者务必经熟人介绍方能接受服务。这种来自十里洋场的风尚，也顺着长江逆流而上，成就了叙府的繁荣与通幽曲径。

据宜宾市翠屏区政协文史委员会未刊资料《存稿精选》中，收有一篇寄自"宜宾县草堂公社白杨大队柳村生产队"署名"严骧"于1989年元月提交的手稿《刘文彩与敲门捐》（原文1300字，王国瑚先生于2000年3月16日重新审理），从行文模式推断，成稿时间应该在"文革"时期。文中指出，凌君如是宜宾县立女子中学（现宜宾市二中，位于女学街）的学生，在学校已是名噪一时的"校花"，并且"作风不正"。是否毕业，文中没有提及。如果这个记载真实的话，就有些意思了。1926年巾帼女杰、抗日英烈赵一曼也曾在这所学校就读，从时间上推断，她们极可能是同学。金沙江泥沙俱下，谁能料到日后她们的人生之路，竟有云泥立判之别呢？

至今宜宾的老人们，还能绘声绘色讲述凌大是如何一步一步"做大"的，众口沸腾，难免就有多个版本。毕竟，"跑滩匠"凌友臣与"叙南王"刘文彩之间，尽管同居一城，地位却隔着千山万水的距离，不亚于从叙府赶赴十里洋场上海。

综合几个民间版本，分析起来，应该是凌君如首先成为了叙府"四路诸侯"之一曹荣光的情人，开始涉足风月。东路区团总曹荣光升任了宜宾县征收局局长，对刘文彩感恩戴德，设宴款待，让凌君如作陪。刘文彩如见天人，人立即呆了。曹荣光看在眼里，将凌君如拱手献出。就这样结成一对"神仙眷侣"。这是笑蜀在《刘文彩真相》一书里的说法。

但我以为，流淌在宜宾民间的百姓说法更为合理。凤栖在《小老丈人与"和记"赌场》指出：凌友臣看准了凌君如的姿色，但必须寻找识货者。他到线子市本地最大的烟馆"北园"找到了另一"诸侯""虞某人"，希望"虞某人"调教、通融。这人就是虞汉逵，本就是袍哥"叙荣乐"的头面人物，凌友臣的顶头上司。凌友臣向其求助，也合情合理。虞汉逵时任叙府北路区团总，后来做了宜宾县财务局局长。但凤栖的说法仅是孤例，无法证实。

总之，在袍哥大爷的授意下，凌君如旗袍裹身，削背蜂腰，纤颈凝脂，变得花枝招展。她出入江湖场合，不但学会了裹烟、吃烟、打牌和酬宾待客，也结识了叙府众多浪荡公子和重庆来宜公干的军界俊彦，为她动荡闪跌的感情史埋下了巨大的伏笔。

当时叙府城内，最豪华的交际场所就是上百家鸦片烟馆。名气最大的几家，如位于走马街的"大来烟馆"等等，冬有火盆、烘柜、棉被、皮褥，夏有凉枕、凉席，"小卖部"还供应名茶、上等香烟、糖食、水果（宜宾市政协文史办《宜宾烟祸纪要》，见《近代中国烟毒写真》下卷，河北人民出版社 1997 年 4 月版，156 页），设施一流，成为了当地的上流社交场所。在这一氛围里刻苦自修的凌君如，我们无法得知她的心情，但根据她频繁出没这些场所来看，她很快适应了这种氛围。

她什么时候可以出山斗法呢？一般规律是，因为吸鸦片毒瘾太深的男人，会从生理到心理逐步变态，并形成一种畸形的感情：借鸦片的羽翅而凌空高蹈，难以回到地面，因为损害了身体，逐步把性的生理需要转化为精神性的敏捷和睿智。但问题在于，这个过程不是一蹴而就的，在开始阶段，幻觉甚至可以把绵羊变成雄狮。而自称"抽要要烟"的刘文彩更概莫能外了。

这几乎是必然的：当刘文彩在烟塌上见到凌君如，如见天神。凌君如抛弃了本地土话，已经可以操一口纯正的成都腔，银盘走珠，让刘文彩倍感震惊。桃腮半吐，莺声初试，就等于玉女把他活生生地从天上拉

2009 年元旦当天雨后的宜宾冠英街。

刘文彩在冠英街的公馆，如今仅剩一层外墙。

回到黑暗的大地。他非但没有恼羞成怒，突然发现，原来黑暗的大地玉体横陈，不可方物，简直具有"烂柯"的销魂美学。哦，真是别有洞天。

冠英街的凌大

刘文彩立即在冠英街买下了一座拥有三层建筑的公馆，供凌君如居住。推窗，岷江娴静温柔，如窈窕淑女；金沙江粗犷刚烈，像铁血儿男。二水在合江门相拥而泣，云雨而东⋯⋯

推算一番几个当事人的年龄是很有意思的——

凌君如大约在 16 岁时被刘文彩相中，随后"和记保险赌场"在叙府栈房街、走马街、外南街交汇处十字口的火神庙里开业，对外的名称仍是"和记茶社"，遂成为川南最大的赌场。刘文彩投桃报李，"小老丈人"凌友臣于是成了赌场总管，时间是民国十九年即 1930 年。刘文彩生于 1887 年，推测他把凌君如置入麾下时，应是 1929 年，时年 42 岁左右。凤栖在《小老丈人与"和记"赌场》一文里指出，凌友臣比刘文彩小得多，彭余罄《宜宾"和记保险赌场"》一文也持此说（见《近代中国江湖秘闻》上卷，河北人民出版社 1997 年 4 月 1 版，383 页），但丁芝萍走访宜宾宗场很多老人，认为凌友臣生于 1890 年，仅比刘文彩小 3 岁，那么凌友臣的年纪约在三十七八的样子。而凌君如的出生时间大致在 1915 年左右。凌、刘年纪相差三分之一世纪，这在那个年代可以说是甚为平常。

新版《宜宾市志》记载说，冠英街位于宜宾城区东部，东起合江门，西接寿昌寺。全长 204 米，宽 3.5 米。两旁多是清式民居建筑，古色古香，具有中国传统民居特色，原有观音阁，因之得名"观音街"。1940 年"雅化"街名，以谐音取名冠英街。旧时，此街富家公馆林立，大体为砖木结构平房或一楼一底楼房，且均有石柱大门，四面风火砖墙。院落多为两进或三进的四合院。其布局设计甚有特色，门窗雕刻十分精致。前几年为修建地标广场，拆除了冠英街临江的一截和望江楼，也包括刘文彩为凌君如购买的大院。加上"破四旧"时期拆除了刘文彩公馆，这等腰斩之举，就等于打断了街道的气脉和脊骨。如今，仅剩的"墨庄遗庆"大院相对完好，也最为气派。文化大革命"破四旧"时，只是将"墨庄遗庆"几个字用泥封了起来。1980 年代中期在这个大院拍摄《梨园春秋》时才将泥去掉，以至于很多游人误以为这就是刘文彩的公馆。其实，真正的刘公馆是"墨庄遗庆"的对门所在，为冠英街 8 号，即如今仅剩一层单墙的"假屋"。据宜宾民间文化研究者丁芝萍考证，"墨庄遗庆"的房主为一刘姓中医，不知什么原因，房子落成后却并未居住，后来几度沧桑，成为了如今独撑冠英街的门面。

"墨庄"一典，普及之功源自名将岳飞。南宋高宗赵构绍兴六年十月（1136 年）左右，岳武穆率部西征时路过永新龙田，为感谢刘钦之子、驸马刘景晖饷军之热情，遂书写了"墨庄"二字相赠。"墨庄"意为藏书之室，比喻藏书之富。典出宋代文人刘式有藏书千卷，府第称为"墨庄"。我抬头望着这座东西风格合璧的建筑，推想房主那诗书传家的情怀，但眼前倒马桶和收垃圾的人，带着一脸的睡意和踉跄步伐从门洞里进进出出，似乎不是刚刚醒来，而是从地下冒出来的菌株植物。我索性闪进大院，探头探脑，东问西问。

雕栏边斜靠着铁皮炉子和鸡笼，上面铺有菜板和锅碗瓢盆，还立起一排遥遥欲坠的蜂窝煤。巨大的花缸碎成几块，有的成了磨刀石，有的则成为长满滑腻青苔的台阶。桢楠原木的垂花和镂空斜撑在油烟的熏陶下，依然可见木质的典雅。十几户人拥挤于此，生老病死。拐杖、垃圾桶、嗒嗒滴水的衣服和老化的密如蛛网的电线，已经把"墨庄遗庆"彻底消

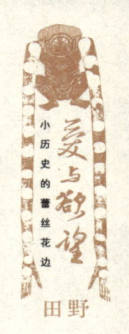

解了，成了地道的大杂院。

我听到几声熟悉的自贡口音，在一个角落萦回。那是一个身高不足1.5米的老人，嘴里念念有词，佝偻着腰杆在打扫走廊，这让她显得更矮。她转过身来，脸上密布的老人斑显得十分刺眼。老人叫戴淑华，自称今年82岁，出生在富顺县的流水沟（今永年镇），已经在此居住多年。谈及刘文彩和三姨太凌君如，老人浑浊的眼光渐渐飞起了几缕清泉，这让她的眼神进一步迷离，难以捉摸："那个时候，我们是见不到刘老师的，但凌旦我见过一回，那是因为我到宜宾'走人户'看妹子。我的妹妹戴顺清15岁来到宜宾，因为聪明漂亮，被凌旦选为贴身丫鬟。我还记得进入凌旦的公馆时情形，蒸笼垒起有一丈多高，冒着热气。蒸好的鸡鸭，筷子一剥，骨肉分家，肉是肉，骨头是骨头。啧啧，好阔气啊……凌旦的几个丫鬟都被她改名叫'白花'、'红花'。我妹子盘子生得好，人又乖巧，名字就被改成了'爱娜'……"老人的驼背似乎挺直了些，老人斑的间隙里飞起了罕见的红晕："凌旦呀，是我一生见过的最漂亮的女人！她的身材很瘦条，个子高，哎呀，走起路来一摇一摆的……"

在川南方言中，排行老大的娃儿，不分男女，往往把排行"老大"读作"旦"，并加以儿化音。至于大邑刘氏庄园博物馆在展品说明书里，注明凌君如又名"凌妲"，显然是无中生有。这不过是希望借助于"妲己"的狐媚来影射凌。成都老报人车辐先生指出，川南人卷舌音重，凡"二耳韵"发音的字，他们都有一种复合垫音，如猴子，他们读"猴沙儿"（《川菜杂谈》，生活·读书·新知三联书店2004年1月版，149页）。因此，娃儿依大小排行读为：旦儿、二儿、沙儿、四儿、碗儿、陆儿、七儿、把儿、酒儿。外地人一听这"旦儿"字就诗意飞扬，进一步附会为凌旦出身梨园世家，是唱川戏的旦角，这真是天大的误会。另外，无论是"他"还"她"字，本地人读作"拉"，"爱她"其实是"爱拉"，容易让听者误以为是"爱娜"。其实，即便是当时堪称叙府时髦风标的凌君如，也不可能如此洋化。

戴淑华口齿清楚，继续讲述着她妹妹后来不堪凌旦欺凌、深夜靠两盏马灯坐轿子狂奔150里逃回富顺流水沟的细节，细致而生动，而且合情合理，宛如明代的传奇。我静静听，没说什么。其实，单是戴淑华讲的时间就出现了明显矛盾。戴淑华自称今年 82 岁，妹妹才七十八九，至多出生在 1929 年，如何在 1930 年前后充当丫鬟？何况再过两年，刘文辉与侄子刘湘为争夺地盘爆发了"二刘之战"，刘文辉川南失利。1932年秋，刘文彩携凌旦等人也被迫离开了叙府。

2009 年 1 月中旬，我再次来到"墨庄遗庆"找到戴淑华老人。这次，她只是淡淡地说，"哎呀，老了，记不清了……"一阵江风吹来，老人泛红的眼睑立即淌下了泪水。我想，老人毫无撒谎的必要，但这当中到底出了什么问题？是"颠东"了，把自己的年龄减小了十岁？还是把一些道听途说归总，成为了自己与妹妹的经历？何况，当凌旦的丫鬟本不是什么值得炫耀的事情呀！

我告别老人，仍不死心。一头扎进冠英街 6 号院子，开始采访一位叫卢国芳的老人。恰好，她也是 82 岁。

卢国芳一边做着家务，一边回答我的问题。从面相上看，她至少要比戴淑华年轻十岁。她肯定地告诉我，她从来没有见过"刘老师"，只见过凌旦几面，时间大约在 1931 年以后，因为那时她也是个懵懂的娃娃。她清楚地记得（也许加入了她父母的一些描述），凌旦比一般人略高一些，估计身高在 1.65 米。她的包车上有两个金亮的铜铃铛，黄包车在石板路上跑，老远就听见铃铛声，跑得越快，铃铛就越发峻急。路人曾经打赌，说那铃铛是纯金打造的，但谁也不敢靠前去看个究竟。车夫凶暴暴的，衣裳角角要扇死人，路人立即闪开，车棚子也阻挡了人们好奇的目光。在包车前后，往往还有一到两部包车，坐的是马弁和丫鬟。但下人的车没有黄铜铃铛，车也要小气得多。

卢国芳回忆说，凌旦喜欢热闹，爱看电影，看川戏。那时没有啥子"包场"，所以凌旦一现身，立刻就是众人仰慕的中心。"老师你不晓得，凌旦身上散出来的那个香气，黄包车跑过了还闻得到！到了公馆门口，她下黄包车，奶子高耸，男人女人都不大敢盯着看。她头发卷曲，披在肩头，伸出的腿子又亮又长，听大人说，她穿的是'跳舞袜'。另外，

凌君如用一身大花旗袍和高跟鞋，成为了统领叙府的时尚风标。老人们推测，此照可能拍摄于宜宾翠屏山上。

凌旦爱吃面，经常下面馆子，她最爱吃粮坊街上'张金和'的面馆子。我的五爷叫卢清成，在合江门边开面店子。因为图近，凌旦偶尔也去我五爷那里吃面。老师你不晓得，凌旦穿的高跟鞋，我们那时喊'喀啰士'，走路声气很好听，喀啰喀啰的，啧啧，像是禅房里敲钟……"

有关凌旦在冠英街的生活细节，有一个记载颇有意味——

> 文彩一日赴宴归来，凌旦在楼上打牌。刘即藏入衣橱中。凌旦下楼遍寻不见，大骂随从："处长（蒋按：刘文彩时任"川南禁烟督察总处长"）哪里去了，你们就放心吗？快去找来。刘在橱中忍笑不住，橱门忽动。凌即开橱将刘牵出，说："随便你藏在哪，我都要把你找着。"（《川南王刘文彩》，内部编印品，藏刘氏庄园陈列馆，33 页）

刘文彩是不苟言笑的，能够与凌旦玩如此捉迷藏的游戏，足可见老夫聊发少年狂的愉悦情怀。而凌旦的回答，一箭双雕，聪明之外，是否还暗示了她对"处长"的一片深情？

另外，则有不少丑事，从深宅大院里像江风一样漏出来：

为了取得刘文彩欢心，凌旦在叙府一带广泛物色年轻貌美的姑娘，带回宜宾南街刘公馆住宿。有一晚，她竟教唆一群妓女在密室跳起裸体舞，让刘文彩坐在沙发椅上观看取乐！兴到高潮，刘文彩技痒难耐，随手抛出几个金戒指，让美女抢着玩。谁拾得金戒指，他就上去拥抱谁，玩"跑马射箭"的花招，当场和她们淫乐……

又一晚，在叙府冠英街另一所刘公馆里，舞厅四周窗帘密闭，灯光从屋顶透下来，她们又跳起裸体舞来。由于夏天炎热，就将窗帘拉开一条缝。这时，邻居对楼住户吕家人，上楼顶乘凉，忽然看见刘家舞女群裸。窥视者忘情偷看，忽有人惊叫起来！刘文彩知道丑事泄露了，就派人通知吕家："你家楼层太高，与我对峙，挡住了我家'洪福'，马上拆掉一层！否则，后果自负！"吕家因惧怕刘的权势，只好照办，才免遭其祸！（胡嘉《刘文彩的婚外恋》，《成都掌故》［第二集］，四川大学出版社1998年9月1版，635页）

我对这段资料心存疑虑，本想进一步求证，不料胡嘉先生已于2009年初在双流县逝世，丁芝萍认为甚不可信。即便有点根据，也把地点弄错了。

这些源自《肉蒲团》《怡情阵》当中的狂想曲，成就了古代文人、强权者的精神体操，不料却让刘文彩用于实践。这把老骨头在鸦片的幻觉中颠簸跌宕，横冲直撞，岂有不散架之理？

笑蜀指出，为了博取凌旦的欢心，刘文彩大肆挥霍。凌旦拥有的各类用品、衣物，琳琅满目。衣物要装五十口大箱子，各种绣花鞋四百多双，有的鞋上缀满黄金做的小铃，走起路来叮当响。一颗钻石戒指价值五千余银元，化妆品要装两大皮箱，香水则非法国产的不用。

某年春天，凌旦想去成都看花会。刘文彩无暇陪同前往，又不敢扫凌旦的兴致，便巧言相劝："太太何必劳神，去成都太远太累，我在叙府给你办个花会好不好？"不久，盛况空前的"花会"果然在叙府北校场开张（笑蜀《刘文彩真相》，陕西师范大学出版社1999年11月版，340页）。其实，这是当地商会仿效成都"劝业场"的成功而举办的劝业会，有武术表演、商品交易，也有花展，说成是刘文彩单独为凌旦举办，显然背离了真相。

但凌旦不希望是花瓶，也绝对不是省油的灯。她身上带有下层社会青云直上之后特有的一种戾气。当时宜宾最大一家百货店宝元通公司，就领教过凌旦的威势。某次，凌旦登门，店员黄某是个死脑筋，发现凌

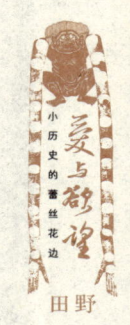

大小姐所付的银元成色不足，竟然要求更换。众目睽睽之下，凌旦恼羞成怒，立即发作起来。她的几个跟班也拉开架势。她前脚出门，打手们就一拥而上，砸毁了宝元通门市。商会会长鄢立敏弄清楚事情原委后，号召大家罢市以相抗。但结果终因"胳膊拧不过大腿"，最后以宝元通请客、赔礼而结束。不但凌旦所买商品的款项全数退还，还另备了一批赔礼。但凌旦说："不许黄某再在叙府城出现，否则，哪里碰到哪里'发财'。"宝元通只好咽下这口气，把黄某调到南岸的宝星布厂栖身。这件事情，加上被罚建钟楼和被日机轰炸，成为了宜宾宝元通的"三大祸事"。

平时刘文彩忙他的，凌旦打牌打腻了，偶尔也会登临合江门的江楼，一览邈远江山。江楼在现在的合江门右侧，名"夹镜楼"，俗称望江楼。夹镜楼立在石砌高台上，为三层木构，画楼飞檐，登临其上，三江波光排闼而来。春花秋月，两江汇合处可看到两轮月影随波荡漾，如碎金跃动。杜甫于公元765年6月从成都南下经过戎州，来到东楼街，过去称"扬使楼"，赋诗叹曰："胜绝惊身老，情忘发兴奇。坐从歌妓密，任凭主人为。重碧拈春酒，轻红擎荔枝。楼高欲愁思，横笛未休吹。"清苦的诗人目迷五色之余，仍然奋力回到了"楼高欲愁思"的"诗史"现实。估计这样的诗情与凌旦无关，但她现身望江楼，衣袂飘飘，凌空欲飞，就足已构成压倒"江楼望月"的风景。

据老人们回忆，合江门是主要的水陆码头，五湖四海，船多人杂。凌旦对花花世界十分好奇，从楼上观望，不料自己反成了码头上众人的风景。这很容易让我联想起卞之琳的名诗《断章》："你站在桥上看风景，／看风景人在楼上看你；／明月装饰了你的窗子，／你装饰了别人的梦。"世界也许都是互为"装饰"啊，想想凌旦，不也装饰了刘文彩的桃色天空么？但有不知趣的傻帽拼命地看，据说刘文彩醋意大发，命人开枪，把"看风景"的男人撂倒，这些好奇的看客像一个个矮冬瓜儿一样，从合江门的百十级梯坎滚下去。后来，凌旦就不去"夹镜楼"了。

当然，宜宾的文史资料当中，类似记载还很多。这体现了阶级斗争时代的"纸上作业"，夸大、扭曲甚多。但就事论事，刘文彩因妒杀人，

宜宾宗场老街。

却未必是子虚乌有。

大楮子回忆录

凌友臣、凌君如与一个叫"大楮子"的地名不断穿插在我的采访中，引起了我的注意。

大楮子隶属于宗场乡。宗场地处岷江北岸，乡政府距宜宾市中区12公里，距著名的五粮液酒厂4公里。宗场原称宗家场，因宗姓人为多而得名。嘉庆十七年《宜宾县志》记载，其属于旧上乡。旧时叙州府治与宜宾县治通向省城的主要通道东大路从场上穿过，使该地成为郡北重要的商业点，并在清初发展成为宜宾县的大乡场之一。特别是随着湖广填四川，大量的移民迁入该乡，进一步促进了该地的社会经济发展。凌、陈、朱、胡为该乡四大姓，其余有刘、邹、肖等姓。其中的凌姓来自于湖南衡阳，为宜宾历史上著名的冠缨之家；陈姓则来自于福建上杭，朱姓也来自于福建。

2009年10月27日下午，我翻过几道山梁，来到宗场敬老院采访。巧的是，敬老院的院长彭先富六十开外，以前长期担任大楮子一地新权4队的支部书记。得知我的来意，彭先富慨然陪我进入大楮子。

我用手提电脑上网查阅，发现此地位于海拔600—1000米之间的农

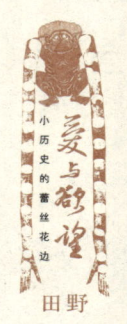

耕区域，有一种学名叫乌桕（Sapium sebiferum）当地人叫桕子树或桕树的树种。这是一种大戟科的落叶乔木，高可达 15 米，适应性强。喜光，耐水湿瘠薄土壤，叶片呈菱形，长宽 3—8 厘米，木材可作农具，为宜宾地区传统的木本油料树种；种子榨油提取青油、皮油，是化工原料，历史上最高年产籽 600 多万公斤。桕花是一种良好的蜜源，流蜜多，蜜质好。仅屏山一个县，最高年产桕花蜜糖 17 万公斤。每到 9 月初，它们的叶子开始变红，遇到轻微的霜冻，一夜之间，田间地垄、房前屋后就是一片火一样的色彩。

宗场通往大桕子的道路相当泥泞，是一条机耕道，横穿正在修建的宜宾到乐山的高速路。红土翻起血一般的殷赤，让人不快。路上我问彭先富："大桕子是不是有乌桕树？"他摇了摇头："好像以前有。但近几十年都没有农民种了。"

彭先富对凌家比较熟悉，他见过凌友臣和曾胖子，但没有见过凌旦。1950 年，在宗场他亲眼目睹了凌友臣与养子凌寿昌被枪毙。凌友臣身高有 1.7 米以上，骨架粗大，喜穿长衫，出门即坐轿子。因为脸上有麻子，当地人背地里称他为"凌友麻子"。在他看来，凌友麻子从不欺负穷人，为人和善，未必如人们想象的那样不堪。我提到曾胖子，他比起了手势："她的腰杆比出栏的肥猪还要粗。体重起码有两百多，坐的轿子是特制的，要三个人抬，叫'丁丁轿'。她还穿旗袍坐轿子，浑身的肥肉直打闪闪……"

走了大约 7 公里，在阴霾挂上山巅的时候，我们到达了大桕子。

也许抵近黄昏，大桕子十分安静，连狗叫也没有。稚嫩的香樟树与高大的竹林守护着这片山间台地。他指着一片桉树林："凌友臣死后，凌旦把养父就埋在这里。"而旁边有一片开阔的蔬菜地，此地以前是凌友臣开办的学校"新权小学"。尽管只有一排茅草屋，但在山沟里也算难得了。学校后被政府接收，改造为新权村小，前几年才撤并到宗场。

来到一排老屋前，房主周思学刚干完农活，赤膊上阵，大汗淋漓，见到我有些不好意思，只好双手抱肩，干笑着回答我的问题。这 3 间平房 1949 年前是凌家大院中很小一部分，当时叫"楠木苑"，但房屋结构多为杉木和沙木，仅剩的家具几乎都是柏木的。如今房前屋后也不见一棵楠木。凌友臣赚钱后从一周姓财主手里买下，作为自己的豪宅。后来被农会没收。十几年前，周思学花了4000元买下这120多平方米老屋。残剩的这3间房边，依稀可见昔日拥有大朝门、小朝门和三个天井院落的不俗格局。

借助最后的一抹夕光，我为周思学的孩子拍了几张照片。他们笑意满脸，宛如嫩竹。

11月26日午后，我打摩的再次来到大楼子。周思学外出了，我把照片托邻居转交给他。邻居凌寿高仅有一米五几，干瘦而诚恳，指着眼前的一条土路说："以前，凌旦不准村民从门前过，估计是穷人一见富豪，总像看西洋镜。村民只好改道，在凌家下面绕出一个大弧，而门前这条路就成了凌家自己的。"在这条长约一华里的土路东头，有一口池塘，是凌家人休闲钓鱼之处。下面一条奔腾的山溪虽无总名，却是由"龙沱"、"观音庵"、"姑娘沱"、"枧杆沱"等小地名连缀而成。水边有一处名叫"偏岩腔"的石洞，有一间屋子大小，冬暖夏凉。那时，尚未出嫁的凌君如夏天总喜欢躲在洞里玩。村民谢兆才对我说，石洞常年被水淹

这 条路，大楼子的当地村民称为"凌家专道"。

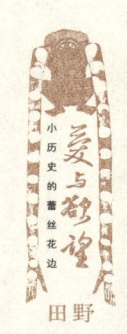

凌寿高指的方向有一个石洞，曾经是凌君如纳凉处。

没一截，里面有不少乌鱼和螃蟹，我们叫那里为"凌大小姐纳凉处"。这样的命名文绉绉的，与"偏岩腔"之类相去甚远，看来可能是得力于古装连续剧的教化。

我在那条"凌家小道"旁，遇到临近外村的村民颜绍成、黄石贞夫妇。两老都七十多了，步态悠闲，出来散步。这在川南的农村还真不多见。颜绍成的父亲就是凌家长工，主要是抬轿子。颜绍成激动得很："我父亲有一次抬曾胖子去成都看望凌旦。曾胖子肚皮太大了，只好用7根竹篾绑起来，不然她的'肚底肉'就要顶到轿夫的后脑壳。我父亲说，轿夫累得走不动了，一路吸烟，走了5天才到成都。'丁丁轿'都要散架了。"

颜绍成幼年见过凌旦两次回大楼子。推测起来，应该是凌旦住在成都的上世纪四十年代。"那阵势，不得了！她坐着轿子，后面还有背梆梆枪的马弁。凌旦烫了头，穿的旗袍紧得不得了，金光闪闪，水蛇腰，一个屁股哟，只有巴掌大！我一辈子没见过这么漂亮的女人……"老伴黄石贞用手肘撞他，不满意老头子的眉飞色舞。

颜绍成的母亲后来也在凌家当佣，自己就跟着母亲，不过是在凌家混口饭吃。他眼中的凌旦，简直就是天仙。对我的推测，他不置可否。眼光散在赭红色的土上，哈哈一笑，皱纹扭歪了脸。

村民谢兆才指点我，本地最了解凌旦情况的人只剩一个老太婆，叫唐军才。她的老公杨青海以前是凌友臣的管家。

在一条土路旁，我终于找到了唐军才的独立小院。她83岁了，耳朵几乎听不见，与一条忠诚的土狗和几只鸡为伴。我歇斯底里地说明来意，她总算听懂了。请我坐一把竹椅，她则坐在一根小板凳上。

1949 年 12 月 11 日宜宾解放，唐军才随即嫁到了大棬子。她第一次见到凌君如，也是凌回来探亲。另外一次，却是在一个特殊的环境。那阵，农会开始狠斗地主，一方面是政治的需要，另一方面，则是人们普遍认为，地主老财肯定藏有金银财宝。村里的人听说凌君如、凌友臣、曾胖子在大朝门里被吊起来打，都来看热闹。他们被吊在房梁上，凌友臣大汗淋漓，长衫湿透，但不言不语。凌君如就不一样了，嘶哑地暴叫，喊天喊地喊仙人，民兵冒火了，就用枪托打她。"凌君如像个风车车儿一样，东转西转。她的蓝布旗袍被撕得稀烂，一卡卡大的腰杆儿也露出来。曾胖子更惨，死猪一样。"

农会的人见轧不出财宝，干脆用绳子套住他们的脑袋，两边几个人一拉……

唐军才说，老公杨青海早就跟她讲过，凌家三杆烟枪，差不多坐吃山空了，连在宜宾的旅社也卖了来吸烟，家里确无财宝。农会的人抄家也无所获，索性没收了他们的生活用具。一大家子立即就成了叫花子。

一天，杨青海见"东家"实在饿得不行了，躺在地上呻吟，就去自己的地里挖回几十斤红苕，让唐军才煮了。凌家七八号人一拥而上，狼吞虎咽。凌君如一口气就吃了 5 个。

肚皮吃饱了，曾胖子缓过气来，又耍起了威风。她烟瘾发作了，要杨青海砍柴去宜宾卖，再偷偷买点烟土回来。一挑柴的卖价可以买烟土？唐军才说："可以。当时哪个还敢卖烟哟，所以价格很低，总能买上一点。"

唐军才对凌君如的印象并不好。她认为，都解放了，大小姐的心太硬，都还在指使自己为她端水倒尿，这是不对的。但杨青海总是抢着去干，去伺候。

凌家的家产被全部没收，凌友臣被枪毙，凌君如和曾胖子被驱逐到宗场街边的"上寺"居住。那里有一座凌家祠堂，母女在那里住了一两年时间。据说，凌君如还算心灵手巧，制作了很多兔儿帽、尾巴帽来卖……

天上、地下的生活落差，就这样铁定形成。从此以后，唐军才再也没有见过大小姐了。

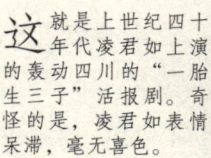

这就是上世纪四十年代凌君如上演的轰动四川的"一胎生三子"活报剧。奇怪的是，凌君如表情呆滞，毫无喜色。

一个叫"西郊"的地方

1932年秋天刘文彩撤出宜宾，当年冬，"和记保险赌场"关门。总管凌友臣已狠赚了一大笔钱，回到老家宗场大椪子买田置地，成了阔佬（彭余馨《宜宾"和记保险赌场"》，见《近代中国江湖秘闻》上卷，河北人民出版社1997年4月1版，386页）。以后的事态发展峰回路转，固然出于凌君如对自己阅历的自负，也体现出她智力的局限。

为进一步套牢刘文彩，继承刘家的产业，凌君如冒险上演了"一胎生三子"的把戏。因自己早已"绝育"，于是她花钱买了3个孕妇为她代生。凌君如则伪装怀孕，用棉花内衬填大肚子，装出各种怀孕征兆迷惑众人。1935年的一天，她暗中派人四处打听，搜寻妇女临产的民间消息，然后用重金收买暗渡陈仓，果然一日"生"了3个男婴。依刘家的大排行依次是：刘元瑛（占五）、刘元珣（寻）（占六，在成都夭折了）、刘元泉（占七）。

当时，成都最有影响的《新新新闻》报，曾予报道说"税捐总办刘文彩夫人凌君如，一胎生三子，大喜临门"云云，被乡里州县惊叹"人间奇闻"！

就在凌君如伪装怀孕期中，为了取得丈夫的欢心，便介绍自己的表妹梁惠如给刘文彩。此女白胖，性格与凌君如迥然不同，倔强耿直，具有叙府人的刚硬根性。在表姐的指导下，逐渐学会了粉饰，嫣然回眸，秋波涟漪，夺人魂魄。梁惠如的出现，让刘文彩日益高耸的颧骨大放血红。

后来，她与凌君如结成联合战线，对付二太太杨仲华，与其关系形同冰炭。

　　据说姐妹得宠后，亲密如同志，常坐小车兜风，出入歌舞厅、戏院与公园，在酒席上高视阔步，星火燎原，引起社会广泛的挑逗和失态，闹得满城风雨。成都金华街一侧的北门城隍庙是旧时蓉城风光所在，共有"三绝"，即十殿阎罗、荆竹林和缠绕在一株古柏上的凌霄花。凌霄花花藤有碗口粗，每到夏秋之交，寅时开放，橙色艳丽，形同喇叭。午后逐渐变成藕荷色，在傍晚萎谢。几日之后花蒂离枝，遍撒落英，游人争相捡拾，用做中药。凌君如、梁惠如好奇，也去看过。但完全迥异于环境的殊色丽服惊动了八方，她们反成了流动的景致。刘文彩很要面子，为此十分尴尬。

　　无论是在大邑，还是后来单独住在成都，凌旦不时回到宜宾、宗场。一是回家看看母亲，二是她与那些追求者之间，也许藕断丝连，也许暗通款曲，总之，她好像是一个很看重感情的人。她在把那些纯精神上的、单相思的、浅尝辄止的思缕，就像一个犯了错的挡车工，为了不出现疵布，只好开始一根一根续接。因为，这种交往绝不仅仅是经济原因。何况，她并不缺钱花。包括她与落魄的一贫如洗的戏班子演员王国仁的浓情蜜意。这些交往，通过刘文彩的根根须须，刘自然知晓，但并不发作。似乎，垂垂老矣的刘文彩有了一种"如释重负"的感觉。他渴望上岸，这根金沙江里的漂木，已经被彻骨的江水沤烂了。

　　我的忘年交、民革成都市文史委员会主任王大炜先生给我讲过，他在抗战前夕随父亲在叙府走马街居住了一年多，当时在宜宾就观看过王国仁的表演。王国仁本名黄伯寿，四川罗江人，生于1922年。小名九龄，成都天府中学毕业，幼年就酷爱川剧，在家经常哼唱比划。遭到父亲黄备臣训斥，他愤而离家出走。那时他才16岁，不久便下海唱戏。王国仁曾一度用"中国人"为艺名。鉴于当时抗日救亡，国难当头，自己又无家可归，遂取名王国仁（谐"亡国人"）。王国仁登台唱戏后，其父责令归家，否则断绝父子关系。王国仁自然不从，其父果然登报与他脱离关系。抗战期间，王国仁有感于人力车夫捐献钱物的义举而编了出《车

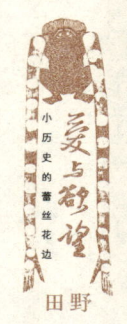

夫爱国》，因此触痛了当局，遭到禁演。于是全成都人力车夫为他扎起，罢市 3 天，迫使当局恢复上演。

王国仁大胆革新川剧，遂享有"红灯教主"之美誉。四川民间所谓"红灯教"，意即胆大不怕事。观众中流行一段顺口溜"红灯，红灯，花样翻新，堪称教主，不怕鬼神"，就是很好的注脚。他虽非科班出身，但思路新，花样多，善于扬长避短，凡戏都要来个出奇制胜。所以才有《关公走麦城》首创丑角演红生的先例（王大炜《川剧名丑王国仁》，《四川政协报》2009 年 4 月 14 日）。

王国仁相貌端正，身高近 1.8 米，自称是"板鸭脑壳"，意思是指自己满脸的胡子和疙瘩，像个板鸭。1958 年左右，王大炜先生曾经见过落难的王国仁。他当时顶着右派铁帽，平时端一个巨大的搪瓷缸茶杯，一脸苦相，早没有昔日"红灯教主"的神采。王大炜当时有一种不祥的预感。果然不出两年，1961 年 10 月 5 日王国仁因肝癌病逝，时年 39 岁！

凌君如与他的交往，持续了好几年。

凌君如大约在 1942 年左右回到了冠英街。刘文彩有一个管家一直在宜宾打理刘氏的财产，凌旦靠其中一部分房租生活。包车自然没有了，凌旦的穿着打扮也没有了以往的气势。人们发现，凌旦的身材还是单单吊吊的，穿的中式长衣，尽管开了低衩，有镶滚，但看不见玻璃丝袜。

据丁芝萍的走访调查，凌君如将两个儿子寄养到宗场老家，她一人回到冠英街公馆生活。不久，她结识了一个电信局工作的情人。后来情人夫人病故，他即将自己七八岁的大女儿送到凌君如身边。不久他调往重庆，又将四五岁的小女儿送去凌身边。小姐妹分别取名娜娜和爱丽，既当养女又当丫环。后来凌君如因吸食鸦片银根吃紧，只好将公馆出卖，在斜对门一个干女的大院里租了 3 间房，与两个养女及一个周姓佣人一起生活。

转眼，1949 年来临。凌君如这年 34 岁。

有些女人是不能老的。她只能属于一个特定的时期。一旦逾出，她不但会失去美丽和腰身，就是连性别也会出现模糊和漫漶，成为庸常人

这是属玉圈中的上品。是刘文彩三姨太凌君如钟爱之物，后凌君如出走庄园时，刘文彩令她留下这只玉圈。

群中的异类。这样的女人不是易碎品，而是一张尚未曝光的底片，就这样在强光下成了向阳花阵营外的可疑垃圾。

刘文彩在冠英街的公馆被没收了，她立即被巨大的革命扫帚拂出了城市，她回到了宗场。凌友臣已经老了，但还是花点钱，在"大棬子"给她修了两间茅屋。几个月后，凌友臣因参加过土匪等罪状，被依法枪毙。"大棬子"的茅屋被没收，一家人即刻成了丧家之犬。

按一般规律，她在接受一系列的批斗、凌辱之后，总可以在宗场谋到一碗稀饭活下去。毕竟，作为恶霸地主的小老婆，固然属于剥削阶级，但她手上无血案，至少属于"监督劳动"的改造对象。但她不属于宗场的固定居住者，据说一直没有户口，成为了"黑户"，加之她在宜宾的名气，走到哪里，唾沫、殴打、侮辱就如影随形。凌君如是见过世面的，她觉得，树挪死，人挪活，与其坐而待毙，不如自己救自己。

据丁芝萍的走访调查，凌君如卖掉了一些首饰，带着两个弟弟开始了流浪。他们曾经去过重庆，说是去找凌君如的一个老相好，希望得到接济。此人昔日是国民政府从事通讯的一个上校，因公常来宜宾。想来如今已是泥菩萨过河，非杀即关，如何还有能力救人？1958年10月内宜铁路通车后，他们又往成都跑。在这个期间，凌君如拾过垃圾卖过废品，也做起了小生意。

她一般是乘船去宜宾横江（关河），几百年以来那里一直是川南、滇北的物资集散地。她去横江进货：酒麯子、针线、顶针、钻子、梳子、小镜子、手帕、划粉、扣子之类，然后用一个簸箕装好，挂在胸前，在一些小巷陋街边叫卖。有老人回忆说，即便如此，凌君如腰身挺直，依然苗条，衣服虽不见好，但十分整洁。

在她四处奔波的过程中，有这么一次历险：由于生活极度困难，凌君如决定带弟弟到成都找熟人帮忙。她依然相信，过往的感情不会因为"变了天"而灰飞烟灭。他们只买了一站的票混上车，不料被乘警查出，遂在内江站被赶下了火车。他们身无分文，惶惶无计，凌君如当场贱卖了最后一个戒指。靠这点钱，他们实在没有去成都的勇气了，只好坐车返回。

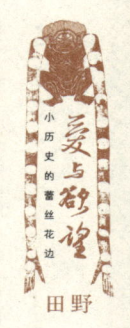

　　凌君如有一个叔伯姐姐住在宜宾人称为"西郊"的地方，就是市区与火车站之间、靠近翠屏山脚的那一片。那里有一些贫民窟，凌君如后来在西郊搭了一个竹篱笆的窝棚。她必须另外设法。但这样一个人，还有什么法子可想？我感到奇怪的是，她竟然没有自杀！

　　袍哥行规里，有一个处置死刑犯的奇特办法："由犯罪者自己挖一个深坑，放下生石灰和水，水开之后自己跳下去烧死，不让别人推下去；还有的自己把板凳倒放地下，凳脚绑一把快刀，刀尖朝上，然后自行解开衣服，腹部向刀尖猛扑过去，剖腹而死，这叫做'自己挖坑自己跳，自己安刀自己镖'。"（何俊民、何嗣源、蒋紫垣等《宜宾哥老会》，见《四川文史资料集粹》第六卷，四川人民出版社 1996 年 12 月 1 版，461 页）看到这个史料后，我猛然觉得，凌君如就是这样一种人。她不但倒好了石灰，还倒进了很多桐油，待石灰水剥除了自己的全部血肉后，她点燃了桐油！

　　就是说，一个人跳进了深渊，最让人害怕的，是遇到枯井，而非火坑。

　　宜宾是一个水陆大码头，凌君如逐渐认识了一些船夫、搬运工、马夫等"下力人"。她穿行在火炭一样的胴体与目光中，也只能走那条无助女人的老路了：卖淫。在绝对饥馑的年代，性欲不过是劳动人民偶然的出汗。有时，代价就是一碗小面钱：2 分、5 分。

　　拾废品、做买卖、饥饿、高频率地陪苦力们上床，这个阶段估计时间不会很长，但凌君如陡然老了 30 岁。这让我想起美国小说家多克特罗在长篇《拉格泰姆时代》中，刻意描绘的交际花伊芙琳。某次枪杀案现场，她晕倒了，人们发现"她的内衣都是白色的"。但透过褴褛时光，我们可以发现，褴褛加身的凌君如，里面如同一铲炉灰。这也好，人们逐渐认不出那个曾是"夹镜楼"风景的女人了，正眼都不看一眼。浑身褴褛与飞速衰老，成为了她的面具。

　　但是，"三年自然灾害"来了，就像漫天洪水，搅动了每个人的骨髓。

　　笑蜀在《刘文彩真相》里，引述了"庄园档案 67 宗 D10 卷"中周少英于 1976 年 5 月 12 日的口述：

　　解放前，我同凌旦的妈住的是对门，那时经常见到凌旦。解放后就只见过一次凌旦。

　　记得是生活困难时期，大概是 1962 年吧，我在（成都）青石桥北街见到她。她头上戴了个烂草帽，穿了一身很烂的蓝色衣服，人老多了。大概近六十了吧，在街上讨饭。她还搞了些破烂，卖糖、卖包子（五角钱一个），跟一个陈四姐在一起。我见到她，看见她那个样子，很惊讶。我问她："你咋变成这个样子了呢？你不如去向政府坦白，交待揭发刘文彩，说不定政府还会给你个事情干呢。"她说，她不想去找政府，她要找朋友去。并向我撒谎说，她从叙府来，钱包丢了，没法，只得讨饭，晚上住在火车站候车室。我就不相信，能住火车站，能讨饭，哪里有钱呢？说明把钱包丢了是扯谎。由于我们过去认识，她就在我们这里住下，当时我们住在青石桥北街 36 号刘婆婆家，凌旦也就住在刘婆婆家（刘婆婆已经死了），搞了个地铺住上。住了几天，我们大伙给凑了一些破烂，如绣花枕头等，她拿走了，去摆摊子，以后就再没有来。

　　自那次见凌旦后，我再没有见过凌旦。刘文彩太坏了，把凌旦整得不轻。

　　凌旦现在是否还活着，不太清楚。

　　这是有关凌君如的一生在正史中记录的最后一笔。自此，她彻底消匿了。如博尔赫斯所言："就像水，回到了水中。"

　　这个口述我以为大体可信。1958 年 10 月 22 日，中共大邑县委员会、大邑县人民委员会发出《关于在我县安仁公社成立"地主庄园陈列馆"的通知》：要求在今年（农历）内将安仁地主刘文彩的资料（如本人小传、生前遗物、土地占有资料、印信、照片等）和财物（如家中陈设、古玩、衣物及剥削压迫劳动人民的工具等）全部或大部清齐，按照它的旧貌加以整理和陈列。在这期间，大邑庄园陈列馆的工作人员曾到宜宾找到凌

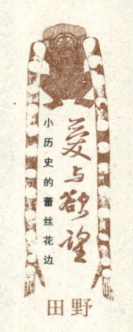

君如，希望她揭发恶霸地主对自己的种种凌辱以及滔天罪行。凌君如木头一样坐着，目光呆滞，垂头丧气，一天没有说一句话，以至让人怀疑她刺激过剧，神经已不大正常，让工作人员失意而归。这佐证了周少英口述的真实性。

耶稣对众人说："你们要努力进窄门。我告诉你们：将来有许多人想要进去，却是不能（《圣经·新约路加福音》第 13 章 24 节）。"这意思是说，天国是开放的，各地的人都可以进来；可是天国的门，好像一道窄门，进天国要经过窄门，真正进去的不多。对凌君如而言，只要进一小步，就是生路，换来幸福和局部的胜利。凌君如一旦这样做了，还有后来大名鼎鼎的冷月英么？

但凌君如拒绝了窄门！问题在于，她的独木桥，很难在金沙江畔找到支撑点。

周少英口述中提到的见面时间是有错误的。因为，凌君如是死在 1961 年。按我反复的采访记录，尽管有多个说法，但老人们坚持说，凌君如没能从 1959—1961 年的"生活关"中熬出头。

实际情况是：凌君如到横江镇进货时，突然发病，浑身颤抖，民间俗称"抖瘟"。这其实是长期饥饿浮肿之后，人宛如最后一根头发，已经承吊不住身体的重负了。这个消息，通过走下水的船工带到宜宾码头，再辗转到弟弟凌寿勋耳中。他赶火车到了安边站，心急火燎跑到横江时，凌君如浑身浮肿，根根血管在手臂上如同蚯蚓拱沙，不能言语了。弟弟背着她在宜宾站下车后，凌君如就死了。弟弟穷得连买床草席的 5 分钱都没有，就径直把她背到凌君如的那个叔伯姐姐门口，他守在旁。

丁芝萍告诉我，有关凌君如之死，有两种说法——

拖到次日凌晨，她才咽气。弟弟同叔伯姐姐将其尸首用板车拉到火葬场火化，骨灰罐后来就扔了。

另外一个说法是：放到门口还有一口气，她甚至还叫唤了几声，但谁也不敢开门。第二天一早，叔伯姐姐就大声武气地喊："哎哟，这是哪个哟？咋子死在我门口哟！算了，我做个好事，入土为安！"这是希

望邻居知道，她与死者毫无瓜葛，仅仅是做善事。她用一床草席把凌君如裹好，老了，力气不及，仅搬到距离家门百十米远的乱坟岗中间，浅坑掩埋。

死的时候，凌君如穿着一件大红毛衣。这个印象，几十年来一直烧炙在弟弟心中。

凌君如之死的另一版本

根据五姨太王玉清回忆，刘文彩在各地的公馆共有28座，几个姨太太分住在成都、崇庆等地，没钱花了就回大邑庄园住几天拿钱走。一次，三姨太凌君如、四姨太梁惠如同时回来了。吃完饭，刘文彩突然宣布了一个惊人的决定："从现在起，我每月给你们各20块大洋零用，不要再那样大把花钱了，一有钱就到处乱跑。不够的各人带佣人养猪养鸡去挣。"那两个女人犹如当头挨了一棒，这点钱还不够她们在城里吃一顿饭，却又不敢争辩。只有王玉清坦然，20块大洋，她花不完，养猪喂鸡她都会。凌、梁两人各自回房流泪去了。几天后，两个女人决定离开刘家。

最先离去的是梁惠如，她说走就要走。刘文彩逼她写了离婚字据，还备轿送她走。大大小小的箱子装了一个独轮车，出门时全院的人都看着她，那场景真有点酸楚。凌君如狡猾一些，只是说走，没有说离。后

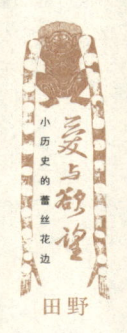

来她自己回来了，还带回两个孩子，说是刘文彩跟别的女人的骨肉，想以此弄得一笔钱财。此举反把刘文彩惹怒，生生地把她逐出家门。凌君如走得很凄凉，王玉清心善，拿自己的积蓄给了她600块大洋……

王玉清在刘文彩面前说了好话，将凌君如带回的两个男孩留了下来。王玉清把他俩送去读书，一周回来一次。她常常去学堂，给他们带好吃的。有很长一段时间没见兄弟俩回来，王玉清盼得心焦，刘文彩方告诉她，他已将两个小子送人了，王玉清很伤心……（王毛毛《刘文彩的最后一位姨太太》，刊《中年人》2003年第3期，《文摘周报》2003年3月17日转载）

各种说法有对有错。"一胎三子"固然是闹剧，但凌君如只好硬着头皮演下去了。这就使我不得不感叹，几十年的光阴就足以让真相漫漶不清！由此可以推测，那些所谓的正史与真相相较，不但是相去甚远，甚至可能南辕北辙。当然，包括我所写下的这些文字。

2009年2月24日上午，我到宜宾市翠屏区政协，通过办公室主任蒋宏的努力，终于从区文史委员会编辑的未刊资料《存稿精选·刘文彩专卷》中，查阅到尹剑秋先生《刘文彩新太太凌君如末路》一文手稿，字数1650字，类别为"留用参考"，卷号为"人物"，收稿时间为1964年9月，于2000年3月21日经陈星奎重新审理。文章为我们勾勒了凌君如在1949年以后的诸多细节——

1939年抗日战争时，籍口疏散，（凌君如）要迁回宜宾乡下。刘既觉得凌旦衰老了，又落（乐）得清闲，便同意其走。凌大遂同母亲带三个假子（元清、元余、元福）从成都买船回来。有一只船专装箱子有五十多口，由她母亲押运，直向宜宾进行（另与绣花女工郭孃孃、代奶母、陈奶妈、曹奶妈）。

在凌旦由成都下行时，第一天船泊某处，也有（别的）下行船。船上夫妇二人，男子名祝孟奇，宜宾飞机场税员，接爱人下宜宾医病的。接谈后，凌约祝的女人到她船上烧几口鸦片治病，实际是凌旦把祝中意了。到了宜宾，凌便约祝夫妇一同下榻观音阁凌的干妈窦营长太太家，向窦家介绍祝是她的干兄弟，窦家当然一并欢迎。凌旦把祝的夫人介绍在专区二医院就医，而凌与祝便双宿双飞。不久，凌迁到宜宾县宗场大榪子与父亲凌友臣居住。离祝工作的飞机场也不远，遂往来益密……

祝以后因工作调动去重庆，留下两女托凌旦照顾，一屋居住。当时凌旦的私囊已渐形支绌，鸦片又未戒有坐吃山空之慨，对两个女儿连衣食均不能顾，还要女儿深夜为她搓背捶腿。小女儿大约不到十岁更难支持，以后又生病也未注意调理，以致夭亡。祝对此很不满，叫凌将大女儿送重庆。凌在重庆不过十多天即回来，可能是祝对她有厌嫌表示不能多留，只得回家。

凌旦回家仍不改浪漫邪行，又与一小学教师姜某结识，姜家原来女人加以干涉又分伙。

凌旦与人交往都是倒贴，日趋于箱内金尽，衣物已渐卖完，不及过去豪华挥霍，行为更是放荡不羁……

宜宾不愧为酒城，在日益艰难的生活逼迫下，凌旦开始做起了卖酒麯子的小生意。她挎一个"簸格"，沿街叫卖。有时走得太累了，在餐厅、茶楼屋檐下休息，一坐就是一两个钟头。这个时候，因饥饿引起的浮肿已在她身上体现出来。厅堂里飘出来的酒香和喧嚷声，不知这个昔日穿金戴银的丽人有何感想。后来她还和弟弟凌寿喧做过卖干柴的生意，本小利微，但均不见什么起色，生活日益困苦。后来，凌旦到成都寻人资助未果，只好在成都的自由市场卖干海椒，甚至冒险在黑市上倒卖票证。个中委曲，进一步佐证了周少英在成都街头见到凌君如的真实性。

尹剑秋先生在同一篇文章里提到了凌君如之死，金钩铁划，细致入微——

（凌君如）有位孃母住翠屏路22号。在1961年的一个晚上，

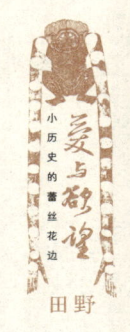

火车过了一会，有人来找她，是凌旦同凌寿暄从成都来了。一个包里已不见有什么东西，而凌旦浮肿更加剧，足肿了，肚子肿了，举步都艰难，病态深沉。入门即说："伯娘，我实在没有办法了，让我住几天吧。"她伯娘见她确实可怜，也就没有拒绝，把她收留下来。

第二天休息一天，（凌君如）已不能起床。

第三天她伯娘的女儿凌琼如要去上班了，凌旦拉着她的手说："妹妹，我的病看是不能好了，我们只有今世的姊妹，没有来世的姊妹。你陪我耍一天吧！"说得声泪俱下。凌琼如亦为之心动，答应去请假一天，回来陪她。（凌君如）一直等到凌琼如回来，凌旦病已垂危，即将断气。她的伯娘怕她死在床上，就把她用门板抬出来，准备放在后面一个台阶空处。凌旦病虽危急，但神智清楚，在抬她出寝室门时，自己用一只手攀住门枋，不肯出去。她说："妹妹，我不出去呀！"她妹妹慰藉着她说："不要紧，出去休息一下，会与你布置好，也不会使你受冷的。"自然把她抬了出去。不到一时，即告断气。所谓美人，就此香消玉殒。其妹妹乃变卖她仅有的一床破被条，把她火化了……

大跃进时期，革命群众把刘文彩坟墓剖开暴尸，守墓人刘青山几天后被气死，当地政府无棺材掩埋刘青山，竟把刘文彩的棺材给了刘青山装殓，而刘的尸骨被遗弃荒野。凌君如的结局，与刘也是五十步与百步。山水浩淼，这对"神仙眷侣"均成孤魂野鬼。如果他们在踏青之路上相遇，怕也难以辨认彼此了。

凌君如临死，竟无一句遗言，更无一句那个时代热切希望的忏悔说教，这让一些人颇感失望。

那一年，凌君如应是46岁。

……

2009年1月18日下午，我来到了"西郊"的翠屏山脚一片，尹剑秋文中提到的翠屏路，就在西郊。临近公路两侧全是新崛起的商住楼和宾馆，建筑背后的山梁，尚可见到一点乡村的原始风貌。在一些褴褛加身的上世纪八十年代的居民楼和自由市场之间，我找到了翠屏路 19 号和 23 号，可是怎么也找不到 22 号。我有一种预感，翠屏路 22 号肯定已经消匿了，就像一个谜底，已经断然收回了谜面。果然，当地的房地产开发公司在 2001 年左右拆除了 22 号地段，改建起了一些商品房，即现在的 28 号新房区，里面有无数的附属门牌……我往靠山的方向走，观光索道缆车从我的头顶呼呼而过，把翠屏山的一脉苍茫推至低云之上。我想，山上有什么风景值得陡然一看？

有"江楼望月"让人唏嘘么？有"翠屏路 22 号"那样容易湮灭么？

我往山麓信步而上。身边的电线杆上，缠绕着几根凌霄花，尽管金风已过，却依然花头硕大。花盏里装着倾倒不尽的火，用一种"倒挂金钟"的翻转，火焰宛如一个渊薮的解体，使得来自黑暗的元素，在寒风中获得了砰然一爆的性力。在凌君如耳畔谈花，是很不适宜的，这太俗了。但我又不愿意硬往遍地疯长的野草意象上套，野草的隐喻在汉语中可是凛然不可及的。凌霄原名紫葳，也称杜灵霄花、望江南、落阳花、接骨木、碎骨风，《图经本草》载："紫葳陵霄花也，生西海川谷及山阳，今处处皆有，多生山中，人家园圃亦或种莳，初作藤蔓生，依大木，岁久延引至巅而有花，其花黄赤，夏中乃盛。"《本草纲目》载："俗谓赤艳曰紫葳，此花赤艳，故名。附木而上，高数丈，故曰凌霄。"文人最大的长处就是在于比附，看不起有钱阶级，但对自己的无米之炊又心怀不甘，进而蠢蠢欲动。元代文人程棨就在《三柳轩杂识》里比附说"凌霄花为势客"，喜欢攀附。它缘木而上，攀岩而登，高可达数丈，"须如蝎虎，足附树上甚坚牢"。我低下头，发现还有几株凌霄，斜靠着地面低矮的荆棘，不也一样点燃了招魂的灯笼么？

我心里一激，想起了老成都北门城隍庙上的那株百年凌霄，连同十殿阎罗和荆竹林，于 1949 年后毁于勃兴的城市改造运动。

公允一点的是诗人曾巩，他叹曰："固知臭味非相逢，其奈萦缠不自由。"如此，是否道出了凌霄的无奈？我看见有些花凋落下来，被一

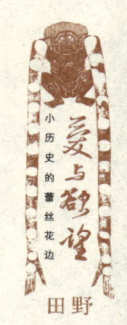

些割草的村民踩在烂泥里。马蹄践踏鲜花，鲜花抱着马蹄狂吻，但这只是浪漫主义的狂想；想一想吧，花开花落，然后连同一切委身为泥。如同诗人阿垅所言："要做一枝白色花——因为我要这样宣告，我们无罪，然后凋谢。"其实，铁硬的现实却在于，无论你宣告盛世比宇宙更长久，还是枭鸣不已发出诅咒，一样是毫无用处的。一阵清风就把你的言辞撕破，尚未说出的就被风填回到你发腥的咽喉，你连沙也不能留下一颗！所以，光棍眼里不揉沙子。我突然恍悟，凌君如为何没留遗言的原因了。亚圣孟子是怎么说的？他转述《太甲》里的话："天作孽，犹可违；自作孽，不可活。"天降的灾害还可以躲避，自作的罪孽，逃也逃不了。但是，老天不会为无衣者减寒，岁月亦不会为无耕者减饥哪怕半分。刻意躲避灾祸的人，不过是激流漂木上的蚂蚁搬家。凌君如只能在水天茫茫中，像野鬼，再也，找不到魂。

这些议论，连同她高喊着"妹妹，我不出去呀！"都碎裂在那个褴褛时代的浩荡春风里……

在我的眼前，委地的火焰凌霄，没有宣告。它彻底拒绝了说出，同样也拒绝了凋谢，只是把那些践踏的脚印，烧造成了一个个小小的火坑。我的植物学常识无法判断眼前的花是硬骨凌霄还是大花凌霄，凌霄只是让我想起了一个褴褛的时代，以及从褴褛的孔洞里漏出来的一把白骨。凸凹嶙峋，而且带焰……

附记 本文采访过程持续了5个多月，得到了宜宾丁芝萍、贾钰铭、蒋宏等人的鼎力协助，在此致谢。

陈子庄先生在成都市仁厚街 11 号院内。拍摄于 1973 年 9 月 3 日 9 时许。

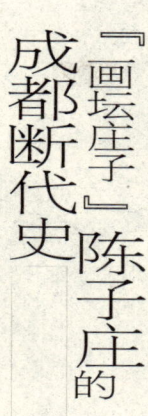

『画坛庄子』陈子庄的
成都断代史的

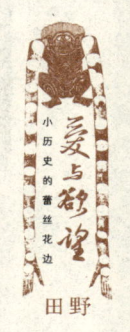

爱与瞭望
小历史的蕾丝花边

田野

陈子庄在谈到齐白石画虾时说："齐白石画虾的目的是什么？为什么不去画蚂蚁？齐白石自己觉得好笑，说：'买我虾的人特别多，他看得懂？'他把虾的两个大钳画得比真的还大几倍，实际上他的寓意是说这个世界是个鱼虾世界。他画的螃蟹懂得人多些，因为他曾题有'看你横行到几时'，反正结果是油炸下酒，不然就画个巴篓，爬出去也跑不远的。王朝闻说他的虾画出了半透明体，此真外行之谈，那是技巧。齐白石的画最可贵的是思想性，那是学不到的。"

——摘自陈滞冬编著《陈子庄谈艺录》/ 河南美术出版社 / 1998 年

名号当中蕴玄机

陈子庄（1913－1976）为四川省永川县白石里铺黄柑岭人，早期作画，时号兰园，中期号南原、下里巴人、陈风子（陈疯子）、十二树梅花主人、石壶山民，晚年号石壶。他还经常自称老九："老九如何如何"，山羊胡微颤，语调有点调侃。这不是"臭老九"的自况，而是他心目中的画坛排序。

四川长江画院的常务副院长、陈子庄的晚期弟子王发强先生回忆起这个名号，眼里充满了对往事的迷离："我们几个青年，经常陪先生去茶馆，有时先生心情好，会谈到一些旧事。他说过，自己佩服历史上的八位大师：方方壶、青藤、八大山人、石涛、吴昌硕、齐白石、黄宾虹

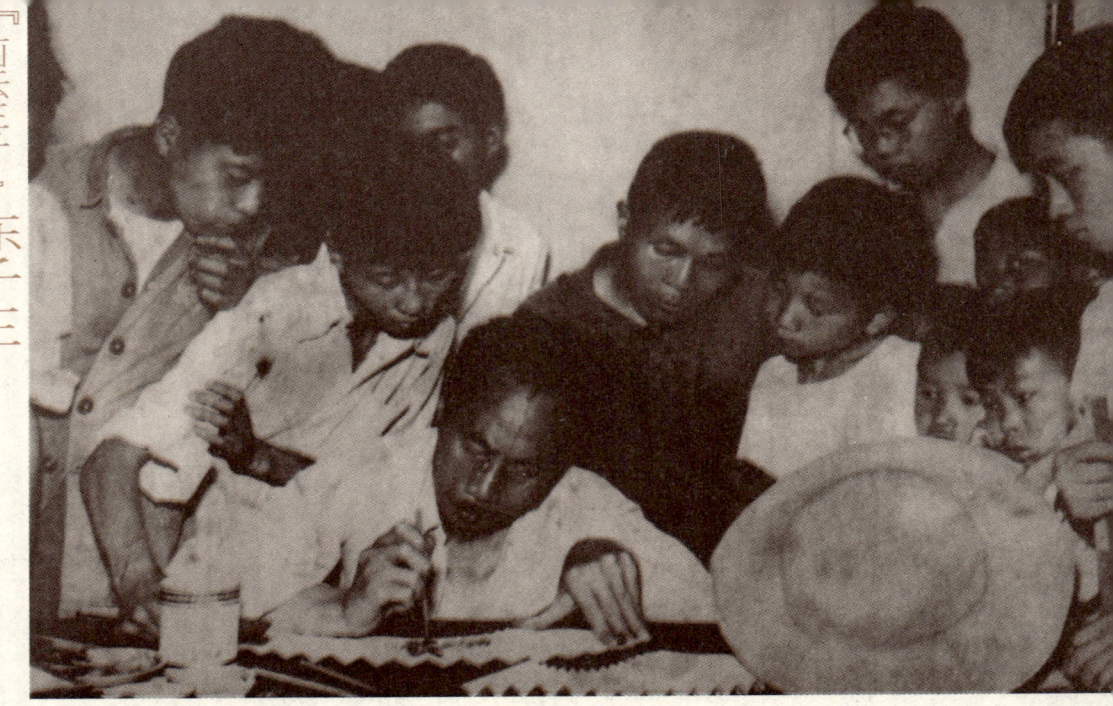

和侠僧担当和尚，自谓老九，可见子庄先生的价值谱系和心性。当然了，六七十年代里，不明就里的人，还以为是伟人赐予知识分子的那顶铁帽呢。"

随着越来越多地研读子庄先生的资料，我逐渐能感觉到他晚景里的慎独、突然的怪诞和内心的铁。他早年曾出任荣昌袍哥公口"叙荣泸公社"的总舵把子，那时荣昌街头流行这样的顺口溜："荣昌三大王，县长、议长、陈子庄。"可见其江湖地位（《陈子庄的袍哥生涯》，见陈文明编著《重庆旧闻录 1937—1945 之帮会秘事》，重庆出版社 2006 年 12 月 1 版第 60 页）。根据《三年解放战争国民党军队起义将领全名录》记载，1949 年前夕陈子庄出任"西南第 1 路第 1 纵队司令"，于同年 12 月 22 日以少将身份在成都随王瓒绪部队起义，参加解放军第十八兵团联络部工作。1955 年任四川省文史馆研究员、国画组组长。以他的天资和经历，他大概是不屑于与什么新式知识分子为伍的。用他的话说："人家都是高人！我么？闲散之人而已。"他把所有泼出去的东西收回来，蛰伏在心中，制成一把壶。

1968 年是个闰年。当法国青年涌上街头大举革命时，中国 2000 万青年则顺着伟人的巨手阔步走向广阔天地炼红心。这年为陈子庄家庭大难之年，他最喜爱的幼子溺水而死，妻子大受刺激，精神失常，另外两个儿子先后去农村落户，大儿子又在外地车队工作，他身体状况每况愈

下……他在这一年改号"石壶"，又自刻"石壶五十五岁之后作"印章数枚，不仅仅是纪念这次家庭变故，也是为了纪念自己艺术上升至一个新境。

海灯法师在成都的大徒弟、现在已是名满西蜀的武术大家张金成对我回忆道："我与陈老师认识于 1963 年。记得是 1972 年前后，老师经常坐三轮车来到我位于横布街的家，我总是花一角七分钱请他吃一碗白油抄手。有一天他兴致很高，就站在窗前掏出身上的刻刀和石头，一会儿就刻好了"石壶"印章。刚巧他画完一幅送朋友的画，立即就盖上了。"不管张金成懂不懂，子庄师随口说："当年自己目睹齐白石刻印，他是先把印面上几个字的直画刻好，再刻横面，再补上弯曲处。印出一看，好像是直笔同弯笔相连刻成的。白石先生说：'方法要简单，效果要最好。'我终身得这两句话的教益最大。"

子庄师转眼看见张金成墙头挂着一幅仕女图，突然发怒："扯球了。挂这些烂东西会看坏眼睛的。"

他自号"石壶"，暗示了承仰于那八位大师的泽被，就是说，我们是一路的。从另外一个层面说，石壶可以盛水，但石壶也许本来就是实心的，油盐不进，因而在虚与实之间。石壶举重若轻，就像一个轻功高手，舍舟登岸，羚羊挂角，只在雪地留下浅浅的印痕。成都宽巷子的代表人物、"恺庐"的主人那木尔·羊角先生至今认为，石壶里装着永远喝不到的酒。是的，有"酒仙"之称的子庄先生，"文革"后就不大喝酒了。

其实，这个"石壶"还有来历。子庄先生生前曾对弟子李维毅说起过，他在荣昌的家对面有一座山叫石壶山，他在 60 岁前后改号石壶，实为思念之情——即思乡之意。

中国人喜欢在姓名之外，进一步以"字"表达祝愿或渴望。子庄先生原名陈富癸，字子庄、思进，后来被人喊成了"富贵"。富贵就富贵吧，富贵不好么？有人说，好极了好极了。

说好的人，是被关在国民党土桥监狱里的一个阴阳大师。

根据陈寿民先生的记述，1941 年春，"中国民主同盟"在张澜等人的筹备下宣告成立，张澜被推为主席，陈子庄对张澜十分敬佩。在此期间，陈子庄随之加入了民主同盟。他在王缵绪的书房偶然发现了蒋介石逮捕张澜的亲笔手谕，掂量之后，毅然将此消息告之张澜，叫他赶快脱身。陈子庄也连夜潜回家乡，草草处理完家事，立即外出避祸。他随后参加抗日游击队，途经万县被国民党宪兵十二团逮捕入狱，关押在重庆土桥"执行总监部"的牢房里。

多年之后的1949年初，王缵绪问陈子庄："我知道是你将消息告诉张澜，才使张逃脱。这是为何？"

陈子庄回答："朋友有难，理应相助义不容辞。如果你有难时，我也一样帮你。"

据说这番话让大势已去的王缵绪非常感怀。1957年10月20日，深感绝望的王缵绪以到重庆治牙为名，化名张正言，同雷绍丞潜赴深圳，偷越国境时被捕。而让他最感绝望的，是他到死都认为陈子庄"举报"了他。

陈子庄在土桥牢房，还引出了一段独斗日本浪人的武林传奇。

狱卒旧闻陈子庄名望，提供纸笔让子庄作画消遣。但监狱中人耳听八方，听说文武全才的陈子庄进来了，一渲染，关在监狱里的几个日本浪人知道了。既然是武士，手脚发痒，想不想抢手？抢手是四川方言，指的是比武搏击。陈子庄一听就来气了，"抢个锤子！你们几个日本佬一起上！"他飘然而起，一人独对6个日本浪人，一招"花打四门"连同几道破风之声，6个浪人瞬间倒地，震惊了所有当事人与看客（见陈寿民编著《父亲陈子庄》，四川美术出版社2006年11月1版31—32页）。王发强先生回忆说，上世纪七十年代某天，偶然与子庄先生谈及"文革"中的武斗现象，子庄先生哼了一声就把话题扯开了。他只说，当时监狱里有一个阴阳师，看了自己的骨相，掐指一算："喔唷，不得了不得了，你是大富大贵的命啊！你要发大财。"子庄先生转过头来对几个弟子说："你们几个看看，我如今清贫至此，无名无势，连个画桌都没得，想起那个龟儿子的胡诌我就好笑……"

其实，子庄先生颇通易经，仅给弟子那木尔·羊角等人偶然谈及。

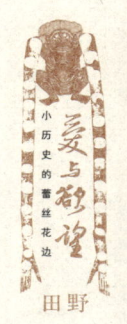
他相信"无咎"是至高之福,但在一个处处有咎的时代,这无疑是一种奢求。

看来,从宛然而飘逸的"兰园",到铁枝横斜的"十二树梅花主人",须弥纳芥子,壶中乾坤,荣辱悲欢,真是斗转星移。还是石壶最熨帖。

提到武功,陈子庄平静的眼里墨精炸现

2008 年冬季的一个下午,我与国画家王发强在成都的陕西会馆喝茶。这座有三百余年历史的硬山顶建筑面对一个紧凑的庭院,两棵高大的银杏树把冬季的成都天空撑高,往事一如气流从瓦檐飘坠而来。谈到授业恩师陈子庄先生,王发强关掉了身边一直播放佛教音乐的录音机,讲述了两个不为人知的细节,就像沉重的脚步从禅意纷飞的落叶间踏过,发出窸窣碎音——

1972 年,王发强偶然听说朋友陈寿岳的父亲就是陈子庄,心头一惊。他虽是成都市铜材厂的工人,但一直喜欢画画,平时也玩"印画",早闻先生的大名。一天他特意去仁厚街 11 号院找陈寿岳,本意是为他介绍女朋友。陈寿岳不在,开门的是一个又高又瘦的老人,穿对襟蓝布上衣,手里还握着画笔。老人面貌肃然,蓄山羊须,目光澄澈,审视片刻,然后请他入室,自己则继续作画。这就是王发强与子庄先生的首次见面。子庄习惯自我调侃,说自己"像个杀猪匠"。其实,先生睿智的眼神里闪烁着难以藏匿的智慧与豁达,这很让王发强入迷。他环顾四周,真是家徒四壁,那张作画的桌子应是饭桌,不断发出吱吱呀呀的摇晃声。

埋头作画的陈子庄突然发话:"这画,你看出点意思没有?"王发强起身回答:"老师的山水与我平时见到的很不一样啊。""是吗?与你见到的一样就完球啰!"子庄大笑起来,声音干涩:"你觉得有意思,有空就来看看吧。"对这样的邀请,王发强喜出望外,随即成了仁厚街 11 号院的常客。

王发强习惯站在那张吱吱呀呀的桌子边,屏声静气,一边为老师铺纸磨墨,一边看一抹山水在子庄先生的笔锋下得以赋形,得以传神。近

陈子庄《支矶石图》，作于1973年。

距离的反复观摩让他的画艺提高神速。一次，子庄自语："我绘画最大的特点是描写大自然的性格。一幅作品是作者全人格、全生命力的表现。我努力想做到这一点，你也要深悟此语啊！另外，学画要深究中国哲学。初成'画家'，后来要脱离'画家'，否则最终只是画匠而已……"在书籍荒芜的年月，一个有心人的记忆力往往极好，这些话烙铁一般印在王发强的脑门上，宛如和尚的燃顶。

1974年三四月份的一天，王发强依然站在那张吱吱呀呀的桌子边，就像少林武僧站桩一般，看老师作画。子庄先生并不抬头，但他突然发问："你气色不好哇，有什么事？"王发强如实回答："父亲拉痢疾，病得很重！"子庄先生精研易经，自通医理，说不碍事，提笔写了一个中医学院教授的名字交给他，叫他带父亲去看病。第二天中午，王发强回家吃饭，才发现，一大早子庄先生拄着手杖乘电车来到交子街88号自己的家，正与父亲王凤凯交谈甚欢。过了不久，子庄先生还来过一次，又与父亲谈了一整天。

对子庄师的两次家访，王发强看得很重："那时我不过是一个默默无闻的人物，但先生的高义让我大受触动。连我赶马车出身的父亲也兴奋得不得了，说这个陈先生是个奇人，还在青羊宫打过'金章'，真是文武双全。在我看来，古人所谓仁、义、礼、智、信，先生是用言行诠释了其精髓。他更用黑铁一般的沉默，昭示了'贫贱不能移、富贵不能淫、威武不能屈'的精神。"

成都有关"打金章"有很多说法。四川主政者熊克武于1919年农历

二月在成都青羊宫花会期间设下擂台，由贴身保镖李国超做擂主，声称若有胜过李国超者，不仅予以重赏，还将委以重任。最后获胜者将得到象征荣誉的金章，第二名为银章，第三名为蓝章。川中武林人士闻讯后纷纷前往一试身手。1953 年举行最后一届后，"打金章"停办。"打金章"逐渐成为老成都对武林打擂比赛的称谓。据考，子庄先生并没有正式参加"打金章"，但参加过另外的不少擂台赛。

一般而言，人的经历一多，所受的牵扯与浸淫就难以避免，所谓世故就是如此累积的。但还有一类人，基于强悍的生命底蕴，他穿越的人与事、激越与伤痛，不过是对他生命底色的铺垫，反而彰显出其强力的向度。不失赤子情怀的梁启超十分崇拜墨子的人格，自号"任公"，有感于国人缺乏坚毅。为发掘尚武精神和刚性文化，在《中国之武士道》中指出："中国民族之武，其最初之天性也。"而"武"从来便是和"儒"、"道"、"禅"思想相辅相连的。梁启超还提倡：一个知识分子应该牢记的概念——儒侠，呼唤一种持续的、坚韧的、疾风一般的胸怀。若以此观陈子庄先生，可谓一语中的。而与历史侠义人物更具巧合的是，子庄先生还在肉铺当过伙计，这自然让我联想其专诸、高渐离、朱亥等人的铁血。

儒侠并非身怀绝技的书生。书生绝技在身，为心性拓展出了一种恢弘的气象，此人遭遇的忧患自然就比儒、比侠更多。陈子庄 6 岁即在荣昌双河场铁罗坝陈氏祠堂读书，11 岁时因家庭经济困顿，遂为当地庆云寺放牛，寺庙管饭，不发工钱。庆云寺有武僧，陈子庄遂得到高僧惠宏、惠戒的指点。学武四年后，又拜著名武师谢棕粑捶、荣昌彭家岩彭水老六等人学习武功六年。加上陈子庄学武非常刻苦、用心，武功日渐长进。14 岁时就在荣昌县以教授拳术为生。后来又在成都拜绿林一代宗师马宝为师，继续深造。陈子庄广交武术界朋友，多次在成都等地打擂，此后又多次担任武术评判，并结交河北沧州武术名家李雅轩（雨山），与他联袂出版了拳经《形意拳大观》。这就让我发现，如果说 20 世纪中国还有教武为业的文人的话，那就非作家萧军和画家陈子庄莫属了。

陈子庄口述之《谈艺录》上有这样一段描述："成都有河北人国术师李翁雅轩，今已八十余岁，打太极拳是全国第一。吾与翁交谊甚厚，尝见其打拳，一手未止，二手又起，连绵不断，宛如游龙，人如在云中穿行……完全是神在指挥。李翁对其女道：'你不要学我的姿态，要学我的神态。你可常自闭目凝思，揣摩我的神态，久之自得。'拳艺犹以神运，学艺术还能只重技法吗？"（见陈滞冬编著《石壶论画语要》第56节，人民美术出版社 2010 年 3 月 1 版）深湛的文化底蕴，使子庄获得了打通文、武的妙境。

采访中，子庄先生弟子、书画家陈滞冬特意对我指出，1954 年是陈子庄生活的最低谷时期，这一年他 41 岁。当是最难将息阶段。经历了诗人胡风所高唱的"时间开始了"的激情，风云突变的局势让他发现，历史好像就是重复的。既然无法悬壶济世，那就只能躲到壶中。从青少年时代开始努力挣得的丰裕生活已一去不返，孩子一个接一个出生入世，家庭负担日重一日。由政治上的失望导致的人生价值取向的迷失带来的巨大精神苦闷无法排解，社会各方面的压力也渐渐聚集起来，走投无路的陈子庄这时甚至想到过自杀。老朋友王缵绪此时已在四川省政府担任要职，经过一番努力，由重庆市统战部推荐，陈子庄调四川省人民委员会文史研究馆任研究员。1955 年陈子庄全家也由重庆迁往成都。

1966 年以前，陈子庄每月可以从省文史馆领取 50 元生活费，后来增加到 60 元，政协方面补给约 120 元，每月有固定收入 180 元左右。"文革"开始，陈子庄的收入就只有省文史馆的 60 元。四子一女，妻子张开银出身荣昌豪门，依然操持家务。一家七口，生活陷入捉襟见肘的窘况。1968 年幼子陈寿眉溺水而亡，妻子饱受刺激精神失常，两个儿子先后去农村落户，大儿子又在外地工作，他身体状况也愈来愈差，风湿性心脏病不时发作。

有关这些苦痛，陈子庄从不与人谈及，一是出于局势，二是他的慎独修为。他几乎每天都要到街头茶铺喝茶，礼拜天就到少城公园的鹤鸣茶社。鹤鸣与另一家绿荫茶社是旧时"叫咕咕"（教师）谋职的处所，

朱自清、叶圣陶甚至陈寅恪、钱宾四、吴雨僧诸先生也常来此品茗。长廊覆青藤，只是老梧桐的冠盖之下，风物依旧，面孔却是陌生的。

某天，王发强陪陈老师到少城公园喝茶，讲到画意，子庄师伸出三根手指蘸茶水，手指在桌面一抖，一只飞跃的蝙蝠就落成了。看得王发强目瞪口呆，子庄师微微一笑："神奇吧。够你揣摩的。这只蝙蝠要一直飞在你的灵魂里才行。"

时局风雨飘摇，他却依然衣着整洁，使用的笔墨也是当时所能买到的上等货。他从不使用水彩，而是用最贵的颜料，包括黄金一般昂贵的洋红。无论走到哪里，总是随身带着一个速写本。画茶馆外的梧桐，水波里溶开的夕光，俏丽的牡丹，小憩在岸边好像又将展开翅膀的木桥，这些被一些人视为"小技"的速写，子庄先生做得却是一丝不苟。这个习惯，源自1940年代他在重庆与画家叶浅予的交往，他十分佩服叶的速写技能。他的不少画语，也记录在这个速写本上。多年以后，陈滞冬提及此事依然十分感动："一些人看过陈先生的画后发现，他山水画中的场景完全在巴山蜀水间找得到。一般人觉得他记忆力惊人，却不知先生是在完成'心证'之后，才来作画的。"

1972年夏天，张金成陪同陈子庄、太虚大师的高足本光法师、王云舍先生游历新都桂湖。只要坐下来，陈子庄会习惯性写生。当天他兴笔画了本光法师与王云舍。张金成一时性起，在速写画上，用指甲勾了一点朱砂点在本光的鼻子上，以喻本光法师的红鼻头。惹得几位高人哈哈大笑："太像了太像了！"

陈子庄与海灯法师等武林名宿一直是老朋友，按江湖规矩，他尊1903年出生的海灯法师为兄，因而名声在外。1962年和1964年，海灯法师来成都两次小住，均居于大慈寺，陈子庄常到大慈寺与海灯法师喝茶论道。文革"武斗"期间，不时有红卫兵从重庆、永川、绵阳等地来到成都，打着子庄先生"同门"的旗号上门拜见。那时，天王老子都可得罪，就是不能得罪红卫兵。他们都有点"三脚猫"功夫。此语在四川话里，多用以喻武艺不精的江湖艺人，后也泛指对某种技艺略知一二，但又不精通者。词义来源有多种释法，猫的叫声为"妙"，于是人们以三脚猫喻江湖艺人，尽管他们口中不断"妙妙"而鸣，但其本领不大，自然也"妙"不到什么程度。

陈滞冬曾经看见陈子庄在自家院坝里"指点"这些激动不已的"三脚猫"。他一展身形，手脚生风，平静的眼里立刻墨精炸现。

王发强回忆说，子庄有一次偶发豪气："我如果毕生练武，老子就是第一！"

动荡的迁居史

陈子庄先生于 1929 年到成都闯荡，后在成都生活近 30 年，前后居住过五个地方：1955 年之前，借住在朋友位于太升南路侧的内江街民宅，之后迁居到康庄街 48 号；1965 年夏天迁到宁夏街西城角的"新村"底楼的一个套房；1968 年底迁居西城江汉路 37 号的一所平房大院；1972 年冬天搬到毗邻支矶石街的仁厚街 11 号院内，直至去世。如此搬来倒去，景况一如"过山车"。

陈季忠在《醉仙陈子庄》一文里回忆说，先生的住所在城东康庄街一所大杂院临街口的右侧，一道破旧的矮土墙，墙面斑驳不堪生着厚厚青苔。临街的墙面便是一道低小的木板门。进门便是一块草席般大的凹凸不平的土天井，右边是子庄师的书房兼画室。低矮的房檐下窗户与门紧挨，房内黑糊糊的。靠窗下一张老式方桌，桌上摆着几样画具——砚台、笔洗、笔筒、几只小白盘。对着方桌的里边依墙而立的是一个小旧书柜，柜的上两层排满了书籍，底层堆着一叠叠画稿和宣纸之类。柜顶上放着一个乌木筒，里面插满了画卷。与书柜一字形排着一张单人铁架床，床架上的油漆早已脱落，露出的铁锈又被人的接触磨光发黑，床上一张草席、一卷小棉被。床上面的墙上挂着四个条形镜框，里面经常轮流装着老师自己的画作，我每次去了都对着镜框百看不厌。屋中的空地至多可容三人站立看老师作画，人多了只能到屋外窗下观看了。屋内地面上铺的木

陈 子庄先生
在仁厚街
11号院内作画。

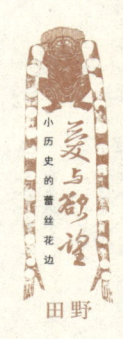

板已朽烂脱钉，走动时稍不留意就会把木板另一端踩翘起来……（见《美术报》2003年7月19日）

那木尔·羊角先生对笔者回忆道，就连散架的门板也是用绳子捆起来的。这门，不但挡不住汹涌的世风，也无法隔绝刺骨的风雨。雕塑大师朱成对我回忆说，记得一年盛夏他与何多苓去仁厚街拜望陈子庄，他赤膊趴在这块门板上，正在一张巴掌大的纸上作画。他宽大的背脊与极小的纸张给朱成留下了很深印象（见蒋蓝《朱成：人民美学的实践者》，《成都日报》2010年2月1日）。

尽管如此，子庄先生的文房四宝还是齐备的，砚台是名士吕洪莲所赠，上有明人题跋，古意幽深。他当时主要为本地一些文化机构作画，比如1964年为武侯祠画《锦官城外柏森森》，是用8张4尺纸拼贴起来作画，完工之后即病倒。他的画，也通过成都市文物商店予以对外销售，收购价是一张3毛钱；而他私下出售的扇子画，一张售价为1毛钱。既便如此，也不能立即做到一手交画，一手交钱。他还要在一种挑剔的目光下等待，等待外行的购买者一种近乎侮辱的盘诘。而他，在等米下锅……

如此代价，现在听来近乎天书。面对生活压力，他甚至已经不能"免俗"，外面的好友如诗人戈壁舟或是新加坡等地知音请他作画后，也给钱给毛料衣物给紧俏食品，他也一并笑纳。妻子的病时好时坏，坏的时候整天坐在屋里破口骂人，陈子庄在外屋安静地画画。他必须学会宠辱不惊，安之若素。该做午饭了，陈子庄搁下画笔，从口袋里掏出些零钱，交待女儿买点菜回来，然后继续作画。忽然他想起剩下的钱已经不够明天买米了，于是赶紧拄着青城山藤杖，出门去找老朋友借钱。羊角也好，罗巨白、张金成也好，唐际民也好，都借过不少钱粮给他。拿人手短，吃人口软，他内心承受不住，甚至不惜把自己尚未出版的巨构《龙泉山水册》等画作抵押在别人那里。这还包括吴作人12幅送给陈子庄的"斗方"（这是陈子庄与吴作人相互交换而来的画作），由此造成至今难以弥补的损失。

前债不还，后债难借。陈子庄开始悄悄变卖文房四宝。某次，他拿出收藏多年的一个端砚，说好作价30元卖给书画名家陈季让。对方工资当年很高，但后来老先生变卦了，只肯出20元，理由是端砚虽好，还差一个盖子，意思是扣除10元作修理费。拿到钱，陈子庄手杆发抖，说不出话。张金成目睹这一切，忙拉老师到茶馆消气。陈子庄突然仰天长叹："天哪，几十年的朋友了……"

听上去，他顿时就老了20岁。

"文革"期间，子庄先生被抄家之后，印章一枚不剩，他开始自刻印章。他将一本《封泥考略》从头至尾一枚一枚地描摹下来，学习篆法、章法。因此，不但陈子庄后期作品用印全是他自己刻制，而且也使他的篆书形成新的风貌，并有用篆书题长款的作品出现。陈滞冬记述说，老师晚年所用印泥相当讲究，盖印的位置，朱白文的配置都一丝不苟。

年关将近，寒气冻得颜料发硬。宣纸上的陈子庄，一脸暮气。

那木尔·羊角——那时还叫杨桂林，1968年大年三十当天去子庄老师家探望。屋中比巷子里还冷。家徒四壁，年关之下没有任何年货，暖瓶里没有热水。子庄师气色不佳，但依然提笔为羊角画了一幅黄色的牡丹图，权作贺礼。

杨桂林甚感歉意。第二天初一大早，就带着礼品上门拜年。一进门就呆住了，师母旧病复发，把家里所有的副食品票全部撕碎，喋喋不休地骂着陈子庄"文心雕龙偷人"之类的怪话。子庄师则在一旁静静作画。那个年代，副食品票就是一家人的命，撕了，碎了，一了百了。见客人来拜年，子庄师十分感慨："我一早去了市场，今年公鸡在年关涨价了，我买不起啊。我没有什么好招待你，画一只公鸡送你吧。"他一边画，一边诙谐补充道："你要记住哟，我这只公鸡，以后一定会卖大价钱。买活鸡的话，可以用卡车来装。"

他特意在画作上题写了时间："戊申。写于成都西城角寓所，南原急就。"

置身内忧外患之中，子庄师清贫乐道，这幅记录着特殊心境的公鸡图，后来被人"借"走一去不回，但子庄先生的棱棱风骨至今让羊角一说起就潸然泪下。

1972年入住仁厚街11号院子，此地不但是子庄先生的终老所在，更成为他臻于澄澈之境的终极地。这是一所老旧的西式院，子庄先生一家搬来时，邻居有一个姓陈的医生，还有在房管局供职的一户人。子庄先生一家有两间房和一个小厨间，大约40平米。唯一的桌子是一张弟子们找来的四腿不齐的饭桌。就凭这样一张桌子，陈子庄的山水画进入到奇丽高峰。他其实等于用这张桌子为那个时代之后的中国山水画树立了一个觇标：非不能至，而是你们找错了方向！他不断外出写生，整理画稿，新奇的艺术风貌愈变愈多，山水画几乎幅幅的情调、笔墨、趣味、结构、格调都不相同，但又和谐地统一在独特的一己风格之中。

1972年3月，陈子庄开始到龙泉山写生。有不少弟子或乘车、或用自行车载子庄前往龙泉。张金成陪同陈子庄就去过好几次。他气促而腿软，走到山泉镇就无法再走，一边休息，一边借此写生作画。有人见了大感不解，龙泉山有什么好景色呀？毫无嵯峨奇诡之相，如何入画？子庄气喘得紧："景色并不一定是眼前的实景。而是心与现实交融之境。"他前后画了数百幅写生，竟然无一重复，后整理成《龙泉山写生册》34幅山水小品。其中《山中有佳境，欲说已忘言》就堪称这一时期心境的呈露，真是物我两忘，唯有那出尘的愉悦，在龙泉山野艳若桃花。

美术理论家孙克在《陈子庄艺术》里特意指出："这批作品，在友人帮助下，仅题字便用了三个月，可见他的创作态度是十分严肃的。如其中一件，题为《山泉铺望菜花田，用枯笔点缀而成》，此图用笔较为繁复，山岭用枯笔渴笔中锋勾成，秃笔直点皴去，只求画面的黑灰节奏。岭表的杂树更为单纯，随着岭头的走向而排列，是树木的意象，又是节奏下排列的墨点，具体而又抽象，形成陈子庄特有的简洁、天然、直率的画风。"（见陈寿民编著《父亲陈子庄》，87—88 页，四川美术出版社 2006 年 11 月 1 版）

他急于回到他熟悉的蜀地深处。他在山野的皮相之下触摸到山野的骨头。同年 10 月，他沿武阳江东下，历双流、彭山、仁寿三县，得写生稿两百余幅，后整理成《武阳江写生册》150 余幅。1973 年 3 月，往凤凰山写生，整理成写生册 12 幅。10 月，往夹江县改制国画纸，陆续创作写生稿数十幅。1974 年秋，他往绵竹、汉旺县写生。汉旺县有一个他的弟子叫李本初，那时在煤矿当技术员，他的家就是接待站。每次盘桓至多半月，他的心脏就承受不住了……如此还是积累了写生稿两百余幅，后整理成《汉旺写生册》121 幅。陈滞冬充满深情地指出，陈子庄在生活最艰难、精神最压抑、思想被严厉禁锢的时代，以自己的艰苦努力和过早消耗生命的沉重代价享受到了艺术创作的自由与乐趣。由 1971 年持续到 1976 年，这一段是陈子庄创作的黄金时期。他在家作画期间，往往在大门外贴上"遵医嘱不会客"的字条，一边口含治疗心脏病的药片一边创作。据说，只有张金成等极少数几个人来访，子庄师是例外的。他会放下画笔，连同自己的心境，用一张旧报纸悄然盖住，然后大摆龙门阵……

中国画的基本功有二：临摹与写生。中央美术学院研究生院院长薛永年在为《陈子庄写生稿册》所作序言里指出："石壶所作山水花鸟，平淡天真清新自然。其炭笔、铅笔，速写亦笔简意远，机趣天然，工取势，妙剪裁，擅抽象，富内美，饶情韵，不唯得物象之特点，尤具随物宛转与心徘徊之妙，谛视之为创作亦无不可。当世画坛人亡业显者，江西南昌有秋园黄氏，四川成都有石壶陈氏，率皆借古开今，独出手眼。论者谓黄繁陈简，各擅胜场……"

这等于解释了很多画坛中人的不解之谜：从没有学习过西洋画法的陈子庄，何以能够对走兽、飞禽、植物、山石的把握那么精准。王发强曾经见过子庄师一个专门画牛的小册页，几十种牛的形态森然壁立，其对骨骼、肢体、内蕴力道的呈现毫不重复。这不但是属相为"牛"的他对一种精神的二度还原，更是一种磨砺。他在与牛的对视里，不但完成了对事物的揣摩，而且浑然托举，臻至化境。

当时，他贫病交加到了何等程度？他一度用医用棉签在废报纸上作画。羊角先生保留至今的就有他在当时报纸上画的一幅花鸟。记得 2009 年我第一次见到这幅画时，那种一丝不苟的气息，沙子一般扑入我的眼睛。这是一张 1966 年 9 月 7 日的《成都晚报》，在整版高唱"文攻武卫"的文字上，先生用淡墨覆盖了这一层咆哮。他在漫漶，他在稀释，他在开花。他把浓得化不开的局势一笔荡开，在脆弱的再生纸面吹气如梅。开始是墨梅，意犹未尽之余，他突然点染了几朵红梅。普天之下哪里有墨梅与红梅并蒂的技法呢？我想，那"鲜血红梅"的意象，恐怕才是他墨水之下的浓血——须知，在那个年代，这等做法是完全可能被人检举为"反对文革"的。而那只与时代语境完全背离的鲜艳小鸟，斜睨着高天滚滚寒流急，宛如源自虚无的黑客。它的羽毛仿佛是激烈的简化字反面远处——那高渐离轰然破裂的筑音。

这是他心中的"花叫"之声么？

鸟在斜睨什么？！

他到了买不起一个存画箱子的程度，画作只好放在一个装"红芙蓉"香烟的大纸烟箱里。某次，一个外地人在仁厚巷口卖樟木箱，箱子很大，做工也不错。对方要价 30 元一口，但他掏空了口袋，也凑不够这笔钱。王发强先生当时在场，子庄先生那一脸的无奈，恍在眼前。

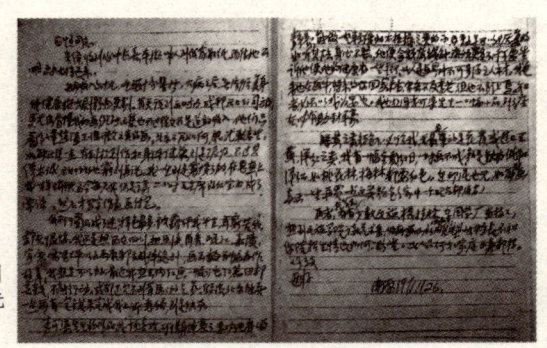

1971 年 11 月 26 日子庄先生致友人手记。

子庄先生倾力山水，他说："中国的文学、医学、音乐、舞蹈都是哲学的体现。最高境界的山水画，常人看不懂，因为它也是哲学。中国不叫'风景画'而叫'山水画'，本于'智者乐水，仁者乐山'，是人格的体现。有仁无智，不能改进社会；有智无仁，则为谁服务？山水，生万物以养人，一动一静，一阴一阳。整个人类的存亡发展其实就系在这山水上面。"因此山水画不等于风景画。他的山水不是风景的肖像描写而是自己的内心刻划。他不重景点的秀雅而注重体验的深沉。他那有关巴山蜀水的事与思所凝成的深重墨色里，有着生命不堪承担而又勇于承担的重量。"知不可为而为之"的心结，在他笔下亮出了凹凸的锋棱。

1973 年，一个嗅觉灵敏的日本人好不容易来到成都仁厚街，他四处打听陈子庄的住址。他站在 11 号院门口，希望能拜谒他心目中的大师。陈子庄得知了，坐在破藤椅上对弟子说："让他走！我不见日本人。我在永川的'兰园'被日本飞机炸得稀烂，一些人腿还挂在树枝上。他们休想得到我的画。"据说有人开导他：老师你四处借债，卖点画给日本人可以赚一大笔啊。陈子庄大怒："少给老子扯这些。滚出去！"

2009 年 12 月，一个雾气弥漫的下午，我来到仁厚街 11 号原址。这里早已修建成光鲜的成都市民主党派大楼，陈子庄当年的居室刚巧变成了入门通道。见我在门口徘徊，身材挺拔的保安在我身边警惕地转悠，听说我在找寻陈子庄的老房子，他显得很热情："陈子庄？哪个单位的？电话号码是啥子？我帮你打……"我进一步想，当地人都不知道子庄先生的骨殖厝藏何方，这又怎不令人仰天叹气！

用子庄画裱糊窗子的人

李贺《致酒行》："吾闻马周昔作新丰客，天荒地老无人识。"移之于六七十年代的陈子庄，孰几近之。受人之礼，子庄先生往往是涌泉相报的，他不断拿出自己的画作馈赠给礼遇者。但礼遇在很多人眼里不过是个形式，既然视为形式，事情难免圆凿方枘，直至有灰飞烟灭的一击。所谓："铁磨铁，磨出刃来。磨朋友的脸也是如此"。

子庄师有一个一再对他表示敬仰的晚辈，姓马，是 1953 年的四川大学毕业生，时住成都小河街。1974 年的冬月，他热情邀请子庄师到家吃羊肉。王发强用一辆 28 自行车载子庄师前往。到了马家，子庄师的拐杖瞪瞪挂响楼板，一抬头看到了自己的十几幅画作，被主人用来裱糊了窗子。面对一派"花窗"图，子庄师深深吸气，猛挥手杖将"花窗"轰然击碎。

"你可以看不起我，但你不能侮辱我的画！"

他拉起王发强就走。王发强觉得寒气扑面，自己找不到一句话。走着走着，子庄说："我瞎眼了。"

这是一个谁也没有提及的事例，我估计是怕他的心流血。2010 年年底，我偶然在美术收藏家阎晓怀的博客上，看到了如下一文：

> 1987 年秋冬季节，为给即将举办的《陈子庄遗作展》筹集展品，我和张正恒教授赶赴成都，下榻锦江宾馆。四处联系的结果，得知成都某市民家中有陈子庄作品数百幅。于是，我们立刻兴高采烈地登门拜访。这是成都最普通、最常见的民居，老房子，平房，黑瓦脊，斜屋顶，总有上百年的历史了。
>
> 家中只有女主人。我一进屋，便开门见山："听说您家里有几百张陈子庄的画儿？"
>
> "有的，好几百张，一叠一叠的。那个陈疯子，死前几年，总好到我们家头来，坐下就画，几天就画一摞。我一面弄小儿子，一面做饭，每次吃过午饭，他就回去了哈。"
>
> "画儿在哪儿呢？"
>
> "糊在墙壁上喽。"她还指指天花板。"喏，上面糊的也是。"
>
> 举眼望去，天花板与墙壁上贴的都是《四川日报》、《人民日报》等大张报纸。并无任何画作痕迹。

"贴的不都是报纸吗？哪儿有画儿？"

"年年贴一层，已经贴了好几层啰，陈疯子的画儿压在下头了嘛！"

我顾不上征得主人同意，脱鞋上床，顺着墙壁往下揭。一大片，一大片的贴墙纸，被我揭了下来。

"张老师，你在桌子上一层层慢慢揭开，看有没有陈子庄的画儿？"

张正恒便坐在桌子边头儿，一层层往下揭，始终未见到陈子庄作品的痕迹。我又搬了个大方桌，再搬个小方桌，叠上去，撕天花板上糊的纸。然后，丢给张教授揭，依然一无所获。

女主人突然拍了拍脑壳儿："哎哟，忘了忘了。几年前春节，我们两口子把旧墙纸统统揭掉，都烧掉了。这几层墙纸是后贴上去的。"

我心里咯噔一下，知道几百张石壶的作品早已化作轻烟缕缕了。

女主人继续说："我家哥子那年从北京转来，丢下一刀啥子安徽的净皮纸在屋头。陈疯子晓得我这里有好纸，三天两头跑过来画。每张纸裁得书本本大，画了一张又一张。"

张老师问："不会都贴墙了吧？柜子里头抽屉里头找找看，兴许还有？"

"没得啰！没得啰！陈疯子说他的画好值钱，跟齐白石差不多，要我放好！乱讲！他的画，一张也卖不脱。那时候，我家娃儿又小，画画的纸软得很，还吸水，他丢下的画儿，我顺手就给娃儿擦屁股了。"（阎晓怀著《陈子庄数百幅作品被糊墙、擦屁股》，载《石壶画选》，北京荣宝斋出版社，2010年9月1版，88页）

......

此事经过了反复求证，应说大体属实。

匿身在石壶里的子庄师啊，我猜测，你冒着寒气饿着肚子回家后，

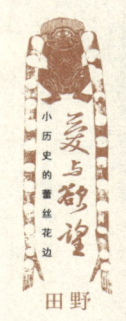

你多半会做梦。那是一个白日的噩梦。你会梦到那石头的壶裂开了——不是你需要透气，而是你把石头捏成了齑粉，变成了你的颜料。

有圣立言：挖陷坑的，自己必掉在其中。滚石头的，石头必反滚在他身上。

泰戈尔说得极好："人类的历史是很忍耐地等待着被侮辱者的胜利。"

陈子庄的"大画"

在近年国内拍卖市场上，陈子庄的小品每平方尺达到 30 万元，精品更高至每平尺 50 万元。子庄先生小品极佳，加之他的"大画"现世的极少，很多画坛中人均认为他的"大画"远不及小品。

1988 年 3 月 20—27 日，《陈子庄遗作展》在中国美术馆举行。开幕当天，隐士一般的吴冠中先生便独自前往观展。书画收藏家阎晓怀记录了自己与吴冠中的现场谈话：

> 看完 300 幅作品后，吴冠中说："画得好！尤其是小品，很精彩。要知道，想在一平尺的画纸上表现大山大水。描绘山形水势，是很困难的一件事情。子庄先生做到了。但似乎大画没有小画精彩。"
>
> 我连忙解释："陈子庄在世时，穷得很，买纸的钱都没有。偶得宣纸，都裁成小幅来画，以多画几张。"
>
> "那就难怪了，是画得少的缘故。大画的布局与小画的布局，仍是有区别的。"（阎晓怀著《陈子庄与吴冠中》，载《石壶画选》，北京荣宝斋出版社 2010 年 9 月 1 版，86 页）

这里可以补充两个事例。

据王发强回忆，1963 年 4 月，国家主席刘少奇和夫人王光美应邀访问印尼、缅甸、柬埔寨、越南，这是中国国家元首首次出访东南亚。四川省政协将在蓉的岑学恭、吴一峰、赵蕴玉、陈子庄等老一辈画家召集起来，希望他们创作一批国画精品，作为刘主席带到东南亚的国礼。陈子庄很久没有画大画了。在望江楼公园参加会议后，他一口气喝干了三碗白酒，创作了一幅6尺《薛涛吟诗图》。早在1959年，他已经画过设色纸本4尺的《拟薛涛诗意图》，但那是诗意，没有人物。此幅《薛涛吟诗图》，全在展示薛涛一手持杯、一手临风的悲秋身姿。裙裾的褶皱与身后的竹影被一种更为强大的气场所统摄，与薛涛侧首的波光构成了一波三折之妙景。此画是否辗转到过东南亚已不得而知。因为听老师反复提及，这幅画，王发强恰好在北京《陈子庄遗作展》上目睹过！王发强说："人物的心态，从持杯之手的姿态上就可以强烈感觉到！这等功力，我至今没有在别人画作里见过。"

2006年1月，中国规模最大、档次最高的陈子庄画展在杜甫草堂开幕。"重器"之一，是现藏于武侯祠博物馆的陈子庄巨作《锦官城外柏森森》，长4.2米、高2.76米，尺幅达11.6平米，合计104平尺。

这画是陈子庄于1963年应成都武侯祠博物馆之邀而作。陈寿岳回忆，在创作《锦官城外柏森森》时，平时省吃俭用的陈子庄破例，狠下心来买了一支18元的狼毫，前后十多次前往武侯祠写生。在长时间的准备后，用一天的时间趴在地上一鼓作气创作完成。这幅画当时得到了武侯祠博物馆50元的润笔费。

《锦官城外柏森森》为构图近景，以线条和色彩代替传统的皴法，具有强烈的表现力。

将诗意融入笔端，无疑成为陈子庄山水画的代表风格。四川省文史研究馆馆长刘孟伉先生为此画题诗云："南原画手成都客，为画苍苍之巨柏。自言昔游古剑州，终朝看柏无时休。铜柯铁干三千本，到眼龙鸾一例收。蜀相祠堂新壁好，八尺宣州近来少。画楼一夜风雨急，惊电连天六幅扫。锦官城外森森者，游人爱柏兼爱画。我来题画不题柏，柏犹易种画难觅。"

此外，陈子庄还为乐山大佛画六尺山水大画；根据伟人诗意而绘制《苍山如海，残阳如雪》巨构；为成都市新都区桂湖公园杨升庵纪念馆

画的巨幅荷花；为新都宝光寺画的八尺荷花鸭子；为眉山三苏祠而作《东坡图》以及为四川大邑刘氏庄园画数幅花鸟屏；为江油李白纪念馆也留下了珍贵墨迹……在上世纪六十年代，陈子庄为四川各地名胜画了三十余幅巨制，至今被当地博物馆珍藏，定为国家文物。（见陈寿民编著《父亲陈子庄》，四川美术出版社 2006 年 11 月 1 版 62 页）如果能够把这些画荟集起来搞一次展出，我估计——不妨这样说吧——那个背女子过河的和尚倒是放下了，而没有背上女子的那个，还远远没有放下！他想着留香的背，想着温玉的胯，那些软与小，他虚拟地背着红颜跋山涉水。

不妨记住陈子庄的话："要画得像不容易，要画得不像更困难，最高境界是物我两忘，主观的客观的都忘了。"而念念不忘大画、小画的人，似乎什么都没忘，进而盯死了另外一件东西。

飞去来兮的"杯具"

"杯具"原指盛水的器具，后因与"悲剧"一词谐音，成为 2010 年大热的流行语。人们在网络上杯具来杯具去，弄不懂的人以为遇到一群卖瓷器的了。逐渐的，杯具飞舞，杯弓蛇影，宛如飞去来器。生活中都常常用杯具来代替悲剧，随着网络语言的流传，更出现了"人生是张茶几，上面放满了杯具"等句子。

据说，原声词"悲剧"早在 2008 年底到 2009 年初就已经在网上流行。第一次使用"杯具"的人是易中天，他在一期《百家讲坛》中就深深地喟叹道："悲剧啊……"这张截图在各大论坛迅速流行。至于作家六六在《蜗居》里的台词"人生就像一张大茶几，上面摆满了杯具（悲剧）和餐具（惨剧）"，不过是一大总结性提升。

在此，我继续炒冷饭就没有什么意思了，也是杯具而已。2010 年 1 月，我偶然在成都长江画院与著名国画大师晏济元的小儿子晏秉常先生相遇。晏秉常长着一头怒发，听他摆老龙门阵，尤其是陈子庄先生与晏济元先生的交往细节，我突然发现了"杯具"的横空出世。

1976年子庄先生入住华西医院时，委托弟子王发强去春熙路瓷器店购买了这个葫芦瓶和6个茶杯送给重庆的国画大师晏济元。一方面致意问候（晏济元别名晏平），另一方面暗示了自己的一生"路悲"。

1971年，时年57岁的子庄先生听到谣传，说著名国画大师晏济元在重庆去世，由人推己，甚是悲伤，作《悼晏平子》诗。其实，子庄写过三首有关晏老的诗。一首写于弟子带回来的临摹晏济元《鹧鸪图》的作品上，陈子庄睹物思人，写道："十年一见千里，笔底鹧鸪有声。不是巴山路险，与君醉到天明。"另一首诗是陈子庄得知晏济元瘫病在床已久，思念之余写下《慰晏平子瘫病》："斗室无聊甚，诗颓半句多。常忆晏平子，老病近如何。"陈子庄当年有意和晏济元结拜弟兄，两人相互敬慕已是画坛佳话。

1976年2月，因心脏病复发，入四川医学院附属医院（即现在华西医科大学附属医院），已经治疗3个多月的陈子庄决定回家过年。同月，晏济元来成都探视他。老友相见，老泪纵横。这应该是他们的最后一面。

1976年4月份，陈子庄因心脏病复发，再进四川医学院。时年64岁的子庄先生，已经对自己的生命有了一些不祥预感。他开始反复审阅自己手头几百幅画作，不满意的就顺手撕碎，撕得旁观者心惊肉跳。

某天，他掏出20元钱，在病房里交给弟子王发强，请他去春熙路上的瓷器店买6个茶杯和1个葫芦形瓷瓶。什么原因，他没多说。王发强来到孙中山铜像附近的一家瓷器老店，如愿买回了东西。还值得交代的一个细节是，买东西一共花费了11元左右，王发强自己倒贴了1元钱，退陈子庄10元钱的整数。陈子庄一默，觉得王发强退少了，坚持要认真算账。于是，同病房的市劳动局郭局长作为证人，算账的结果让陈子庄有些不好意思，只好向弟子尴尬地笑笑。在王发强眼里，先生经济的窘况某种程度上已经改变了他的心性，真是让人无限感伤。他托人将东西带往重庆，转交晏老。

晏秉常对我说，父亲一见瓷器，"哎呀"了一声，伸手击额。见儿

子不解，晏老缓缓地说："杯子就是辈子，我名晏平，别人喊我晏平子嘛。葫芦瓷瓶就是向我致敬，祝我长寿的意思。杯子，杯子就是'辈子'，6个杯子，暗示了他这一辈子道路的坎坷啊。寓意'路悲'也，也暗示了他一个甲子的艰难。看来，他八成过不了今年这一关了。"

1976 年 7 月 3 日深夜，陈子庄先生毫无声息地去了，他桌子上的杯具和餐具完好如初。他用自己风雷电闪的一生，证明了"石壶"的质地，胜过了那些轻飘飘的杯具和餐具。

晏秉常对我讲，家里一直保存着子庄先生的赠物，但后来不知什么原因，葫芦瓶子还在，那 6 个杯子却无论如何找不到了。

我想，也许是天意吧。

2010 年 1 月我看到一则有关马英九的新闻，他利用到花莲视察的机会，以 600 元新台币买下 6 个手工制茶杯，作为夫人周美青 56 岁的生日礼物。可见，讨 6 个茶杯的吉利，含义又是一变。

如今，网友们最近都一窝蜂地爱上了"内牛满面"（泪流满面）这句感慨语。看了《蜗居》，是不是要把感慨改成：人生啊！什么杯具、餐具，这些本该搁在茶几上的东西，都堆在了卧具（蜗居）上，因为在巴掌大的生活空间里，根本没地方摆茶几啊。但是不要忘记了，早在这个词汇流行几十年前，陈子庄先生就告诉过人们，他体验过这些带来的刻骨铭心之感了。如今想来，真是悲乎！

2011 年 2 月 10 日晚上 7 点 47 分，110 岁的晏济元在四川省医院仙逝。我想起那个放在陕西街长江画院里的葫芦形瓷瓶，那是凝聚了两位大师几十年情意的唯一物品了。

细节就是长在脊椎间的骨刺

1991 年，王发强先生到郑州出差，他在五一广场旁边发现了一个小画店，一个老者守摊，显得极清冷。听出王发强的口音，老者来了兴致："成都有一个画家叫陈子庄，你认识吗？"王发强含而不露，反问老者有何见教。老者说:"我一直在注意这个人,表面上他的用笔有点杂乱,但用心揣摩,发现他的笔法伸缩自如,内蕴力道。我觉得他有一个心诀'如动不动',功夫由动修炼到不动,即由动归静,渊渟岳峙。我推测,他应是练武出身。"听完老者的见解,王发强暗自惊诧不已。转念想到,子庄先生从黄宾虹的墨法中悟出了笔、墨、水、色浑然一体,挥运之际随机生发的高难度画法。而这样的技法,在牡丹图里翩若惊鸿。

和张大千一样,子庄先生对牡丹情有独钟,为牡丹泼墨作画一百多幅,题款众多,有云:"吾蜀丹景有祥云青,花大如碗口,开时绚烂夺目","吾蜀丹景山牡丹,不在洛京之下"等等。他独具慧眼,最先发现了天彭牡丹野趣之美,并由此生发出对自由的反思。诗云:

生在丹山北,
垂垂野意浓。
移入庭园里,
胭脂血泪红。

如此诗句,更暗示了他生命的旨归。他对这种仰人鼻息的生活已经厌倦了,可是人生天地间,无处可逃,无往而不在枷锁之中。山野之趣,化作迷梦,但斗争正成为最高语境的白日之梦,那就只有纳梦于梦了。长江画院院长丛林中有一天对我说:子庄颠倒过来就是庄子,他是国画的庄子啊。

有论者认为,在出于艺术世家的宫廷乐师与双耳失聪的贝多芬之间,在称"不受贫困之扰是哲人幸福"的叔本华和穷乡僻壤的穷人教派之间,在谈论什么姿式最优美的林语堂和在糊窗户纸上作画的陈子庄之间,更值得信任的是后者,因为他们的彻底精神穿越了物质,并在生命大美的历史长河中豁然崛立。

一如子庄先生的牡丹,侧立、微转、花叫,恍如狮子吼……
而更应该记住的,是陈子庄先生临终前的一天。1976 年 7 月 2 日。

傍晚六点多，王发强在家吃晚饭，好好的饭碗突然倾覆，他心里顿感不祥。他拔腿就走，一头大汗来到四川医学院附属医院内科住院部的心脑血管病房。这是一间两人病房，在当时属于干部病房，是四川省文史委等单位再三呼吁才为子庄先生争取到的"待遇"。同病房的成都市劳动局郭局长输完液就回家休息了。病房被热气笼罩，陈子庄躺在床上，气促而极度消瘦。王发强打来一盆热水为子庄擦洗身体，毛巾一擦，身体不断掉下殷红的结痂。这是缠身多年的皮肤病决堤般的暴发症状。王发强又喂了他一杯水，子庄显得很平静，指了指床下。那里有一个纸箱子，装着他积累下来的几百张"斗方"，那其实是子庄先生半辈子的心血。

他开口说话："我撕碎了一些不满意的，留下的是最好的东西了。你们要看管好！"

这里的"你们"，王发强的理解是，既指众弟子，也指子庄的子女，但弟子们对此只能沉默。令人痛心的是，这些遗作精品王发强后来再没见过，包括子庄先生自刻的印章，均消匿于茫茫人海了……

但更有一幕让王发强心惊肉跳：那天陈子庄眼睛滚动，眼泪翻卷上来："1942年，我在荣昌与张开银结婚时，迫于生计，曾仿制石涛、八大、齐白石等人书画，得其神似，以至流世乱真。造假画卖钱，我引以为悔，我把这种愧疚写进遗嘱里去了。"

沉默半响，他突然说了一句："哎呀，真想吃一碗鳝鱼面！"

王发强记住了，说天色已晚，店铺早已关门了，明天去买。

也不知道老师听到没有。他紧闭眼睛，颧骨高耸，面色灰暗，渐渐睡了。

大约晚上11点，王发强离开病房。走出医院，天上星斗璀璨，只是北斗七星斟满的水，天河滔滔，在天上堆积，不知道何时才会决堤。

回家路过文庙后街时，睹物思人，王发强想起了一段往事——

《白石老人自述》记载，1936年，齐白石时年74岁。"四川有个姓王的军人，托他住在北平的同乡，常来请我刻印，因此和他通过几回信，成了千里神交。春初，寄来快信，说：蜀中风景秀丽，物产丰富，不可不去玩玩。接着又来电报，欢迎我去。并于五月十六日到成都，住南门文庙后街。"（山东画报出版社 2000 年 7 月版）齐白石莅蓉，求墨宝者络绎不绝，一时洛阳纸贵。文中提到的军人，乃第 44 军军长王瓒绪中将。清末民初，成都流行"南唐北李"之说。"北李"是著名作家巴金的故居——李家官宅，地处现在的正通顺街。"南唐"指清末民初的唐家宅院，位于现在的文庙街。而"南唐"的后人，正是著名的文史大家唐振常先生。唐振常先生回忆说："故居是四进大宅，大小房间不下六十余间，园中既有戏台、假山、水池，还有西方园林的开阔的大草地，活动的天地极为广阔。有山可望、有湖可入、有水可涉，花木丛中、鸟语花香。"（唐振常著《忆故居》，载《唐振常散文》，浙江文艺出版社 2000 年版）现在唐家宅院已经消失，但在当时成都只要一提到唐家，就如现在人们一提到成都马上就会想到望江楼、春熙路一样，具有城市代表性。

1932 年唐家宅院卖给了王瓒绪，改名"治园"。1936 年齐白石应王瓒绪之邀在宅院居住了三个月，创作了诸多名品。

陈子庄在成都时曾拜一代武术名家马宝为师，马宝因刺杀四川都督尹昌衡不遂，最后被尹昌衡的义气所感化，成为尹昌衡的贴心保镖。后来陈子庄在成都参加武术擂台比武，就是闪电式的一个腿击，当场令二十九军军部武术教官重伤倒地，名扬一时，遂被王瓒绪聘为军部教官。王瓒绪成为四川省主席后，又聘陈子庄为私人秘书（实为私人保镖），并为他鉴收文物字画。抗日战争前，黄宾虹、齐白石先后到成都，都曾入住文庙后街王氏私邸"治园"，23 岁的陈子庄得到向他们求教的机会，并借以得窥八大山人、石涛、吴昌硕等诸大师之精蕴。可以说，子庄先生最初的花鸟画，正是揣摩齐白石而得其堂奥，再追溯吴昌硕，由此奠定了自己独行于世的美学格局。

《陈子庄年表》记述说："1932 年，陈子庄 19 岁。这年秋天，黄宾虹来四川游历，在成都期间借寓李天明'一庐'，与老友蔡哲夫、谈月色及成都名宿林山腴、画家沈潜庵等人往来。陈子庄因蔡、谈二先生的关系，得以观看黄宾虹作画。这是陈子庄第一次有机会亲见中国近代绘画史上大师级人物绘画创作的实际操作情况，对他的启示必然很多，

也为他中年以后从黄宾虹山水画法中悟出自己独特的山水画风格种下了前因。"（丘崎著《黄宾虹蜀游，陈子庄赴沪》，载《文汇报》1991年10月23日第6版）

王瓒绪将自己历年收藏的古今书画搬将出来，请白石老人鉴赏，结果大半是赝品，这让王瓒绪十分尴尬。如今可以推测的是，齐白石并未拿到王瓒绪承诺偿付的3000元，仅敷衍了400元。这让齐白石极为不快，这自然没有陈子庄向齐白石拜师学艺的可能性了。

但齐白石的阅历非常老道，他显然已经看出当年陈子庄的异质。他提出，只要你愿意，可以随同到北平。陈子庄因故没去，他后来特意仿了两幅白石的花鸟画托人送去，此举本是致意，但齐白石误解了陈子庄。他一看仿作，立即大叹："我叫他跟我一道来北平，他不来，就搞这个名堂。"后来齐白石还让齐良琨托人转交给陈子庄亲笔信，是担心陈子庄一味模仿自己而耽误了前程。

晚年时节的陈子庄，经常与门人谈及齐白石。某天他说："齐白石画虾的目的是什么？为什么不去画蚂蚁？齐白石自己觉得好笑，说：'买我虾的人特别多，他看得懂？'他把虾的两个大钳画得比真的还大几倍，实际上他的寓意是说这个世界是个鱼虾世界。他画的螃蟹懂得人多些，因为他曾题有'看你横行到几时'，反正结果是油炸下酒，不然就画个巴篓，爬出去也跑不远的。王朝闻说他的虾画出了半透明体，此真外行之谈，那是技巧，齐白石的画最可贵的是思想性，那是学不到的。"（李维毅编《石壶论画语录》，自印，非卖品）

子庄先生曾经对弟子们谈及黄宾虹三次入川，自己前去接送的事情："每次去接宾虹大师，我都要先到杭州灵隐寺拜会弘一法师。然后逆水而上，饱览长江沿途名胜，听取大师的金玉良言。"黄宾虹出川，陈子庄都要护送过奉节，挥手自兹去，江涛伴泪鸣（李本初著《我所了解的陈子庄的前半生》，载《中国书画报》1997年第74期）。对常人而言，见高人一百次，除了热烈鼓掌和超九十度鞠躬，往往并无心得，用佛家的说法是"无缘"。但唯有有心者，"灵云一见桃华悟"，他所获得的

陈 子庄先生的工作证照片。

灌顶提升，又岂止是艺境之问？

王发强昏昏沉沉睡了一晚。翌日一早，子庄师的小女儿哭哭啼啼地来敲门，王发强猛然一怔：恩师陈子庄于凌晨因心脏病而去了。他立即赶到位于仁厚街 11 号院设立的灵堂。翻遍抽屉，竟然找不出一张像样的陈子庄先生的照片。最后遗像是用他工作证上的一寸照片放大而成。模模糊糊的遗像，莫不是暗示了陈子庄那谜一般的一生？

对有些智者而言，谜底就是谜面。

而那一碗没来得及送去的鳝鱼面，成为了王发强毕生的痛。

他去世前 10 天，为弟子罗巨白画的一幅山水扇面并题写杨万里的诗句，该是绝笔了。

他在写的最后一封致友人的信里说："心中甚苦，也甚乐……"

也许，他想到了弘一法师"悲欣交集"的彻语。

美国诗人保罗·安格尔的短诗《文化大革命》中，发出了一种让心脏破裂的声音："我拾起一块石头，我听见一个声音在里面吼：'不要惹我，让我在这里躲一躲。'"是的，那把石壶终于碎裂了，那一道躲在石头里的闪电借助于裂缝滑了出来，敛满纯光的伤口足以让黑暗显形！

接着，伤口流出了石里的铁屑和浓墨。

…………

我不想再引述后人对子庄先生的赞誉之词，颇有一种"手中无尺铁，徒欲突重围"之叹。秉承"远绍诸葛亮'淡泊明志、宁静致远'之旨，近承陈寅恪'独立之精神，自由之思想'之意"的美术学者刘墨先生，在其《国画门诊室——二十世纪画坛名家作品批评》中如此评价说："从

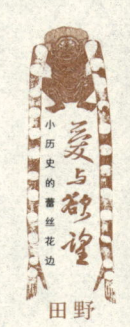

某个角度来说，陈子庄的笔墨可称绝诣，但总体上，他仍成不了大师，其原因值得我们的深思……最让我难忘的，是一次在别人家见到陈子庄的一张小画，纸可能也不大好，但整幅画的墨色是透明的，淡墨处如此，浓墨处亦复如此。这种透明的东西在中国画的笔墨中是最难的，因而也可以说是最高境界。从美学的角度说，能使墨色透明，实在是自己的心胸达到豁然开朗的情形之下才有可能。"继而又说："黄宾虹是只画给他自己看的，而陈子庄却希望得到人们的承认，因此在黄宾虹的画中充满一种苦涩的味道，而陈子庄的画却有美丽的东西。美丽当然不是什么不得了的坏处，但是格调却总不能和尘俗彻底地脱钩。"真乃曲折勾回，首鼠多端。我想，天有大美，并非绝尘而去，反而是凌波微步，不即不离。

有意思的是，在一篇题为《刘墨国画小品评析》的网络文章里，署名"书斋听竹"的作者这样分析道："文人画一路是他的当然喜好，我看他（刘墨）的有些画从意境看是追梅清和龚贤的，但更多的作品从构景和笔墨看是在陈子庄基础上的再创造。陈子庄比梅和龚的笔墨要简约些自由些，而刘墨似乎比陈还要简约。陈子庄的山水很多是用色的，而刘墨的好多作品不用色。还有，我看他的笔墨也要比陈子庄更为单纯。"

既然认为陈子庄存在如此至多的缺陷，那么，为何论者又要反复拿子庄先生来对比呢？岂非咄咄怪事？这分明是另外一种意义的"步韵"，而且，"步"得痕迹深重，举轻若重，直捣动机。雪地的尾巴拖得太长了啊！医生曾对陈子庄说，你的心脏肿大，足有常人两个心脏大。子庄自嘲："我有一颗牛心！"即使到了衰病交侵之际，陈子庄还是对门人说过这样一句话："我死之后，我的画定会光辉灿烂。那是不成问题的。"（陈滞冬编著《石壶论画语要》，北京人民美术出版社2010年3月1版，38页）在一个黄钟毁弃、瓦釜雷鸣的时代，依然是钢声震耳。

附记　本文采访写作时间长达两年。其间得到陈德玉、王发强、陈滞冬、那木尔·羊角、罗巨白、张金成、从林中等众多人士的帮助，特致谢意。

何洁历尽沧桑，
豁然贯通。

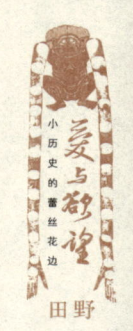

趟过流沙河的何洁

余生也晚，记得是 2007 年春末的落花时节，诗人魏志远邀我同去青峰书院拜谒何洁。书院所在地为青城外山之青峰山，故名。在这之后，我又来过十几回。2009 年 4 月的一个午后，我把车停在"成青快速通道"路边抽烟。望着驶入普照寺的水泥路，穿过巨大的牌坊，直抵青城外山奔泻而下的滔天苍翠。几只黑鸦从山麓飞起，把山势逐渐抬高，又在空中折返，如同把鸟道挽了一个结，也像墨斗将弹线断然收回。

青城山三十六峰之南有一奇峰，名"青城三十七峰"，即青城外山的青峰山。清朝灌县知事钱璋在重修普照寺增建藏经楼时，盛赞青峰山："于三十六峰之外，别夸岩壑灵奇，天为青城增胜迹。"

青城外山乃佛教圣地，其山势前俯川西平原，后依青城山诸峰。岷江从其后腰汹涌奔腾而出。青峰山上六座山峰如莲花盛开，拱卫一峰，又名"金莲宝地"。据考，青峰山之名始见于普照寺院内石刻。据说是堪舆先生觇此地势：因六座山峰拱卫主峰，而被称为"莲华格"，又称"七峰福地"。后来民间及普照寺僧人认为七峰不雅，谐"七"为青，命之"青峰山"，一经勒石，青峰遂立。七峰的最高一峰为普照寺青峰山顶，海拔 785 米。

顺着一条石径步入山地两千亩森林，古树遍布，树木多为桢楠、红豆杉、柏树、银杏、海桐、香樟等。抵拢山路的尽头有一座小巧的石拱桥，石径蜿蜒而上，就像叶脉消失于浓荫之中。我用 8 分钟的时间登完了 183 级台阶，来到青峰山弯月一般的凹地。这些豆沙色的砂岩均是何洁请工人从山脚挑抬上来的，约 1.8 米宽，就像一棵躺下来的大树。我顺着"树干"一路迂回，扶摇直上，直到青峰书院的山门前。"大树"

起身，也把我带到了一个被鸟声和花香缭绕的高处。书院就像一把龙椅，依山而立，又依靠峭拔的飞檐，体位微倾于大地。我用登山表测量了山脚的海拔，是 625 米，青峰书院的海拔是 735 米。这百十米的高差，差不多是书院里那棵 1200 岁银杏的高度。浓密的树荫伸开翅膀，振翮之风送来山林不绝的清凉，把雪白的书院护卫在羽翼下，让人联想起基督教壁画中的带翼天使。

一回头，发现何洁大姐一身青衣，站在那棵 1200 岁的银杏下侧身看我，或，是倾听在我头顶大树间漫延而下的木鱼鸟叫声。地上一层密密的银杏花，像燃烧的碎金，被一阵山风拂动，一旋，复又熄却。2002 年，何洁决定修筑书院的时候，这棵状如连理枝的银杏，一根巨大的枝桠几近枯死。缘于山泉冲刷树根，淘空了基土。何洁用肥料填实了空洞，又修一座小小的龟山蓄风水，挡山泉。一年之后，枯枝转绿，银杏树用更深情的浓荫撑开天色，让观者与树，都获得"相看两不厌"的性情。

我们在六角亭里坐定，绿浪滔滔，似乎要把亭子带走，但春蝉的叫声宛如钢丝，牵动身心。何洁的女儿就叫余蝉，远在东瀛。何洁的目光在森林的邈远处徘徊。一个粗宽的乌木茶桌上，滇茶在鼎沸的山泉里沉浮，茶叶举针，金针度人，将水面戳破。何洁低头，她的面容消匿在腾起的水汽中。她谈到了自己的病——肋骨剧痛，以及由痛楚分泌出来的觉悟，让人联想起人生如蚌、蚌病得珠的老话。她对我背诵了一副自传联：

> 一切非我所有，放下就走；
> 人生本是旅途，累了就睡。

横批有两个，在世的时候是"活在当下"；死后即为"请勿打扰"。从中可见其性情。何洁的记忆力惊人，自己写过的几十万字的作品基本能复述。有时，她在来访者面前径直忘情地走到过去，走出很远，在"故园"某个篱笆墙的转角，她又折返回来，用一脸宽慰的笑容面对大家：喝茶，茶味正好！

故园时代的何洁。这是所能找到的有关她的最早照片。

何洁的"故园时代"

流沙河先生的多篇诗文中，都提到一个地名"故园"，指的是金堂县城厢镇余家老公馆，门牌为槐树街5号。如今此地划归于成都市青白江区。我查阅了沙河先生的《锯齿啮痕录》（三联书店1988年1月第1版），发现何洁首次去故园看望"钦点的大右派"的时间是1966年7月10日，带来的是成都大动荡的凶讯。8月1日，她第二次来故园，带来的礼物，是她悄悄珍藏的流沙河曾经抽过的3个"飞雁牌"烟蒂，以及一块洗澡海绵。烟蒂是否吸纳了恋爱时节的文思和茁壮的誓词，不得而知；海绵一直高频率地使用着，直到儿子余鲲出世，海绵又成了鲲鲲的玩具。

何洁在故园住了两天，足不出户，但依然引起人民的高度警惕。因为她的漂亮，不仅仅是让故园蓬荜生辉。通过那几双觊觎的眼睛，人民已经在推论何洁与"女特务"的关系了。不是么，中国电影里的女特务，均是让"蓝蚂蚁制服"的蚁阵发生骚动的美女。至今我都承认，按照五六十年代的标准，何洁的美丽，是出类拔萃的。更为可敬之处，还在于她拥有丽人们所不具备的才华和血气。

在风清月明的凉夜，何洁与流沙河依偎在故园的台阶上。流沙河朗诵了自己的诗，何洁唱了一首《莫斯科郊外的晚上》。声音必须压低，低到歌声从地面的野草露水上掠过，不惊动水珠和虫子们的梦，把月光

故 园中的
向往。

撒在地上的疏影填满。故园的围墙之内，成为"莫斯科郊外"的一块精神飞地。

他们谈到了彼此第一次见面的情景：1952年7月1日，成渝铁路通车典礼大会上，10岁的何洁戴着红领巾，成为了剪彩仪式牵拉彩绸的幸运儿。贺龙元帅手持剪刀，神采奕奕。何洁身材矮小，"西南王"李井泉的夫人肖里将她抱起才把彩绸拉直。21岁的流沙河已是《川西农民报》社编辑，也围挤在剪彩现场采访……命运就是机遇的排列组合，谁能料到14年后，他们竟然四目相对、心心相印呢？说到这里，他们开始笑，接着又哭！

第二次见面，是在陕西的华清池。何洁与川剧团来演出，流沙河失恋了，到华清池散心……

记得何洁曾对我讲过，少女时代的她，在家苦练川剧唱腔，咿咿呀呀，小桥流水，更阑静，夜色哀，月明如水浸楼台，透出了凄风一派。梨花落，杏花开，梦绕长安十二街……母亲听得入神，深深叹了一口气："傻女子啊，你唱得扫帚都要生脚，跑来扭到你！唉……"母亲的潜台词她自然不懂，也听不进去。她进入成都市川剧团后，到1958年被单位错误处分，一气之下去新疆加入兵团歌舞团……几十年之后，当她已逾知天命之年，才发现母亲的话，宛如谶语。

何洁第三次来到故园，是8月22日，距第二次见面仅21天。这天恰好是农历七月七日，在成都民间，当晚有不少仪式，比如"乞巧"。

何洁顾不得"被当官的舅爷骂成天生反骨",也不怕被有权势的女伴骂作头脑发昏,便与流沙河在当晚结了婚。流沙河向派出所"报告",获准,如蒙大赦。结婚一共耗资10元人民币。当晚,新郎官在日记里写道:"生活本身比一切最好的散文更好,比一切最好的诗更美!让今天的日记成为空白吧,幸福的空白。人类只是在忧伤和不幸的时候才多话的……"叙述中蕴含哲理,看来诗人并未被喜悦冲昏头脑。

在我看来,有一种人,似乎是无根之木,但只要将它往地面一戳,它就能长出根须,举起绿枝,掬来清香,并使自己周围的气场,逐渐因为自己的挪移与横斜而发生积极性改变。这无疑体现了生命的韧性与强悍。事实证明,何洁就是这样的人。

儿子余鲲出世以后,何洁的川剧生涯行将断流。由于与流沙河的婚姻关系,她离开了寄托着美好前景的新疆某兵团歌舞团,以"大右派余勋坦"妻子的身份,在故园扎下了根。她每日必须苦苦思索一日三餐的获取和分配,像个粗嗓门的农妇,挥袖擦汗,荷锄担粪,成天与小镇上的平民打交道。她手巧,可以为单位加工帆布手套、围腰、袖套;她开垦故园里的一处废弃房基地为菜园,种植蔬菜卖点油盐钱;还在故园里种了几棵果树,精心伺候下,每年小有收获,娃娃吃点长相不好的,好的拿到市场上去卖……

何洁的聪明,只要讲一个故事就足以体现了。有农民来收购尿水,一挑1角8分。一家仅4口人,产出有限。她偶然发现,堆在屋边的谷草经雨一淋,流出了浑黄的汁水。她开始"制作"尿水:一桶大半为谷草泡水后的产物,小半为尿,充分搅拌,外观、气味上无半点破绽。农民来故园收购多了,产量奇高,觉出了异样。何洁大声武气地说:"哦哟,要看质量嘛。你不要小看人哟,你屙得出,未必我们就屙不出来啊?"农民无言以对,只好付钱。

记得有一次,一家人好久没有尝到油荤了,两个娃娃面带菜色,让何洁心头伤痛。临近中午,收购尿水的农民终于出现在门口!当她拿到1角8分钱后,手都来不及洗就往街上跑。她买了8分钱一碗的红烧牛肉,邻里关系好，馆子的师傅多给了半勺。何洁又买了几个大萝卜，回家再加工，尽管牛肉在一锅牛肉烧萝卜里已是泥牛入海，难见踪迹，但看见丈夫、娃娃吃得那个香啊，自己吃再多的苦，也值了。

某一天，何洁摘了一筐枇杷，搭生产队的拖拉机到成都去卖。回到故园天已擦黑。她很奇怪，破败的家园里很安静，那只早该出来迎接自己的白色大狗毫无踪迹。见流沙河闷声闷响地在准备生火做饭，她预感到了什么，问："狗哪里去了？"流沙河的声音很怪异："镇上干部一到门口，狗就咬得凶，我把它吊死了！"何洁如遭五雷轰顶，来到后院，看到狗吊在树桠上，绳子的一头坠着一个巨大的树疙瘩。何洁对我说："这狗对我们一家有救命之恩。在前账没还清时候，我实在没脸再向肉铺赊东西了。狗明白我的尴尬，它猫着腰从铺子里衔了几根骨头出来，放到我手里。晚上，流沙河经常被拉出去，我不放心要去看看，大狗总是紧紧护在身边……那条狗足有一米长哟，我的天！"泪如雨下的何洁，在故园埋葬了大狗，在漆黑的故园，狗宛如煤中的矸石。

据说，屈死的狗会化作狗精来复仇，或作人言。《太平广记》当中，收录了出自《续异记》的很多怪事，比如《萧士义》称：后汉的黄门郎萧士义，于和帝永元二年被杀。被杀的几天前，他家中平常养的狗来到萧士义的妇人前面说："你特别没有福禄相，你家很快就要破败，将怎么办呢？"妇人听了狗的话后沉默不语，也不惊怕。狗不一会自己走了。等到士义回到家，妇人才说了"狗言"，但话还没说完，搜捕士义的人便到了……想到此，何洁有些害怕。她觉得，这是一出"真正意义上的《杀狗惊妻》"。

已经成为城厢镇木器家具社锯匠的流沙河，隔三岔五地被弄去批斗，性格日趋怪异。回家打起老婆来，却有锯匠的力气。"他把我的头发绾在脚板上踩稳才开打，一套一套的。"想不到文弱的书生蒲柳之质，竟然还是武林中人，这颇有些出人意料。

听到何洁挨打的惨叫，人民心花怒放。后来她也难以避祸，被群众揪了出来。"右派份子流沙河为啥子这么顽固？是因为有你这个'贤内

助'，你必须交代支持大右派的罪行！'"打倒演封建戏的孝子贤孙！"
何洁并不畏惧这样的叫嚣。她熟悉这种色厉内荏的招数，她具有一种化
险为夷的人格力量。何洁对我说："以前，戏班子就是一个大江湖。我
在1961年就自己组团四处演出，见的怪物多了。不过，在故园期间，我
又参加别人的戏团外出演出过。"

何洁后来写了数十篇文章记述这段往事，影响最大的是中篇纪实小
说《落花时节》，后发表在《十月》1987年第1期，获得"十月文艺奖"，
此部作品也被收入辽宁人民出版社1992年出版的《当代中国文学名作鉴
赏辞典》。在艺术的诱惑和生活的逼迫之下，何洁竟拖起一支百十号人
的戏班子，名"火把剧团"，在那个特殊的年月里，辗转流徙在红色世
界的缝隙里，以川剧的独特唱腔来歌颂新生活。何洁所说的参与别人的
戏班，时间是在1969年之后。《落花时节》里描绘了现代戏《列宁在十
月》川剧版的演出，2009年我才弄清楚，演出地点是成都到乐山的水路
大码头黄龙溪。

何洁写道："此戏据说无剧本，全凭着旧戏曲的八大韵去'踩水'（即
兴创作）。大剧团不敢演，怕犯错误，只有些班子小胆子大的县川剧团
才敢演它。演列宁的须生崔正红习惯了在台上走正步，举手投足依然是
旧戏中的大臣风范。花脸刘盛财演斯大林，在台上老是用手死劲捻松香
粘的八字胡。我同其他演员串角，端端正正地站在二位革命导师旁聆听
教诲。"

> 克鲁斯卡娅："相公！"
>
> 列宁："娘子！"
>
> 克鲁斯卡娅："听说列相公有难，夫人特来探过端详啊！"
>
> 列宁："斯卡娅娘子，没得事没得事。革命关头，哪里还顾得
> 上儿女情长。赶快回去！"
>
> 克鲁斯卡娅："相公，万万当心！"
>
> 列宁："快走快走！我马上还要和斯大林同志商量革命大计。"

那个年代的青春，总是飒爽英姿。

　　克鲁斯卡娅："好，相公！万万当心啊！相公！"

　　列宁："娘子！"

　　（帮腔）："生离死别啊，革命夫妻不好当啊！"

　　（克鲁斯卡娅下）……

　　唱着唱着，何洁悄悄流泪。出门演戏已经大半个月，不知道流沙河怎样了？鲲鲲和蝉女吃得饱饭吗？自己拼死拼命从警察那里要回来的流沙河的手稿，是否依然安全？而且，菜园应该施肥了……这是怎样的一种生活？何洁没有多说。她觉得，自己就像一头拉磨的驴，脑袋前有一根胡萝卜在晃动，因而必须奋力前进。有一天，管理者去掉了那根胡萝卜，驴子更卖力地前进，因为，它在找那根萝卜。

"一个屋檐下容不得两个天才"

　　流沙河饱含深情，写给何洁一首诗《十爱》：

> 爱你为爱我丢掉饭碗
>
> 爱你为爱我而甘当贱民
>
> 爱你冬夜偎热我冰冷的脚
>
> 爱你夏夜扇凉我汗浃的身
>
> 爱你挽着菜篮牵着儿给我送牢饭
>
> 爱你在市场上红着脸讨价还价
>
> 爱你不顾面子给人当保姆
>
> 爱你不让我知道钱之用尽
>
> 爱你一边奶孩子一边唱《宝贝》
>
> 爱你一边织毛衣一边读《普希金》
>
> 愿来世你做丈夫我做你的妻子
>
> 愿我能给你无限柔情

此诗甚至被收入了婚姻心理学著作，作为成功案例的佐证。至今读来，也让人脸红耳热。这诗对80后而言可能是不甚熟悉，标题倒是被80后的小说家张悦然"蹈袭"，成了小说，还有扉页的题字"那爱被我像童年的压岁钱一样藏了又藏，直到最后再也想不起来放在哪里"。比较起来，还是流沙河老而弥坚。是什么稀释了这"浓得化不开"的感情？

1978年底，何洁一家从城厢镇回到成都，住进东风路四川省文联的一间资料室。由于墙体是黑色的，何洁叫它"黑房子"，这是一个富有深意的隐喻：房子虽黑，但总有阳光排闼而入。搬家时，省文联派了一辆卡车，因为实在没有什么值钱的东西可搬，最后几乎是空车返回。我记得也是这个时期，在12英寸的黑白电视机屏幕上，好几次看见著名诗人流沙河身着中山服，玉树临风，用成都话朗诵自己的长诗《梅花恋》。

何洁的工作关系也逐渐接上了，到四川省文化厅下属的川剧研究所供职。10年之后，她被评定为二级作家职称，单位通知她去领证书，直到今天，她也没去拿。在此期间，她到《星星》诗刊任见习编辑，结识了魏志远、骆耕野、谭楷等一大批诗人小说家。她清楚记得，翟永明的处女作《我害怕看你的眼睛》就是自己从来稿中遴选发表的。这事，翟永明兴许忘记了，但她给几个朋友说过，自己很想写一写何洁，写一写何洁和她都居住过的鼓楼北三街56号。我提过这事，何洁却真的忘记了。

从愁绪万端的故园开始，何洁学会了抽烟，抽那种最劣的烟，树皮裹的不是烟的烟。这个习惯延续至今，她抽一种烟多年也不知道牌子，直到有朋友来书院看望她，告诉她这烟叫"爱喜"。何洁说，这些都是过眼云烟。但写作不是！住在"黑房子"里，她养成了写日记的习惯，顽固到了偏执，饿得发昏也要写几句才躺下。回到成都，日记的字数每天都在疯长，情形有些像故园的野草，让她又惊又喜。她记录触痛的每一个细节，记录大树轰然倒地时震起的灰尘，记录一只萤火虫穿过儿女的哭泣，翩然如庄周的蝴蝶。有一天，她怯生生地把日记拿给老作家车辐指点。车伯伯一看，很是感慨："傻女子呀，这就是文学呀！"说到车辐，有一事值得一记：在流沙河发配金堂的20年间，大概只有车辐来看望过他们夫妻。1978 年，车辐骑一辆自行车颠簸一百多里来到了赵镇，灰尘扑满全身，这让流沙河、何洁感铭五内。

文学大师沙汀、艾芜等也多次与何洁谈心，悉心指导她的写作。平时，与她讨论文学最多且给予她诸多生活关照的是省民间文艺研究会的曾小嘉。在此期间，她先后创作了《牧鹅》、《儿子出世了》、《螗螂春秋》等一些列作品，在《人世间》、《龙门阵》、《四川文学》、《散文》等刊发表；另外还在广州的《家庭》、《法制文学》等刊物写个人专栏。

1981 年全国第一届新诗集评奖揭晓，《流沙河诗集》中榜。流沙河又在撰写《写诗十二象》，又在编著《台湾诗人十二家》，还四处开会，目送惊鸿，不亦悦乎。一些回信就由何洁代复。这段时间，大剂量的写作形成了一种峰回路转，透过往事的褴褛缝隙，她逐渐发现，写作并不仅仅是反刍，写作应该是对升跃的、澄明之境的营造。为此，她需要更多的时间和精力来烧造自己的余生。她问自己："我有能力像巴金那样成为中国第二个不拿工资的作家吗？"此话出口，办公室的同事均不吭声，大概他们以为这是天方夜谭。

1984 年冬天，何洁真的向《星星》诗刊主编白航提交了辞职报告。

1994 年何洁与巴金在一起。

她参加了全国很多笔会。在安庆召开的《法制文学》笔会上，与几位资深作家探讨了《落花时节》的构思，得到了不少启发。就在自己的写作以近乎冲刺的速度在抵近一个大限时，她蓦然回首，感到了不安。是否像预感到那条大狗被害时不安？

同年，发生了何洁一生中最大的一重波澜。

她当时的想法很简单，找一个清净的地方写作。隆莲法师推荐她去青城外山的普照寺。那是 1984 年夏季的一天中午，谭楷、陈晓等人陪同何洁去了普照寺。

普照寺始建于清康熙二十年（1681 年），到光绪十二年（1886 年）完工，历时漫长的 205 年。布局仿成都文殊院，气势上却后来居上，为蜀中罕见。建筑形制上有着巧妙的寓意，普照寺围墙周长 2.4 里，意取佛教二十四诸天；紧邻味江的西北方巧依山岩，不建围墙，取"地不满西北"之意；寺院内部有六重大殿，加斋堂、僧舍等共计 365 间，取黄道周天数；房屋分为 24 个天井，又喻意二十四节气。

何洁来时，普照寺很是破败——1972 年革命者将寺庙建筑拆毁移作炼铁厂的材料，仅剩四重殿，一侧有两排厢房。何洁在寺庙里静静踱步，她问几位老尼姑，后院是不是还有三排厢房？以前是不是有 24 个天井？她们窃窃私语："她如何清楚这里的情况？莫非是我们的方丈转世？"听到这样的话，何洁没回答，一直往前走。这次何洁提前为自己选好了寮房。之后他们决定乘车回成都。突降山雨，她穿了一双半高跟鞋，趔趄不断，滑行在满是泥泞的山道上，以至于误了最后的班车。她当时想，我一定要修好这条进山的路！电光火石之间，她突然一激：这是发愿啊！

在我看来，一个人一手持烛，一手护着火苗走进大庙，当是最庄严的时刻。

住进普照寺之后，何洁写出了《落花时节》、《山里山外》、《空门不空》、《山月寮记事》等佳作，《闲情》在《文汇月刊》发表后，演员出身的作家黄宗英读了大为感叹，特意给何洁去信，急欲结识这样的"同道"。

　　大地的旷远是很难目测的，正如我们无法预测自由的宽度。但一堵残颓的山墙截住了大地的奔泻，让我们得以目睹自由与现实的距离。住在寺里，何洁没有忘记自己的"发愿"。她花了3年时间，募来近30万元，修筑了普照寺通达山外的水泥公路。这段时间，她向中国道教协会会长、青城山傅元天道长问道，学习易经和道家吐纳。很快，她从未经历的奇迹就接连发生了。

　　某次，在四川省作协举行的长篇小说座谈会上，周克勤在台上滔滔不绝，台下的何洁很不安。她小声地对邻座的作家林文询、乔瑜说："我发现克勤老师已是晚期肝癌！"乔瑜立即嚷嚷起来："周老师，何洁说你得了肝癌晚期了！"霎时全场大惊。会后，周克勤找她交换意见："何洁啊，我到底有什么病，你可以告诉我吗？"其实，何洁只是有一种朦胧的预感，她是透过周克勤的神色，觉察出了异样。她建议周克勤尽快去医院。十几天后周克勤突然病重，很快就传来他被确诊为晚期肝癌随即病逝的消息。这件事让何洁抱憾许久许久，自己知道结果，却无力救人。

　　这样的事情发生了多起，缘于她控制不好"神通"。济尘老和尚让她"修止语"，为此她在彭县闭关修炼半年多。在我看来，懂得沉默，就懂得了语言的归位。懂得了黑暗，还要懂得光并不一定是火的化身，有的就是幻影。何洁的恩师、时任中国佛教协会副会长的正果法师来信说："圆果（何洁法名），你要掌握好修行中存在的比例！三分功夫，七分功德，服务社会，服务众生，你就是一个真正的修行者。反之，三分功德，七分功夫，就将成为一钱不值的江湖术士。"这番话，醍醐灌顶，让何洁受用终生。问道求索中，她开始对文坛的功名利禄敬而远之，把注意力集中于苍生冷暖上。她在普照寺的"山月寮"书房里，挂了这样一副对联："冷眼观文海，热心护道场。"

　　由于何洁的呼吁，都江堰市委书记徐振汉及其他领导，对普照寺的恢复重建给予了大力支持。他们得知何洁的文学写作情况后，支持成立了"内明文学创作中心"，成为当时四川省最大的民间文学团体。不久，又请何洁下山，担任《青城文艺》的执行副主编。1988年，中国佛教协

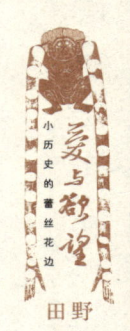

会会长赵朴初来到焕然一新的普照寺，对何洁居士的工作给予了好评，题写了"普照寺女众道场"墨宝。次年，在完成普照寺 19 米高的大观音塑像之后，站在脚手架上，倍感疲惫的何洁终于决定，与流沙河协议离婚。

她觉得，应该放下了。

在街道办理离婚手续时，工作人员看到他们的名字，大感惊讶，一再表示惋惜。何洁对我回忆：记得从街道办事处出来，流沙河严肃地对我说："我与你离婚的原因，是一个屋檐下容不得两个天才！"但何洁想到的却是，靠写作为生的作家现在很多，你沙河不也是吗？但我们好像都不是什么天才！我付出心血来写作，是不希望彼此差距被拉大。如果我的写作真的使我成为了"天才"，那就是我的悲哀了。因为我不再是一个完整的女人了。

如何来面对这段共同度过的 25 年历程？深谙生命悲情的何洁为此写道："人生聚散无常、缘尽即散，这其中本无是非可言。"

"你与六亲无缘，与众生有缘"，恩师正果 20 年前的开示语，如今竟成谶语。这年 6 月上旬，劫后轮回的何洁，以苦难作墨，以浮生为砚，在一个浓黑的午夜，写出了感动众人的至文《我与青山共白头》，后来镌刻在青峰书院的照壁上。

蹈海归来不羡山

但是，青山在哪里呢？

何洁旅居香港，开始与海外佛教界、写作界广结善缘，并十几次去藏地精研藏传佛教的五大教派，拜谒了很多高僧大德。她先后在《明报》、《星报》以及新加坡的《联合报》上开设专栏，成了真正的自由撰稿人。这一时期，她的作品结集为《晨钟暮鼓录》，得到赵朴初、巴金的高度赞扬。其实，巴金与何洁是老亲戚了。文革期间何洁曾去上海治病，肖珊的姐姐是名医，何洁在巴金家住了一阵。1994 年巴金回川时，一再问众人："何洁在哪里？我要给她说话。"巴金怕何洁出家。就何洁而言，奉行求真、辨伪，冲破神学史观的藩篱，使一种关爱生命的价值观，得以水落圆成。

如果说，人是上帝的木偶的话，那么，对何洁并不适用。她说，情欲之人才是木偶。那根操纵肢体和思想的拉线，以一种藕断丝连的方式，暗示了人的被动处境。有一天，她内心一紧，痛得眼泪都出来了。

1991年的春末夏初，移居香港的何洁想回成都看看儿子，也想看看流沙河。她知道成都不容易买到港版图书，便为嗜书如命的流沙河买了一行李箱的书籍。到达双流机场时，适逢大雨，她慌忙打车赶到四川省作协的宿舍，唐突地敲响了流沙河的房门。

见到何洁后流沙河大感突然，哎呀呀宿舍停气了，怎么办啊？我要上街吃饭。他让何洁去保姆的房子等一等儿子余鲲。那天的确是停气了，他俩走后，何洁站立窗前，看见一把伞下，两个紧靠的背影滑出了文联宿舍大门。何洁一个趔趄斜靠在墙上，她没有滑倒。她流泪，她听见内心发出了一个清脆的声音。这与她第一次去故园，相距何止千万里！

迄今18年了，他们再没有见面。用流沙河的话来说，"分手即为路人"。

何洁说，她没有读流沙河的长篇叙事诗《妻颂》。别人有写的权力，她也有不读的权力。对这个问题，余鲲对她说："爸爸、妈妈你们都是名人，离婚以后仍然是名人。但我和姐姐就成了战争孤儿了。"何洁想说，你们永远不会是！但是，这话至今想起都令她心痛。她说，自己无愧过去，但有愧一双儿女。

1992年冬季，何洁与周先生结婚，开始在川南宜宾弘扬佛法。在蜀南竹海深处，花费近20万元，留下了叹为观止的庄严造像，至今是竹海一景。由于佛事频繁，她的写作彻底陷于停顿。面对满目苍翠，苍山碧波无垠，她会陷入一种归去的痴迷……

青山，青山在哪里呢？

一个执意寻找终极地的人，与环境总是格格不入的。1996年，她强烈渴望有一处极度安静的地方，哪怕只有一间屋，把自己锁在里面，连蚊子也不知道。这是她的自我放逐。她在云南大理找到了一间这样的房

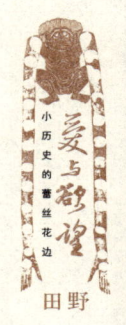

子，买下，一头扎进去，一晃，就过去了几年。周先生也不时来探望何洁。她至今都承认：那时，自己缺乏自信，有巨大的心理危机。

读了无数的书，甚至对南传佛学也产生了诸多体悟，但她又在一种"止语"的沉默状态下打量自己的未来。有一天，被愁绪笼罩的她在大理一个小镇的街头，看见上百人在前仰后合，哈哈大笑，原来他们围着一台路边电视机看姜昆的相声。这有什么好笑的？但何洁突然感到了什么，像一道光，把树叶从枝条上闪落，树叶飘坠时分，却是一种有韵的飘坠！

她买了400多元的相声、小品光碟，回家看了个昏天黑地。她唯一的发现是，自己还能够笑！人，是不是可以更简单地面对生活呢？她想。

让内心慢下来。慢到近乎停滞，但又略略移动。让一团乱麻停止无休止的哀伤和卷曲，让乱麻一根一根在回忆的梳齿里松弛，成为暗夜深渊中，一根牵引自己回到现实的导线。这与火相反，火是用一层层的橘红色，把火越映越浓，直至成为过滤的纯血。这会使一切承载净血的物品狂乱而软化，就像悲痛的指头捡不起一滴眼泪，最后，都变成了白焰的同盟。

何洁想起了木偶，以及木偶身后的拉线。她觉得，自己必须把自己攥在手中，自己才是舞蹈的魂。

一个石榴，与其让它在默想中泯灭，不如干脆亲手把它掰开！唯一的好处是，可以让种子回到大地。

2001年，何洁与周先生彻底分手。大家好说好散，并无动荡。对此，四川省的一位老领导大发感叹："何洁，你前半生帮助了一个落难的书生，后半生又去帮助一个不得志的官员。你最后还给自己留了多少时光？！"这年，何洁刚好是60岁！

她空身而退，退到青峰山。人生就是螺旋盘升的轮回。她发现，山还是山，水还是水！

何洁看着我，指了指书房："你所有没有连接起来所形成的疑惑，其实都写在那里。"我知道，她指的是自己那几十个日记本。所有的人与事，以字的方式躺在纸上，让人与世界，让流血与损害，让硬与软，如此隔

何洁趟过流沙河的

青峰书院。

纸而立。

愿伴青山共白头

　　"情到深处，伤不言痛／爱到尽头，悟又何求……人生总有两难时，去意莫强留／小女子不甘东风主落花，愿伴青山共白头。"唱词出自越剧《风雪渔樵》，何洁是否从中悟出了那篇至文《我与青山共白头》，不得而知。但可以肯定的是，沧海横流，蓦然回望，生命的终极地，却是在那青峰山上。《论语·阳货》篇里，孔子讲："诗可以兴，可以观，可以群，可以怨。"孔子列举了诗歌的四项重要功能，而最终的落脚就是一个"怨"字。一个人涉世愈深，牢骚愈多，怨气愈重。但读懂了《我与青山共白头》的一些人，却感到了一种凉彻心肺之后对天地的眷恋。就像玉珠，收藏了一个大海。

　　有关她结庐青峰山的传奇，在成都流传甚广。以至于一些并不认识何洁的游人，到了青城山，也会绕道而来，看看青峰书院，看看那个传说中的女人，以及书院出土的那尊与何洁长相惊人一致的"书神"像。

　　这里不说一个根本不懂建筑的女人如何在山上修房造屋的艰辛了，不说她的所有熟人、亲戚众口一词的反对了。一个60岁的女人，真有这个掌上走马的能力吗？但何洁说，我一定能完成毕生最后一件大事！

　　据说，施工项目经过一系列繁琐的报批、审查手续后，工人们用石

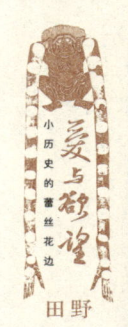

灰划好了白线准备开挖地基。当时，何洁在成都处理杂事，当夜做了一个怪梦。半夜起身，坐立不安，凌晨3点她开始打坐，觉得书院要出事。早晨7点，她到达施工现场。

她感觉到了什么？工人们面面相视，王顾左右。尽管傅元天道长已经用罗盘测过地势，认为此地为"地脐地"，有"三多"：贵人多、富人多、名人多。但何洁总是觉得，中轴线没有画对！一个外行凭什么可以这样说？何洁承认，是直觉。于是她下令把中轴线左移半米，并当场签字，承担一切责任。工人们只好依命，然后重新划线。很快工人们发现，重新放线开挖的基础下，竟然是古老寺院的庙基，位置与书院的地基完全重合！

几个月后，何洁在云南购买建筑所需的木材，她接到工地打来的电话，说他们挖出了宝贝！

何洁心头一惊。她早知道张献忠藏宝青峰山的传闻，莫非挖出了张献忠搜刮蜀地的不义之财？

但青山并不藏污纳垢，工人挖出的是一尊近2米的石佛。经清水一洗，"啊，菩萨好像何妈妈哟！"现场工人齐声惊呼。等到何洁回来见到此佛时，她如遭电击。她倒不在乎石佛是否像自己，使她惊喜万状的是，那尊石佛右手持握的书卷！这是否暗示了青峰书院之于文化的传承之道呢？

这是一尊教子佛像，她手持书卷，庄严中透出不绝的亲和力。此地以前是一个什么样的寺院？是青城山一带传说中风雷隐动的雪山寺吗？何洁将这尊石像命名为"书神"。

而有关书院建设过程中的奇事，还有很多很多……因此禅林中人称何洁有"天眼"，是汉区最大的伏藏师。

我只想说，历经6年而成的青峰书院，占地不到10亩，耗资近千万元，也耗尽了何洁的全部积蓄、房产和心血，最后还负债累累。为保护环境，修筑垃圾全部自行消化，真正接近了杜甫诗"自为青城客，不唾青城地。为爱丈人山，丹梯近幽意"的意境。

青峰书院建筑带有明显的滇藏风格，这是在具有赤子之心的人们大力支持下，成就的一桩良心工程。汶川大地震震中距离青峰书院的直线距离仅 15 公里，书院没有掉一匹瓦，碎一块玻璃。震后书院立即成为当地村民的救济点和部分丧失家园文化人的避难所，一切开支费用均由何洁出面解决……但距书院两箭之遥的普照寺，却惨遭大雄宝殿倾塌的厄运。

如今，青峰书院正逐步成为国内一流的集儒、释、道研究于一体的学术中心，推进了人类文化学、人文地理学、史学等十大学科的研究；其青峰颐养中心、内明中心、青峰实业也成为书院的三大服务主体。何洁说，书院属于世界，属于众生，薪尽火传，唯独不属于私人。坐在六角亭里，我换了一个话题问何洁："什么时候恢复写作？"她淡淡一笑："我不是一直在写作吗？瞧，你仔细看看！"我会意了，是指眼前的一切。

接着我随她来到书院后面的台基。正果法师的灵塔具有北海北塔的风范，她在塔前焚香祝福。正果法师是自贡人，我的同乡。她深深弯腰，脊背与青黛色的山脊一道平躺下来。最后一道夕光从高处散没时，山林吸纳的嫩光，被几声木鱼鸟的鸣叫带到了天上……

天籁卷舒似云，地籁层叠如贝。人在哪里？曾卓的名诗《悬崖边的树》一直让何洁难以忘怀："它似乎即将倾跌进深谷里，却又像是要展翅飞翔……"这昭示了一个强硬而沉雄的言路："倾跌"即是"飞翔"。因而，火焰在每一次向上的征战中，用熄灭的方式，展示了燃烧与光亮的背脊。

"文革"小报《工人造反报》报影

研究王锐的『文革小报』

为了核实一些资料，不久前，我查阅了现任哈佛大学费正清中心主任罗德里克·麦克法夸尔和费正清主编的《剑桥中华人民共和国史》和《文化大革命的起源》等著作。作为闻名遐迩的历史学家，他们都拥有一种化繁杂为清晰的魔力：让资料说话，让事实去证明观点，从而使自己的结论水到渠成。胡适之先生的名言"有一分证据说一分话"在他们的字里行间得到了最为熨贴的体现。

书里大量引用的"文革"小报在使我产生浓厚兴趣之余，也佐证了一个观点——那些不入体制史家视域的稗官之论，早已经登堂入室，成为强有力的发言者；如果说宏大叙事是历史的主语，那么，我则相信那些充满细节的个案是历史不可或缺的动词。当然了，这些常识之论，对学者王锐来讲，不过是他嘴角边的一丝笑意罢了。

抓住那滑落的影子

王锐经常说，对现在 40 岁以下的人群来讲，对"文革"小报的陌生不亚于天方夜谭。

王锐在上世纪八十年代中期已经颇有名气了，是新时期率先由文学写作进入人文学术研究的少数者之一。他的《世界名作家之死》和《世界文坛之谜》出版近 20 年来，无形中推动了上世纪九十年代开始的"作家个案"研究。他的不少观点至今仍在被不少研究者所采纳，其文章被选进了几十个文史选本。

在王锐的家乡自贡市，文人学子们津津乐道的还是王锐的藏书。记得上世纪九十年代，我是他家的常客。那时，他大约有1万多册藏书。我们在书柜壁立的狭窄过道上喝茶、喝酒、聊天，思绪顺着文字铺就的坡道，远游在时空交错的往昔。十几年转眼就过去了，如今回忆起来仍是历历在目。就仿佛他查阅资料从书架后面走出来，递给我一本20余万字的新作《"文革小报"研究》。看看在他四周摊开的报刊，那些发黄、发脆的纸页，就像被他从历史大梦里召唤起来的朋友，总在深夜的静谧时分，发出字词的喧哗声，延续着他们旷持日久的交谈……

近年，王锐相继在国内报刊上发表了《"文革"成都"五·一六"事件》、《"文革"中的〈伯达文选〉》。其长达3万多字的《"安亭事件"再研究》和专论《毛泽东与大字报》在史界引起较大反响。其新颖独到的观点自然不是闭门造车所能获得，而是建立在数量惊人的小报收集和研读基础之上。

在我看来，"文革"小报逐渐浮出水面，是在两个向度上呈现出自己的身影。一是收藏。伴随生活水平不断提高，导致众多藏友纷纷藏购近现代物品。在日本、新加坡、加拿大、美国、英国、法国等许多藏馆，收藏家早就悄悄介入到收藏我国近现代物品行列。因为这些有着特别深厚历史文化底蕴的物品带有许多他们需要了解的信息，如民国时期的书刊资料、瓷器铜器，"文革"报纸、像章等都是十分抢手的物品。据报道，一位英国人愿出数万美元收购四川收藏家王安廷的全部毛泽东像章，美国纽约某图书馆高价收购一位中国藏商的数千张"文革"小报，致使国内"文革"小报行情暴涨。

当然，西方国家收集"文革"小报并不始于现在，动机也不仅仅是收藏。王锐曾经对我讲过一则史料：周恩来在"文革"中有次讲到一个情况，他批评一些造反派将一些机密文件、讲话随便刊登在"文革"小报上的做法。总理说，一个日本记者用2分钱在北京街头买了一份载有"二月提纲"的小报，拿回国转手就卖了1500美元。从这个个案中，我们不

难看到国外何以重视小报了。这也可以印证麦克法夸尔根据《毛泽东讲话和文章汇集》编译出版《毛泽东的秘密讲话——从百花时期到大跃进》后所讲的观点。他认为，由红卫兵组织编辑出版的很多材料是可信的。这是因为，红卫兵对毛泽东无限崇拜，不可能擅自篡改毛泽东的讲话。这些材料的来源可靠，还在于它们是红卫兵在"抄家"或其他"革命行动"中，从那些亲自聆听过并记录了毛泽东讲话的人那里得到的。讲话中完整地保存了毛泽东的口语和习惯用语，这也证明了它们的真实性。日本立教大学教授野村浩一也持相同看法："我认为这些文章，还是有很大可靠性的，经过必要的研究和整理之后，可以适当地加以利用。"

"文化大革命"开始后，各地出版的"文革"小报达到六千余种，其中北京就有近千种。这些"文革"小报是红卫兵组织和造反组织创办的，有的还发向全国。所谓小报，是相对于当时主流的、正式的"大报"而言的。对"文革"小报研究，是西方近 30 年才兴起的事情，其收集资料之全、之细，研究成果之多，远远走在国内前面。在哈佛大学所开设的"文革史"本科课程里，对"文革"小报的研究已经十分细化和深入。而在国内，收集与研究却是民间学者的自发行动。如果说，收藏更多的是出于经济利益的考虑，那么专门对这类文献进行研究，就成为了一个十分寂寞的事业。因为这类研究往往需要皓首穷经，花费极大的财力，其研究成果既难出版，更难出名。

对这些问题，王锐是有诸多准备的。他没有跟风的习惯。就像一个远游者，为远游做好了多方面的准备，才开始按照自己的节奏上路。走自己的路，不需要看任何人的脸色。因此，收集与研究，在王锐看来同为一体，天下哪里又有缺乏资料的研究呢？不要盲目相信现在已经出版的那些相关著作。这些书不但无力廓清历史，而且是在刻意制造迷魂粥。但是，这种对历史最不负责任的行为，人们已经熟视无睹了。

在位于成都西安南路的公司办公室，王锐对我说："你相不相信机缘？"我不明白他的意思，没有回答。他说："有些事情，似乎从一开始就决定了过程和结局。而这往往不为当事者注意，我们都是在事后才

"文"革"小报《公安战报》报影

"文"革"小报《贫下中农之声》报影

猛然惊觉，机缘是有迹可寻的。你信不信？"

这话自然要从远处讲起。

王锐对"文革"小报的兴趣，早在"文革"中就有了。那时，他只是被小报上奇奇怪怪的内容所吸引。但自贡市远离于政治话语中心，当地办小报的组织屈指可数，外地小报流入本地的也不多，收集谈何容易。那时，王锐的父亲是一单位的小职员，经常出差，就为他带回一些外地小报。这里有一个重要人物，是王锐的老同学，当时在重庆办小报。他只要见到不同的小报，均收集好寄给王锐。几年下来，王锐装订了5大册，有熟人朋友来家，他总是热心示人。示者无心，观者有意，后被人借去，从此黄鹤不返。谈到这件事，王锐至今耿耿于怀。

收集资料如同历险

上世纪九十年代有一天，王锐在家清理藏书，发现一个布满灰尘的牛皮纸大信封，发现里面有一卷发黄的报纸。打开一看，天哪，竟然是几十份"文革"小报！这是他忘记装订的小报。这是被时间刻意藏匿起来的东西，又突然地出现了。报纸唤醒了他似乎已经消失的记忆。自此以后，他决心重起炉灶，开始收集小报，不仅仅是为了个人的历史，更是为唤醒整个民族的集体记忆。那一天，他深深沉浸在往事之中……

逐渐，在成都的送仙桥艺术城，在北京、重庆、达州、内江、自贡的旧书摊上，王锐成了很多书商认识的怪人。蹲在书摊前，一蹲大半天，他在拼命找小报。书老板现在也精得很，一副口不二价的样子。对待像"文

革"小报的稀罕资料，漫天要价几乎是很正常的事情。王锐早已经适应了，他不大讨价还价，只要你的东西好，你开个价吧。

为了扩大收藏领域，他甚至给不少收荒匠拉交情、套近乎。他的一些资料，就是从废纸当中淘出来的。

有一天，一个书商给王锐送货来了。王锐呵呵地应付着，见书商不是夹着拧着，而是雇了个小工扛着一个大麻袋进门，他的心脏骤然加速。打开一看，文革小报有几百份之多！书商一副傲然模样：每份 6 元，创刊号每份 40—60 元，不能挑选，只能一次买断。如果不要，他可以立即卖给一个外地老板。王锐默默翻阅着这些灰尘扑面的宝贝，一面让人去紧急筹款。他买，他必须尽所有力量，买下这些一旦犹豫就将终身交臂错过的文献！这一次，他花费了几万元。其中有些资料，后经查明，是国内现存仅有的。自此，这个书商认为王锐很够"哥们"，源源不断为他提供稀有品种。

谈到收集小报的经历，王锐说，就宛如一段冒险的历史。因为，书商不可能容许你去核实，买与不买，只能凭自己当场决断。有一次，一个书商送来了一份"文革"小报，这是被誉为"精品中的精品"——某画刊的创刊号，开价 900 元。王锐二话不说，如数照给。王锐给我说："真是便宜啊！如果是在北京潘家大院，就是加十倍的价钱也不一定能够买到手。"

"不理解我的人以为我喜爱收藏，其实，收藏固然有喜悦，藏品要为我所用才是我最为高兴的。也许这种研究没有人际间的恩恩怨怨，我觉得，我在研究中逐渐触及到了文字以外的东西。"王锐感慨地对我说，他的最高乐趣不在于拥有，而在于寻找过程中那种望穿秋水、寻寻觅觅的焦急之情，还有"踏破铁鞋无觅处，得来全不费功夫"那种刹那间的喜悦。

看看王锐收集的资料：小报、私人笔记本、大字报、石膏像、传单、画像、语录本、油印揭发材料、私人信件、小字报……共计几千份。我恍如走入到一个陌生而熟悉的语境中。历史刚刚过去，历史的证词却正在被化为垃圾或纸浆。如果这就是历史的规律，这个可怕的规律注定必须得到改变。

我想，王锐的这一寻找资料的过程，也是一个自证的过程。他在收集研究当中，不但复活了早年存留在他心目中的那种真实，而且，透过被热血冲塌的天庭，他目睹了被摧毁的理性与正义，正在一个新的层面崛起。所以，研究不但是复活真实，而且是提出警示：历史绝对不能再次重演。

蜿蜒在字词中的心路

杨健先生在《文化大革命中的地下文学》（北京朝花出版社）一书里认为，红卫兵文艺运动的兴起是伴随着大大小小的"小报"活跃起来的。1967 年春夏之间，在全国范围内各大专学院、中学的红卫兵组织纷纷出版报纸。当时，中学生只要几个人凑在一起，把手表卖了凑几百元，就能出一张报纸。如：刊载《出身论》的北京《中学文革报》（四三派报纸）一次印刷 30000 份，一抢而光。

被"中央文革"所利用的几个组织——清华的《井岗山》、地质大学的《东方红》等小报，经常透露出一些"中央精神"，左右运动发展。除此之外，小报也为红卫兵文艺提供了不小的活动天地。这些小报上登有政论、评论、杂文、诗歌、散文。写大字报的能手，纷纷为小报撰稿。1967 — 1968 年北京小报满街，加上外地小报入京，一时龙蛇混杂，泥沙俱下。当时《新湘江评论》曾引毛泽东未发表诗词——"自信此生多风雨，潮涌漫湘江"（待考证），还有评论员文章——"指点共产主义灿烂江山，激扬无产阶级血珠文字"这样的文字挥挥洒洒。这些小报为红卫兵诗歌、散文开辟了大量的版面。当时小报的销售不成问题，一般人为了解瞬息万变的运动情况，搜寻小道消息，都乐意购卖小报，但对其报上观点，一般并不认真对待。

为什么人们愿意购买小报？我们只要对"文革"时期的主流大报有

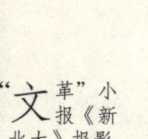

"文革"小报《井冈山》报影

"文革"小报《新北大》报影

基本了解，马上就可以想象这份报纸的内容。或者说，你如果想象不出"填鸭"的痛苦——每天都被强迫阅读这种报纸后，马上就会对"填鸭"表示深刻同情。

历史无情地证明了：恰恰是这些小报，以动词的形态为人们打开了历史真实的一域。王锐甚至认为，随着"文革"小报研究的深入，随着越来越自由民主的时代大势的来临，被妖魔化的历史注定要被还原，历史终将露出它并不神秘的本相。

他向我举了一个例子："文革"中"司令部"一说的来历。

有关"炮打司令部"自然是人们耳熟能详的，但如果深究，"司令部"是谁首先提出来的？人们往往就语焉不详了。因为正史没有该方面的记载。为了搞清楚这个问题，王锐在大量小报中花费了不少时间，仍然是没有什么收获。有一天，他通过网络，购买到一份来自北京的小报，才发现这个词是出自王光美之口。当时，她警告来家造反的红卫兵，"不要到无产阶级司令部造反"。而这个资料是出自其女儿的检讨材料，可信度相当高。事后我们都知道事态的发展，毛泽东得知以后，立即发表了《炮打司令部——我的一张大字报》。显然，毛泽东所言的这个司令部，意思与王光美的刚好相反。为此，王锐特意写了一篇文章，把事实的真相摆到人们面前。

每完成一桩这种考证，他都感到十分的舒心。

有关"文革"小报的著名典故，记得好几年前，王锐还对我讲述了一则"小道消息"。

1967年，社会上突然兴起了办报热浪。报纸编印出来后，要上街卖，革命群众及其家属子女被动员去卖报，"黑帮"也要承担销售任务。当时的外交部副部长乔冠华，也在此列。

那时，乔冠华在王府井卖的是《批陈毅战报》，而且小报上还有"批乔"的文章。外交部的造反派强迫乔冠华上街卖批判自己的小报，这何尝不是一种侮辱和恶作剧。不过虽然乔冠华的名气很大，但那时电视还很不普及，所以群众是知其名却不识其人。

乔冠华好言同造反派相商，说自己是代表中华人民共和国政府的外交部抛头露面上街卖小报，尤其去卖打倒外交部长陈毅和几位副部长、包括他自己的小报，实在有失国体，给国家抹黑，希望他们不要这么做。这当然不会被那些造反派所接受。造反派嫌监督着乔冠华去街上卖报太麻烦，就把一摞报纸交给乔，命令他自己在街上卖，卖完后回外交部机关报告并交回报款。躲开了监视，乔冠华马上想出了好办法：点清报纸数目，按两分一份算出应交回的款项。待押送者刚刚走出视线，他就把整摞报纸往王府井大街角落的地上一放，任大家免费自取，他自己则溜之大吉，找一家僻静的小酒馆，要上一升啤酒，一盘小菜，慢慢地呷饮。等时间差不多了，再回外交部，把他在小酒馆中换来的零钱上交，说是卖报所得，而且每次都要多交上几角钱。后来这个"乔老爷王府井卖报会赚钱"的笑话，就在外交部内部传开了。

毛泽东知道这个事情后，大笑不已。因为他知道"乔老爷"还为此写了几句打油诗，但没有结尾。毛泽东说，我来为"乔老爷"填写最后两句："莫道敝人功业小，北京卖报赚钱多。"众人皆大笑不已。

后来在2001年3月16日的《人民政协报》上，正式发表了内容大体接近的文章，从这个侧面也佐证了王锐研究小报资料的真实性。王锐幽默地说，如果当初有人真从"乔老爷"手里花2分钱买下一份报纸的话，现在就发财了。

王锐目前把自己的收集到的小报，大体分为外地版、串联版、火线版、资料版等等，这其中含有报纸历史本身的特性。比如，外地版就分为两部分，一为外地航空版。北京一些大的学生组织为响应"中央文革"的

号召，纷纷在大中城市设立联络站，然后发行传单、小报，如北京大学"新北大公社"驻广州联络站就曾出版《新北大》广州航空版；第二是北京的学生造反组织到外地串连，在地方纷纷设立联络站，先是散发传单，后是印报纸，最后和当地"文革"小报出"联版"。其中影响最大的是《首都红卫兵》，它出版的外地版有上海版、重庆版、株洲版、长沙版、西宁版、南昌版、无锡版、常州版、武汉版，还出版了中学中专版。可笑的是，《首都红卫兵》成为"红代会"的机关报后，"红代会"由于派性也分为天派和地派，所以《首都红代会》也有两种版本。外地组织赴京告状或持相同观点的组织互相声援。如长沙中南矿冶学院"湘江风雷"组织等主办的《反复群战报》就出了北京版，西安工程电讯学院也曾出版了上海版、北京版。

目前，"文革"小报搜集最全的是哈佛大学的"哈佛燕京学社"，小报成为馆藏报刊的殊品。该馆馆藏中文书籍汗牛充栋，使之在短期内跃居为美国第二东亚图书馆，仅次于美国国会图书馆。哈佛大学的"哈佛燕京学社"也迅速成为国际闻名的研究中国学的中心。而面对国内各自为政的收集格局，王锐深感忧心。因为很多财大气粗的收藏者，是从来不研究藏品的，文献一入豪门便再难见天日，根本无从发挥文献的作用。而这个局面，在很长时间内都无法改变。

我们必须看到，在相当长的时期里，中国思想界都绕不开"文革"这一巨大的历史事件，"文革"必然成为几代知识分子的"潜语境"。反思"文革"、批判"文革"是时代大势，但对历史的铭记，正是由新闻史、出版史的积累而达成的。由此不难看出王锐苦心收集、研究的用意，正是着眼于维护思想的尊严。

有一天，我突然问王锐，你以前编过小报吗？他沉默了一阵，对我说：编过，而且还编得不坏。我是编、刻、印、发集于一身！哪天我给你看看。怀着浓厚的好奇心，我等待着这一天。

少女时代的林徽因。

李庄时代的林徽因

过了 40 岁这个年纪，常识告诉我，不应该将一个人与某个逗留之地强行联系起来，山川依旧，人去屋空，如此而已。但情绪并不遵从这个法则，很多地方，不就是因为一个人的足迹，或者仅仅是一个人的名字，就被人们铭记一生的么？

2005 年中央电视台举办的《中国魅力名镇》评选结果揭晓，李庄是四川省唯一入围的古镇，这也让更多的人知道了一代才女林徽因曾经居住五个寒暑的村落。李庄坐落在四川省宜宾市东 19 公里的长江南岸。因为在镇境内的长江北岸"凉亭子"处，有一天然大石柱俗名"里桩"而得名。李庄有 1400 多年的可考历史，现仍保存明清古镇的格局和风貌。

月亮田上流动的风景

2005 年夏天，我作为画册《人文李庄》的特邀编辑，前后去过李庄七八次，少不了也到月亮田的"林梁故居"看看。记得一天中午从席子巷拜访左照环先生后去月亮田，机耕道上有一辆拖拉机坏了，挡住了道路，我们只好弃车步行。机耕道上满是赭红色砂岩和鹅卵石，被黏土胶合着，吸满了暑热，走在上面就像走在蒸笼里。偶尔有江风吹过来，芦蒿摇曳，太阳在田里乱闪，水稻的气味兜头而下。见一小排农家瓦房，李庄小学的老师王荣全对我说，那就是张家大院。

陪同我们的王荣全老师，是土生土长的李庄人。他的嫂嫂李淑华当时就经常为营造学社提供蔬菜、瓜果等等，日子一长，代购油盐柴米、问药买茶，几乎成了营造学社在本地的代理人。往事从王荣全口里流出来，宜宾话高亢的爆破音，宛如顶破石板的竹笋。

没有人进一步说明过月亮田的准确含义。当地的秀才左照环先生认为，是曾经有一块弯曲如月的水田而名之。它位于李庄镇子西面，依山临水——一边是缓慢而降的"柑子坡"，柑橘色的灯笼在寻找月亮的踪迹，另一边是滚滚东去的泥褐色长江水，空气中弥漫着大江的水腥味。在依山一侧，宜宾特有的修篁直插天穹，并不规整的稻田像破碎的镜子，叠光返照，构筑着一派田园景色。

上坝月亮田当然不止一个张家大院，四周还散落着碉堡式的几幢民居。如今在层层稻田、蔬菜地围合下，只剩下孤立的呈 L 形的一小排平房。除了租借给营造学社侧面的两个小院没有了，那些一直摇曳在回忆录里的香樟树、芭蕉林、桂圆树也已不存，张家大院的正房基本保留了原貌。那棵桂圆树曾经绑了一根大竹竿，供营造学社的老少晨练，更成为社员们练习升屋上房这一古建测绘必会技能的好道具。值得庆幸的，是营造学社办公室和部分宿舍的建筑基本保持了原貌。在两扇新做的木门两边，连接板式的木墙；粗大的木柱间以篾条、泥巴、碎谷草、白灰泥修筑成的串夹壁。最大的一间是工作间，光线并不好，全仰仗玻璃亮瓦。里面摆放着粗糙的四方桌和长板凳，但据说只有那张靠窗的书桌才是当时的旧物。屋后有一方小天井，杂草横斜，时间的青苔将铺路的石板盖了个严严实实。

正厅左边是梁、林的卧室，地板朽坏，一走就吱嘎吱嘎叫唤，来人不得不放轻脚步，不愿惊起沉睡的尘埃。在我们来时，已经有几个游客在此徘徊流连，男人们做着悠长的深呼吸，似乎想尽力吸入空气里弥漫的氤氲。透过窗户，并不能望见大江，也听不到江涛的低鸣。我想，这对一个心情并不好的人来说，这反而是好事。我不由得推测林徽音将"音"改为"因"的动机。"徽音"出自《诗经·大雅·思齐》："大姒嗣徽音，则百斯男。"就是说：大姒继承好遗风，多子多男王室兴。"徽音"即美誉之义。为避免与海派男作家林微音相混淆，1935 年以后，林发表作品就改署"林徽因"。她的理由不大像出自一个弱女之口，说是出自一个少不更事的理想主义者恐怕更为合适："我不怕人家把我的作品误为林微音的，只怕日后把他的作品错当成我的。"这种脾气，就像冰心写了一篇小说《我们太太的客厅》）讽刺林徽因，林徽因就从山西带回

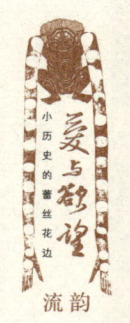

一坛陈年老醋，立即叫人送给冰心消受一样。

改名已经十年，十年足以抵百年尘梦。在李庄的岁月里，林徽因陷入了潮湿、闷热、音讯阻断的境地。"太太的客厅"、"金童玉女"之类，已经随山坡上的岚烟消散。月亮田，并没有因为丽人的到来而南山悠然。

营造学社入住李庄后的第一个考察目标，便是位于川南的僰人悬棺。距李庄约二百多里的兴文县曹营乡的苏麻湾和珙县麻塘坝，是僰人悬棺的两大集中区。1941年春，梁思成、林徽因、刘敦桢、陈明达一行来到曹营乡的苏麻湾。斧削般的陡崖上，不时有大鹰盘旋，蔚为壮观。学者们为悬棺之谜展开了各种推测。林徽因说，这些谜还是留给后人去解开吧。其实，无法经历的事，对陌生者就是"谜"。1942年，林徽因在大足石刻考察中偶感风寒，回李庄后肺病加剧，一躺，竟然就是4年。

林、梁偶尔心情好，会出去在田埂上散步。尽管西装不再挺括，但梁仍然保持绅士风度，戴着金丝眼镜，还挎着当地十分罕见的进口相机。开始阶段，林一直穿素色旗袍，松挽头发，江风迎面一吹，站在秧田里的农民就直起腰杆，看这一幅流动的风景。由于口音关系，当地人不明白他们的问询，只好憨厚地笑。他们大度地点头致意。一般来说，他们不会走太远，这主要是考虑到林的身体。肺病，这个20世纪二三十年代的著名病症，几乎成为了一种"文化病"。当然，这倒不是说穷人就与此无缘，但在封闭的穷乡僻壤，患肺病的人的确甚少。而文化人的每一声咳嗽，总会在古典的海棠前，增添一丝触目的血痕。

病中的时光越来越慢

不过，我私下里倒是很赞同《养生箴言》所言："肺病者宜逃名，名人每多言，言多则损肺气。"如果是这样的话，结合上文，那真是成了繁复的巧合。但不幸的是，事情并没有因沉默而停止。在这期间，学者李济先生一双如花似玉的女儿在李庄先后夭折；中研院社会学所所长陶孟和先生的夫人一代名媛、翻译家沈性仁也在李庄香消玉陨，皆因于肺结核。

　　李庄没有西医，农民吃点中药就可以长寿，死乃天意，所以人们不大谈论这些。但梁思成必须履行学者丈夫的责任，他学会了注射，多次向老友们求助，甚至自己去宜宾设法。最后，把伴随他二十多年的派克金笔和从纽约州北部的学府之城绮色佳（Ithaca）购得的手表（估计这是他们去美国度蜜月的纪念）也先后送进当铺。当梁思成拎回两尾大草鱼时，林徽因不解，梁思成幽默地说："把这'派克'清炖了吧，这块金表拿来红烧。"这才是真正的黑色幽默！这两样东西，是一个文化人的最后标志了，他彻底付出了一切。他们已经到了绝境。

　　为减轻经济压力，梁思成借去成都办事的机会，弄到了一些西红柿种子，委托故宫博物院筹备处的著名学者李济带回李庄，请人在家门前田边种植起来。在此之前，李庄人并不知道西红柿为何物，看着这些肥硕的红果如此妖异，农民们沉默不语，一尝，更是受不了那股奇怪的酸味。听说林徽因为此笑个不停，红晕泛上了她苍白的脸颊，气促，气喘，只好赶紧躺下。她偶尔到番茄地看看，看看西红柿疯狂、顽强的长势。移栽到陌生之地，就能扎根而结果，人却远没有这种适应性。刚摘过果实的番茄秧，就要枯死了，来年它还会有红透季节的运气么？

　　梁思成还经常买老牛肉来炖汤，这是林徽因唯一的营养补品。林徽因喝的牛肉汤往往是被熬了许多次以后的汤汁，而此时汤里的牛肉，早被煮得根本啃不动，所谓的汤，也难以分辨是肉汤还是清水了。梁从诫后来回忆说："几个月的工夫，母亲就失掉了她那一向焕发美丽的面容。"

　　林徽因缠绵病榻，不停地咳，持续，而尽力克制。声音被农民听到，五脏六腑仿佛要全部一涌而出。他们听着嘶哑的声音总觉得有些陌生。梁太太怎么了？得了这种病，唉……

　　无法得知林徽因当时的思想，但我敢说，那些风华与韵致，那些微笑与理想，那些萦绕在西山、英伦的缱绻，简直不可能被回忆。一回忆就会让人血流不止。从他们现在保留下来的极少量的李庄时期的照片来看，林的陡然衰老，未必仅仅是病的原因。而且从那之后，林徽因再也

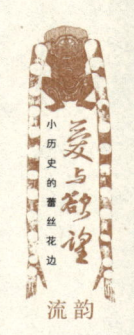

没有复原。这就像一个人，不得不去一个陌生之地，身体去了，但令他牵肠挂肚的东西却在另外之所，他必须具备让灵魂往返于长途奔波的马拉松技术。一个人已经名满江湖，固然可以厌倦名声；一个人情有所属，固然可以古井不波，但那些从窗口飘荡而来的汽笛声和云影，大概不会让一个诗人心如死灰吧。举个例子，我们知道徐志摩飞机失事后，林徽因收藏了一块在失事地找到的飞机残片（一说是座位上的木板）。她从来没有在李庄出示过，但显然是带到了李庄的。在 5 年时间里，难道从来就没有触摸到这金属的锋口么？

徐志摩前妻张幼仪很反感陆小曼，可也不得不承认陆小曼很美，是个天生的美人胚子。但性情直率的张幼仪还说了一句很富哲理的话：林徽因是"一位思想更复杂、长相更漂亮、双脚完全自由的女士"。这句话花下藏刺，棉里裹铁。反过来，我们却看不到一句林对她们的评价。也许，她认为这些压根儿就跟自己无关。可是，既然已经无意闯进了一个牌局，渴望独善而退，只怕是不容易的。

病到深处，时光就慢下来，往事在蒸发，由清晰而渐次模糊，就像远行而去的背影终于融化到夜色里。剩给自己的，就是一片油灯聚拢的安详。油灯只能照亮它自己，但暗示了周遭黑暗的广阔。在每一次灯花的爆裂中，椭圆的灯火顶起了黑暗。那些从缪斯丝质长袍上飘落的碎光，如今，开始被一盏菜油灯置换。灯下，已经没有了烛影摇红、撒豆成兵的幻梦，只有一件事情很明确，在最不需要感情左右的古建筑世界，让剩下的光得以延续或扎根。是的，就是延续。

《中国营造学社汇刊》在李庄一共出版了两期，即第七卷第一、二期，印数极少，保存至今的已经成为极品。梁思成在抗战期间的学术研究成果，大部分都登在这两期刊物上。病床上的林徽因承担了出版刊物的工作，其中一期就由她编辑。李庄只有一处印土特产标签的石印作坊，由于纸张缺乏，他们便自己绘图、刻写、编排。最麻烦的在于要把照片内容用药水绘在纸上。成品纸是马粪纸，然后进行石印，从折页子、修切、打孔、穿线到裱装封面都要自己动手完成。这其中凝聚了学社同仁们无数的才智和心血，甚至还包括林徽因母亲的功绩。以简陋的石印出版的这两期堪称精美的高质量汇刊，受到国内外同行的持久赞誉。我看过几幅翻拍自哈佛大学馆藏的《汇刊》照片，在林徽因编辑的那期里，目录页刊印有勘误表，足以见证其孜孜以求精神。正文均为铁笔刻写，其中有一部分是出自林徽因的手笔。所谓字如其人，真是毫厘不差。

更费心血的，自然是梁思成和林徽因对《中国建筑史》和英文《图像中国建筑史》的研究和写作。我无法想像的是，在这间简陋的住房里，他们是如何在书案上、病榻前堆积起浩繁的史籍和数以千计的照片、实测草图、数据、大量的文字记录；然后进行分类、编排、归总、撰写的。他们有一台 1928 年出厂的打字机，由于缺乏打字机的色带，所以总是打不出颜色，就用墨汁加上煤油，自己试制色带的墨汁，然后再涂上色带。林徽因在承担该书全部的校阅和补充工作之外，撰写了书中第七章五代、宋、辽、金部分。1944 年，《中国建筑史》终于杀青，结束了没有中国人书写的中国建筑史的缺憾，纠正了西方人对中土建筑艺术的偏见。限于当时的条件，只用钢板和蜡纸刻印了几十份。而《图像中国建筑史》的正式出版，则已是距完稿整整 40 年以后的事了。也许，对林徽因来讲，从疾病的辗转而俯身于这毫无飞扬的纸上建筑，她，难道就没有一丝遗憾？时间在流逝，书稿在增加，而疾病也爬上了眉梢。

越是深入地进入到一个陌生而奇异的领域，尤其是对这些领域逐步开始产生出奇怪的感情后，是很容易迷路的。这种情况久而久之，也就不想再返回什么了。费慰梅在回忆录里准确地说："她是全身心都浸泡在汉朝里了，不管提及任何事物，她都会立即扯到那个遥远的朝代去，而靠她自己是永远回不来的。"

这就逐渐让我感觉到，在林徽因的生命历程里，的确有一个微音哑散的"李庄时代"，那是她性格、身心陡然转折的时期。从她的年表里可以发现，1940—1945 年，她总共只写了 4 首诗，即《一天》、《十一月的小村》、《忧郁》和《哭三弟恒》。平均一年不到一首，但均为她诗作中的精品，体现出了一种舒缓的慢性美学，感伤、迷惑而追忆，逐

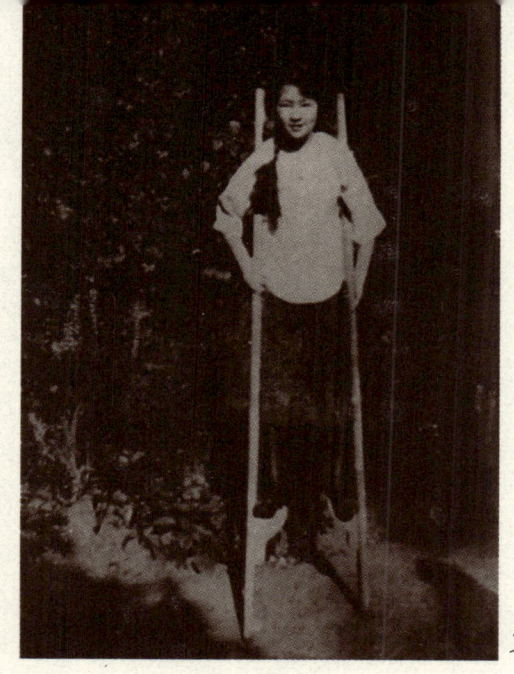

女时代的
林徽因。

渐摆脱了以往绚丽、轻快的高亮节奏，将一种形而上之思引渡到了字里
行间。所以，如果说李庄之前的林徽因，无论是在北平、长沙还是昆明，
都还多少保持了她的客厅遗韵的话，那么在李庄之后，她无疑被疾病与
萧索，带入到了一个平淡得不容艳丽与芳香回旋低萦的领域。她那意象
灵动的天空，已经为弟弟的阵亡和几块小小的亮瓦替代。在一个连风也
吹不到的病榻上，昔日"太太客厅"的女主角俨然已成为心如槁木的病妇。

梁、林的学生，后来成为梁妻子的林洙在《梁思成之死》一文分析说：
"事实上林先生的早衰正是抗战时期后方恶劣的环境所造成的。"（《"梦魇"
系列·事件卷——兵变！兵变！》，四川人民出版社1993年6月1版46页）
这"早衰"一词，正中要害。

36岁是本命年。但徐志摩就在36岁失事。如果说36岁的林徽因进
入李庄时的韵致让时代记忆犹新的话，那么，在5年以后她离开之时，
她一步就跨入到老境，这中间似乎没有舒缓的过渡。抗战胜利后她到达
重庆时，医生的诊断颇可证实我的结论，医生对梁思成说："来得太晚了，
林女士肺部都已空洞，这里已经没有办法了。"

记得一位俄罗斯诗人说过，舌头是男人通往女性的向导。在林徽因
陷入李庄的岁月里，不知道有多少人，在为之牵挂。著名文学评论家李
健吾之于林徽因，就颇值得一记。其实，比林徽因小2岁的李健吾与她
只有一面之晤，但对一个有朦胧情怀的男人来讲，已经够了。

听到林徽因病故的消息，身在上海的李健吾立即表达了对林徽因和

其他三位女作家的情感。后来，李健吾又得知林徽因尚在人世，喜出望外，立即写了一篇《林徽因》。这篇文章几乎不为世人所知，斫轮老手李健吾只用了千余字就说明了一切，用"赤热、口快、性直、好强"清楚勾勒了林徽因的性格特征。但是，李庄时代的林徽因，显然已经从这些特征旁边绕过去了，宛如她从来没有一幅在李庄的玉身长立的照片，更没有留下在修篁摇曳的背景下微笑的镜头。她已经绕过了这些风月，在疾病的边缘坐下来，看那些模糊而斑驳的石板、雕刻、垂花、衬枋，如同在日记里打量自己的足迹。我估计她根本没有见到李健吾的文章，即使见到了，哪又如何？走出了客厅的主人，已经不需要再说什么了。眼下，她甚至觉得，"不断缝补那些几乎补不了的小衣和袜子……这比写整整一章关于宋、辽、清的建筑发展或者试图描绘宋朝首都还要费劲得多。"

林徽因口中常喃喃地念着莎剧《汉姆雷特》里那句著名的台词："To be or not to be，that is the question！"（生存还是毁灭，这是一个值得考虑的问题）——逗得大家开心一笑。他们很自然地将这句台词的意思理解为：研究还是不研究，那是一个问题！（王开林著，《风华绝代》，《书屋》2002年4期）其实，这并不是"玩笑"，未尝不是她心绪的流露。

逻辑学家金岳霖的"喂鸡逻辑"

这里，有一个大人物自然绕不过去，那就是逻辑学家金岳霖。金前后两次从昆明西南联大赶到李庄，乘船，主要是靠步行。说是来写文章，其实主要是为看望、照顾林徽因。早年，林曾半开玩笑地送了他一只公鸡做伴，不想竟培养了逻辑学家养鸡的终身爱好。风尘仆仆的他，一到李庄就张罗着购买小鸡雏，在林家后院拉开了行家架势。王荣全老师提供给我一张从梁从诫家里翻拍的老照片——在梁家的后院里，金岳霖弯着腰，左手挽个竹篮子，右手伸出，摊着手在喂鸡。他的身后，刘康龄（刘致平之女）、梁思成，梁再冰、梁从诫，错落成两排，全都盯着鸡们欢快地进食。可以看到，院子周围扎着半人高的篱笆，篱笆外还有一棵大树，

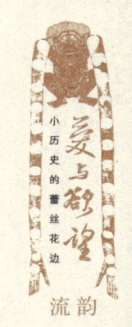

绿荫倒挂而下。只是如今，这棵树如同往事一样，业已不存。我站在后院里，听到尖锐而悠长的蝉鸣，似乎把明晃晃的阳光，提到更高的速度，垂直的光照在青石板上乱溅……

金岳霖喂鸡的唯一目的，并非因喜欢鸡而养，乃是为林徽因炖汤。据说，他每次把热气腾腾的鸡汤小心翼翼端到林徽因床榻前，放好，问候几句，然后关好门就出去了，只剩林徽因在鸡汤前发呆……

1941年8月，林徽因写信给费慰梅、费正清，用了一个奇特的比喻："思成是个慢性子，愿意一次只做一件事，最不善处理杂七杂八的家务。但杂七杂八的家务却像纽约中央车站任何时候都会到达的各线火车一样冲他驶来。我也许仍是站长，但他却是车站！我也许会被辗死，他却永远不会。老金（正在这里休假）是那样一种过客，他或是来送客，或是来接人，对交通略有干扰，却总能使车站显得更有趣，使站长更高兴些。"信后还有金岳霖的附笔："当着站长和正在打字的车站，旅客除了眼看一列列火车通过外，竟茫然不知所云，也不知所措。我曾不知多少次经过纽约中央车站，却从未见过那站长。而在这里既见到了车站又见到了站长。要不然我很可能会把它们两个搞混。"

在"车站"、"站长"和"过客"之间，身份时而清晰，有时又是互嵌的。也许，"过客"比所有人都更坚守职责，成为了车站永久的居民。

前不久看过一个资料，是记者对暮年金岳霖的访谈。谈到林徽因，垂垂老矣的金岳霖说："我所有的话，都应该同她自己说，我不能说。我没有机会同她自己说的话，我不愿意说，也不愿意有这种话。"每读至此，我就无法再读下去了，更不忍心去做无聊的推测。

1945年8月10日，日本通过中立国瑞典、瑞士发出请降照会，接受《波茨坦宣言》，无条件投降。当天傍晚，李庄在外电广播中得到这个消息。这个夜晚，李庄跟重庆成都、跟全中国一样沸腾。当夜人们走出家门，同济大学的师生以及中央研究院各所的学者们情不自禁地奔向街头，游行欢庆。4年来，林徽因第一次离开她的居室，是坐着滑竿去的。她形销骨立，只能强撑着病体，模糊着泪眼，默默地立在街边，看着欢呼的人群，分享着胜利的喜悦。在一座破茶馆里，她喝了一杯茶，以茶代酒，和着自己的眼泪⋯⋯

这是林几年来第一次来到李庄集镇上。自此开始，林徽因那一种"出门"的愿望开始被激活了。费慰梅在《梁思成与林徽因》一书里回忆说："她后来写信给费正清欢迎他去，还说：'告诉费慰梅，我上星期日又坐轿子进城了，还坐了再冰的两个男朋友用篙撑的船。在一家饭馆吃了面，又在另一家茶馆休息。在经过一个足球场回来的途中，从河边的一座茶棚看了一场排球赛。头一天我还去了再冰的学校，穿着一套休闲服，非常漂亮，并引起了轰动！但是现在那稀有的阳光明媚的日子消逝了和被忘却了。从本周灰色多雨的天气看，它们完全不像是真的⋯⋯'"后来，仅是为了"玩玩"，一有了航船，她就和梁思成一起去了重庆，这是五年来她第一次离开李庄。

梁思成返回李庄后，写信来告诉费慰梅及林徽因："为了治理长江险滩，一系列的爆炸已使重庆和李庄之间的班轮停运。就是邮递也只能靠步行的邮差来维持。徽因要回李庄已不可能。"显然，当时准备只是到重庆"玩玩"的林徽因，就这样离开了李庄，永不再回来⋯⋯

唐朝的宋璟在《梅花赋》里说："艳于春者，望秋先零；盛于夏者，未冬已萎。"明白这个道理并不难，但从来没有"艳"过"盛"过的人，又如何知道灿烂之后的平静，与一潭死水的云泥之别呢？所以啊，这话应该是经历者自况，而不是旁观者言。想想杜牧的诗句："砌下梨花一堆雪，明年谁此凭栏杆？"心里不由地一惊：月亮田没有梨花，倒是后院唯一的一棵柑子树的小白花，庶几近之。林徽因留心过砌下的那堆雪吗？

王云书老人在一个访谈里说："梁思成走时，送了我们一张写字台和单人床，说：'老乡，麻烦了你们6年，谢谢了。'"至于东西的下落，早已不存。但是王荣全老师告诉我，2003年以前，他一家就住在张家院子里的几间偏房里。1954年搬进去时，他还是个孩子。他对我说："书架上有英文书，哪个也看不懂。后来也不知道哪里去了。家具旧得很，后来也打来当柴烧⋯⋯"如今，唯一的遗物，只剩一个小小的印泥磁盒，

成为了承载他们手泽与心迹的凭证。

　　林徽因离开李庄时，已经41岁，没有为生活了5年的李庄直接写过什么。当年梁思成把李庄称作"谁都难以到达的可诅咒的小镇"，而林徽因则以《十一月的小村》自问自答："是什么做成这十一月的心，十一月的灵魂又是谁的病？"

> 但寂寂一弯水田，这几处荒坟，
> 它们永说不清谁是这一切主宰；
> 我折一根竹枝，看下午最长的日影，
> 要等待十一月的回答微风中吹来。

　　在我看来，隐隐的还是觉得有些怅然。但对一个庇护了自己5年的穷乡僻壤，直到她离开，仍然没有找到答案。当林徽因跨进离开李庄的下水船的一刹那，斜照，最后一次将她的身影写在水上……

　　1946年10月，随着最后一个"下江人"在李庄码头登上了去重庆的木船，这个在战乱时期庇护了上万名学子的小村落，连同它的名字，逐渐消失在历史的长河中。六十年弹指一挥，沉到漩涡的往事，又浮出水面。中央博物院的旧址张家祠堂已改建成李庄小学，那扇被梁思成称赞过的白鹤窗，被钉上了学校五花八门的标语，后来又钉上"爱护卫生，人人有责"的镔铁版；同济大学医学院的旧址祖师殿，除了前庭高阔，演绎着往昔的气度，其它的建筑基本上都成了混乱的民居，院子里的几棵树之间扯了几条塑料绳，蔬菜的藤蔓爬满了中庭；同济大学东岳庙现在是李庄中学所在地……一切都物是人非，那些人和那些往事，已在光阴的冲刷下，不是再见告别，而是永诀。

　　一个下午，我驾车驶离李庄返回成都，在一个高坡停住，心里突然悲痛起来。蓦然回首，中国营造学社，梁思成、林徽因、金岳霖，《中国建筑史》，寂寂无名的月亮田已经成为了历史的镜像，临水自心惊，临照即老去。在我头顶掠过的，是随晚云而至的凉意……

萧红坐在地上。
1935年在上海
鲁迅先生家门口。

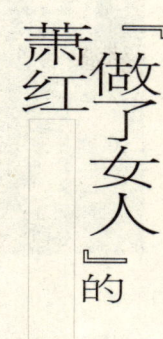

萧红"做了女人"的

爱与智望

小历史的蕾丝花边

流韵

在萧红为数不多的照片里，我对她那幅拍摄于鲁迅家门前的照片特别留意，而众多萧红的作品选集几乎都没有使用这一张。

照片收在端木的侄子曹革成所著《我的婶婶萧红》一书里（时代文艺出版社 2005 年 1 月版），估计是一直为端木所拥有，自然也只能在侄儿的书里才可重见天日了（我的估计有误。徐州师范学院于 1979 年 6 月内部出版的《中国现代作家传略》第三辑就收有此照）。

黑白照片里的少女，双手抱膝，在强烈的直射光线下寂寞独坐。有着俄罗斯韵致的布拉吉，携带着从寒冷地带跋涉到十里洋场的风尘，只以模糊的褶皱予以呈露。她刘海清纯，辫子上扎着白丝带，表情楚楚，有一种暗生植物突然临光的停滞，仿佛还无法从幽暗的梦境毅然起身。而来自山阴路的斜照已经把自己的影子与霓虹灯叠放在一起，她无法好好稳住身躯。

出生入死

几年前读过李振声主编的《我是鲁迅的学生——关于萧军》（北京广播学院出版社 2000 年 1 月版）以及秋石编著的《聚讼纷纭说萧军》（学林出版社 1997 年 4 月版），很为往事的纷纭而感叹。如今，再回过头来翻读骆宾基的《萧红小传》（上海书店 1947 年 7 月版）、端木后妻钟耀群的《端木与萧红》（中国文联出版社 1998 年 1 月版）等书，就发现记忆中的事情还在进一步复杂化。这种情况并不出乎我的意料。大凡一旦成为历史的焦点性人物，那他就很难再是一面光洁如初的镜子。这面镜子固然可以反照，但它上面的尘土和污垢、破损的裂纹、缺失的地方、

萧红「做了女人」的

1934 年萧红与萧军（中）、黄源（左）在一起。

人为损毁之处，正是真实与假象交相辉映的地带。起当事人于地下，恐怕也是无济于事的。因为有些恩爱情仇，一开始就是不确定的，它们就像流云，在事主的感情水面匆忙投射下暂时的影子。一旦河流远去，影子就会被揉碎，独留后人在茫茫天地间揪心而跌足，逝者如斯，只剩无边的萧索供人痛饮。

让我惊异的是瑞士女作家赵淑侠 1986 年为萧军、端木蕻良、骆宾基拍摄的合影，后来发表在 1997 年 3 月 20 日的《澳门日报》上。这是一张貌合神离的合照，拍摄于主角们的晚年，正如赵淑侠在文中所述那样："萧军在外观上看来粗犷刚烈，说话直来直往，内里面却有一颗十分慈祥柔软的心。"而"骆宾基看上去形容枯槁面目黧黑，他的外型使我联想到为传道沥血、天涯独荡的苦行僧。"但"与萧军和骆宾基相比，端木蕻良很明显地属于另一个典型，他较萧骆两人细致，外貌也比他们潇洒帅气，有诗人和艺术家那种文采风流的气质……"上天的赋予以及经历的忧患一旦混合，一个人的内在就很容易呈现为一种可深可浅的表达，很难遮蔽。只是，他们的晚景表达里，已经找不到被一个特殊女人深深改造的痕迹了，我看不到被犁铧翻耕的土埌。剩下的，是老年人的孤淡、松懈、善意和病厄。

看完这张照片，我产生了一个颇为冲动的念头，很想探究李洁吾、汪恩甲和萧红的表哥陆振舜的长相。颇费了一番力气，可惜未能如愿。显然，我缺乏"考证"功力。比如，我见到一个"考证"资料，说"萧红与陆振舜是恋爱，并没有同居的夫妻关系"。连这样的被搁置在时间尘土里的细节都可以被考证出授受不亲的"纯洁"，就至少反证了我不是做学问的料。但有关李洁吾的文字描绘，倒是偶然在胡辛所著的《陈香梅传》里找到了（作家出版社 1995 年 9 月 1 版，47 页）。李洁吾曾经是陈香梅女士的级主任和国文老师。"在孔德小学，李洁吾是最出众老师。一年四季，一袭蓝布长袍挂下来，秋冬加一条灰色长围巾，常常往肩后

一甩，这样的装束有种中国知识男人的萧寒的美。"书里说，"半个世纪以后，陈香梅偶读中国现代女作家萧红的传略，读到萧红从呼兰河到北京一所小学找她的男友——李洁吾的名字跳了出来，她不禁吓了一跳，是同时代的同姓同名者？还就是她的老师李洁吾？不过她想，她的李老师倒是值得萧红爱的，只是李洁吾的妻子对萧红很不友好，这未免太让人难堪。后来，陈香梅又翻阅到另一部评传，得知，李洁吾乃是萧红第一个恋人的朋友，他帮助萧红，但引起妻子的误会。陈香梅想，这考证颇合情理。只是想要证实这点时，李洁吾老师却已去世了。"

按理说，后人本不应该对过往的情爱恩仇探究过细，尤其是对萧红这样的女人，事情一旦细致化，对她就是一种残忍。倒是老作家聂绀弩最得个中三味，其名作《在西安》就标举了观察者的仁义风骨。冰中观火，棉里裹铁，灵意飞动，点到为止。聂绀弩删除了花香，只把花放逐到文字深处，读着读着突然心痛，颓然意懒，我索性把书扔开了。

一个被"烟士披里纯"（inspiration 灵感）完全笼罩的女性，出尘与入尘、飞翔乃至湿淋淋的委顿，均不过是必然的灵魂出窍。就像抽烟从不使用烟斗的萧红，为了拍照，一时兴起，叼起了相馆桌子上的烟斗，做思想家状，留给了我们一幅"学习鲁迅"造型的门生照。烟雾在她周围沉降下去，宛如雾气在水面铺开。由于无法观察自己的倒影，她就必须从环绕于身体的男人那里，看清自己的位置。这种被男人环绕而无法目睹大地景致的感情状况，使她进入到一条无尽的情爱构成的迷宫廊道，每一步都是探险，每一次化险为夷都成为下一次峰回路转的依据。她对这种氛围的依恋，久而久之，与吸烟一样注定成瘾。因此，萧红的确没有与美少年纳西索斯完全重合，她在挪移，但她每一次迈步，从一个朦胧的男性身影里走向另外一个陌生的形体时，手在空气里摸索和问候，脚却陷入了无法预知的硬刺与泥淖。

她在雾天呼出来的道道白气，在男人胸前吹气如兰。

这种纸上的推论能够成立吗？如果能够成立，历史就如白开水了，红颜均是白骨，恩爱情仇就是加减法了；如果不能成立的话，事后那些

萧红和萧军。1935年在上海。

萧红（左）与丁玲。1938年在西安。

1940年萧红飞往香港前夕，与女友张玉莲（左）相遇在重庆。这或许是她留下的最后一影。

大相径庭的说法，岂不是在痴人说梦么？但有一点我是清楚的，那就是，如果我们不用成王败寇的直线思维来观察往事，如果我们还明白，有些感情是不能讨论对与错的，那么，事情也许要好办一些。

清水镜像

如果说，这个世界有些人本就是为了战斗而降世的勇士，那么，有些人则注定是为情而来。他们演绎个人的剧本，留给后人，然后离开——所有被他们染指的人与事，其实并没有按照剧本的安排僵定如初，而是按照一个神秘的运势，开始了他们的继续革命。萧红在用日渐枯槁的血编织文字的同时，她其实还用她的身体，在几个胴体之间，低徊出了一个干净的迷宫。所谓干净，是指事情清楚；所谓迷宫，是说包裹事情的氛围难以详定。我敢说，没有哪个作家，甚至哪个女人，能够在怀着"他者"的孩子之余，两次开始与下一个接力者恋爱；再没有这样的一批男人，可以在拥抱她娇弱的身躯时，也接纳了她肚皮里的孩子。再没有这样的接力赛了，再没有这样的接力者了。往事已经灰暗，天空正在老去，人影晃动的火焰，已经把自己烧得褴褛，一旦靠近就血流不止。

即使没有那个因为战争而出现的医疗意外，我想，萧红仍然会按照她的秉性，继续在情爱的迷宫长廊里寻找自己的形象。她的清水镜像不能够叠映清水。也许，那会进一步带出更多悲剧。她其实没有顾及到，她已经带动了一个巨大的运势。而能够带动一个运势的女人，注定就要付出自己难以支付的激情，并一直延续到火焰被黑暗断然收割的一刻。

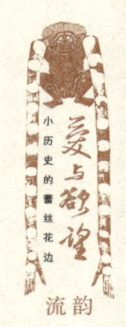

这个判断，丁玲在 1942 年写的《风雨中忆萧红》就予以了重申，她对作家白朗说："萧红决不会长寿的。"单纯而又一心拒绝世故，高蹈而又嗫嚅于强烈的光照。滋养她的呼兰河是毫无污染的，是女性之河，自然不会浮载"妻性"的秩序和脂粉。但是，清水永远无法在另一泓清水里获得自己的形象。涌现于清水的幻象，不过是清水的外翻或内旋。呼兰河的水显然与赫利孔山的灵泉一脉相承，那些情欲的液体已经把烛光与倒影像手里的花瓣彻底揉碎。萧萧落红下，萧红就是一根笔走龙蛇的鹅毛，字写在水上，永远灿烂了一条无名的大水；但性别的折光，又让亮羽回归为闺房梳妆台上的一茎金枝，这个时候，她却找不到长发。于是，卡在水里，目睹自己在流逝，身体正在被水洞穿，在被庸医切开气管之前，她已经唤不回自己了……

金枝是《生死场》里的一个关键人物，她的命运几乎暗含了萧红的亲情记忆、爱情观和东北地域体验。在不自觉之中，金枝成了她的全部代言者，流淌着萧红的血。金枝在命运之水里摇晃，羽毛般的萧红不得不返回到纸上，书写金枝澄亮的沉默和突然哑灭的苦涩。

我一直承认，那些男人中的确不乏优秀者。但是，如果没有了萧红，或者萧红远远绕开了他们，我还会阅读他们的作品么？难道不是因为萧红，我才特别留意他们的文字吗？我甚至希望能够在他们余生的作品里，进一步感觉这个娇弱的女人的体位与抽烟的姿势。但她刻意将发亮的刘海和辫子上的白蝴蝶朝向往事而盛开。在鲁迅为意象飞动的"烟篆"而写下"烟篆在不动的空气中飞升，如几片小小夏云，徐徐幻出难以指名的形象"之时，萧红却努力将烟雾进行了性别化描绘，在《回忆鲁迅先生》里，她总共写下了 29 个"烟"字；她更在《鲁迅先生记》里描述："那烟纹的卷痕一直升腾到他有一些白丝的头发梢那么高。而且再升腾就看不见了。"在后来的岁月里，这道烟雾，篆字一般盘绕在她的刘海上……然而，这一切正在追随雾气而去，成为了雾气的一部分，将萧红进一步漫漶，漫漶为黑白照片上的衰弱，直至漏气，严重走形。

男人们追随在石榴裙左右，将女性的德性与自己的人生目标合一，一直是初恋中男人的狂想曲。她已经被贝雅特丽齐的华丽道袍包了个紧实。普通的女人可以激发男人的雄心壮志，优秀的女人却可以平息男人的野心。她们是觇标，可以把男人的灵魂提升到距离躯壳很远的地方，再让男人们独自返回，成为不完整的自我。但羸弱的萧红提不动这些，她的觇标时隐时显，她白蜡的手臂，连笔也抓不住了。

惊心动魄的美总是陌生的。

比如，地铁站口的那个女人有着一张令人屏息的绝色面庞，具有地精突然暴露于丽阳之下的异美，也就是本雅明之所谓"震惊效应"。而这样的女人你一定是不认识的，也是不能靠近的。这就是艾滋拉·庞德的名诗《在地铁站》的来历。他只写了两句——"这些面庞从人群中涌现，湿漉漉的黑树干上花瓣朵朵。"这些陌生的面庞，像一缕光，不但把美照亮了，也被寻找的眼睛镀上了一层光晕。它们彼此"互证"的历史，构成了寻美者内心的巅峰。这种女人是让人一见面就无法忘怀的。这并不在于她们的外表有摄人心魄的力量，也不在于她们自己都难以控制的逼人气质，而是她们让人感到，她们好像从来就不曾生活在芸芸众生之间。因此，固有的审美、道德规范显然是与之绝缘的。因此，不要企图与这种女人亲近，因为人们既把持不了自己，也把握不住命运。于是，男人们"遗弃"而逃，或者"游击"而去，或者"突围"而走，剩下的，是正觇觎着残剩的烛泪……

所以，失败不是指被异性击败，而是指被感情覆盖着的无边忧郁所淹没。犹如一个伟大的梦幻破灭的时候，那种痛苦也是伟大的。被浓重的悲剧意识浸透的灵魂，是穿行于人类感觉最深层的灵魂。知道爱是一种完美的假定，但仍肯为一个伟大的梦想历尽艰辛。正因为有过一次这种体验，成熟的人才能直面后来风尘中的男女。

无法厮守

根据曹革成《跋涉生死场的女人萧红》的记载，在西安时期，与萧

红关系最密切的要算聂绀弩。他们是在 1935 年底经鲁迅先生介绍相识的，当时还有聂的夫人周颖。当萧红陷入感情危机时，聂与夫人的关系也是风雨飘摇，后来遭到胡风等人的干预而作罢。

聂绀弩在另一篇文章《忆萧红》里记载了萧红的一个重要观点，萧说："我觉得我不配悲悯他们，恐怕他们倒应该悲悯我咧！悲悯只能从上到下，不能从下到上，也不能施于同辈之间。"这也应验了她在《呼兰河传》里高挂起的北方的天空："满天星光，满屋月亮，人生何处，为什么这么悲凉？可是当这河灯，从上流的远处流来，人们是满心欢喜的。等流过了自己，也还没有什么。唯独到了最后，那河流到了极远的下流去的时候，使看河灯的人们，内心无由地来了空虚。"然而，我没有在作品里看见河灯，只看见这拒绝浮起的一茎亮羽，弱得无法被水带走，举着悲悯的火焰。而作为女人喻象的金枝，则已经被水泡软，消融，不知去向。萧红曾经对骆宾基说："筋骨若是疼得厉害了，皮肤流点血也就麻木不觉了。"这自然意味着，我远没有以悲悯的高慢身份来看待这个女人的身世。真的，只有悲凉和心死如灰，然后，在死火重温的另一个时间下，让那些疼痛回到身上。

然而，悲剧从来不会因为时间的流逝而逆转为喜剧，悲剧只能继续。1996 年端木蕻良逝世后，其妻钟耀群携带部分骨灰来港，洒于圣士提反

萧红故居。

女子中学的花园。骨灰企图进入骨灰。萧红临终最大的愿望，是希望自己能够在鲁迅墓边相守。这个看来几乎永远无法实现的愿望，又因为烧成灰也有认得之人的强力加盟，这进一步阻断了她的北望。一个人命运的苦痛，看来根本终结不了。

不必强解古人，不必冒充知己。懂得萧红的人，的确不多，但戴望舒用他的诗心感受到了那一丝颤动。1940 年 1 月，戴望舒与萧红在香港首次晤面，就像被稿纸隔开的两张面庞，终于看清楚彼此。萧红病逝后，1942 年 11 月，戴望舒与叶灵凤一起首次拜谒萧红墓，并摄有照片，《萧红墓畔口占》初稿就在此时吟就。1944 年秋天，距离萧红两周年的忌日不远，戴望舒发表了这首貌似轻松的四行诗：

> 走六小时寂寞的长途，
> 到你头边放一束红山茶。
> 我等待着，长夜漫漫，
> 你却卧听着海涛闲话。

诗句具有冰块的质地，容易让人一读就恨不能被冻在这冰块中。在如此的预言之下，那个刻意要楔入历史事件的端木，恐怕永远也听不懂"海涛闲话"。

她对自己的总结是——"我最大的悲哀和痛苦便是做了女人"。准确地讲，她是想做不愿只是行走，但也不希望飞得太高的女人。这既是自况，也是谶语。就如同她在诗作《苦杯（之十一）》的所感叹的，结束之处，仍是无尽的迷惑与哀痛——

> 说什么爱情！
> 说什么受难者共同走进患难的路程！
> 都成了昨夜的事。
> 昨夜的明灯。

郁达夫：为美女
戴绿帽子

郁达夫像。

如果女人可以选择，她是该选择西施的容貌，还是该选择李清照的才华？最完美的是两者兼有。但阴差阳错的世界很少会有这般如愿的事情，往往是鱼和熊掌只能取其一。这实在是个难题，而且让人分不清哪一个是鱼，哪一个是熊掌。而绝大多数还根本不在鱼和熊掌之例。

美女风化

提这样的问题很小儿科，因为人们心目中早选择好了——姿色不但是首选，而且具有囊括一切优势的素质。那些老是嘲笑美女波大无脑的人，一来说明他们没有跟美女交过手；二来他们完全不懂美女的风化史。想想看，一个美女果真毫无聪明才智，她就不会那么楚楚动人了。当然了，这种聪明并非是指学校的考试以及应付工作的技能。她们多半都具有一种奇怪的禀赋，在人生的关键时刻使她们化险为夷，并帮助她们步入荣华生活的快车道。也就是说，美女的才情是与她们的美丽成正比成长的，不然的话，在她们仅仅是准美女的时候，就夭折于一些毫无价值的纠葛和琐事当中了，我们就见不到后来顽强壮大起来的美女了。极端的例子也不是没有：准美女被农夫董永、毫无才智的书生许仙之类的无业游民搞到手，别看娃娃生了一串，但美女在生活的启发下大器晚成，开始自救的行为却是她们改变现状的不二法门。什么坐台、什么傍大款、什么情人，别说那么难听好不好啊，条条道路通富裕，既然男人救不了自己，还不许人家自力更生么？

据俄罗斯的报纸说，诗人普希金的妻子娜塔莉娅利用诗人奋力写作

郁达夫、王映霞摄于20世纪30年代。

的机会，忘情地与沙皇幽会，生下了一个模样雄伟的女儿，诗人后来拒绝承认其合法性。因为从怀孕时间上推断，正是在诗人缺席情况下暗结珠胎的。其实这没有什么大不了，娜塔莉娅在当时号称"莫斯科第一美女"，遇到权势者的垂青是家常便饭。激情被权势蛊惑得发亮，没有点结果就说不过去。何况，普希金也是因为妻子饱受沙皇的宠爱才获得了一个宫廷侍从的职位。权势者在拯救诗人与拯救美女之间，选择是非常清楚的。才华成为了美女事后遮蔽激情的道具，泪水、辩白、控诉、消瘦、绝食，一个美女如此楚楚可怜，道义的社会早就原谅她的过失了。安慰美女的人温言软语，访贫问苦，并企图与美女促膝谈心。古代相书上说，这类女人"命伤官身弱有印"，是"身旺有财，必聪明美貌而贞洁也"。

近年，不但有关林徽因与徐志摩、金岳霖等人的恋情逐步披露坊间，而且抗战时期在宜宾李庄生活过几年的名媛沈性仁以及同济大学校长丁文渊的德国夫人魏琳丽等也成为好事者的谈资。林美女才高八斗，自我保护意识是更上层楼，很清楚与诗人结合的前景是暗淡和危机四伏的，这就比王映霞要明智得多。杭州美女王映霞虽然与郁达夫生活了十二年，但她对前夫和后夫的评价都很有意思，反映出跌宕的心路历程。

爱情接力者

王映霞晚年在《王映霞自传》中说："如果没有一个他（郁达夫），也许没有人知道我的名字。"她是这样评价爱情接力者的："如果没有后来一个他（指钟贤道），我的后半生也许漂泊不定。历史长河的流逝，淌平了我心头的爱和恨，留下的只是深深的怀念。"

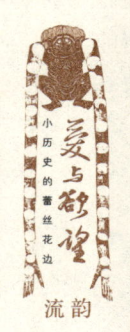

王映霞晚年曾写过一篇《郁达夫与我的婚变经过》的文章，文中谈及再婚，"既不要名士，又不要达官，只希望一个老老实实，没有家室，身体健康，能以正式原配夫人之礼待她的男子。"而当时的钟贤道为重庆华中航业局经理，拥有深厚的财势，表里不如一，这就显示出王的聪明来。

这就是说，名声的诱惑是使美女一度失足的直接原因（她的才华用来写了几本辩诬的书，还赚了不少稿费），而物质的稳定才是美女的终极目的。但是，激情在美女身上旁逸斜出，一方面是"体健貌端"的结果，另一方面是权势者反复辅导的成就。这就使美丽进一步具有惊心动魄的力量，激情逐步失去控制，而才华却日与俱增。美人一旦见多识广，城府深厚，一踩八头翘，基本上就等于对美丽的修炼大功告成。成熟的风情在半透明的裙裾上跳跃，眼光偶尔放电，秋水无风自动，体香从头发滚滚飘落，男人们就昏迷了。

王映霞不满于郁达夫揭露她与浙江教育厅长许绍棣的秘密爱情，郁达夫竟然把许绍棣寄来的情书制版印刷，分赠朋友，这让美人大感惊慌，但很快镇定下来，也并不太当真，就当是饭后散步吧，至多是搂着谁跳了一回火辣的贴面舞。可是，极端而认真的郁达夫竟然四处以"乌龟"自称，大曝家丑，美女就有些受不了，五官一挪位，帮忙的人自然更多。

明白人应该给美女留面子，这既是夫妻感情，更是社会伦理的必然。何况，欣赏美女的才华，更是宽容社会的价值尺度。所以，做美女的丈夫不能小气，应该有兼爱容忍的好心肠。

我偶然读到老诗人汪静之于 1993 年 8 月 3 日写就的《王映霞的一个秘密》一文，我发现，还是有那么一些人是不给美人面子的。据汪静之回忆，1938 年春夏间他与家人到武昌避难，当时达夫也全家在武昌，两家是近邻常相往来。台儿庄大捷后，郁达夫随政府慰劳团到前线劳军，有一天王映霞对汪静之夫人符竹因说："我肚里有了，抗战逃难时期走动不便，我到医院里请医生打掉。医生说：'要你男人一起来，才能把他打掉。男人不同意，我们不能打。'达夫参加慰问团去了，要很多天才会回来，太大了打起来难些，不如小的时候早打。竹因姐，我要请静之陪我到医院去，装做我的男人，医生就会替我打掉。请你把男人借我一借。"符竹因听了满口应承，吩咐汪静之陪王映霞过江到汉口一家私人开的小医院里作了流产手术（上海鲁迅纪念馆编《汪静之先生纪念集》，上海书画出版社 2002 年版）。

过了一段时间汪静之到郁达夫家看他回来没有，王映霞的母亲说没有。汪看见郁达夫与王映霞的长子郁飞满脸愁容，就问他为什么不高兴？孩子说昨夜妈妈没有回来。王映霞的母亲也对汪静之说，王映霞昨夜被一辆小轿车接走后至今未回。第二天汪静之再去探望，却见王映霞一脸的兴奋和幸福，对汪大谈戴笠的花园洋房是如何富丽堂皇如何漂亮，流露出非常羡慕向往的神情。汪静之马上悟到昨天她夜不归宿的原因了，也联想到她为什么要在郁达夫外出时去打胎。汪静之在《王映霞的一个秘密》中说："我当时考虑要不要告诉达夫：照道理不应该隐瞒，应把真相告诉朋友，但又怕达夫一气之下，声张出去。戴笠是国民党的特务头子，人称为杀人魔王。如果达夫声张出去，戴笠决不饶他的命。太危险了！这样考虑之后，我就决定不告诉达夫，也不告诉别人。"

那么，温柔敦厚的纯情诗人，为何多年以后又翻出旧账呢？

汪静之说，是有感于郁达夫被侮辱得太深而发。

这个猛料被媒体大肆渲染，让王映霞与钟贤道的孩子们招架不住了，只能矢口否认。在我看来这是越描越黑。以王映霞的天性和交际，她散步散到了水田里，竟然可以做到蜻蜓点水不湿鞋，谁能理解呢？

美的陷阱

照现在的游戏规则来看，敢于娶美女为妻，至少应该有"罩得住"的气势和胆量。如果是大款应该保证一辈子不倒闭，是官员应该保证一辈子不被免职，如果因为贪污被捉进局子里，美女同样是要自救的。文人尽管最贪这一杯，无奈毫无背景，容易走火入魔。

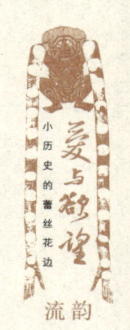

塞万提斯在《堂吉诃德》里议论道："一个正派女人的美貌好比一束独立的火焰或者一把利剑，如果不靠近它，它既不会烧人，也不会伤人。"这个"正派"的定语其实是多余的，美女就是美女。如果限定为正派美女，就跟现在的美女作家、美女商人一样，好像多了些冬烘味儿。她变得坚强无比勇于牺牲自立门户了，哪里还需要大款、官僚救美呢？

诗人总是有第六感觉的，郁达夫对红杏出墙早有预感。当预感与事实宛如模具与器皿<u>丝丝入扣</u>时，那又是一种怎样的严密啊！在《毁家诗纪》第十二首之下，郁达夫注释道："映霞失身之夜，事在饭后，许君来信中（即三封情书中之一），叙述当夜事很详细。当时且有港币三十七万余元之存折一具交映霞，后因换购美金取去。"如此"一饭论交竟自媒"，一切的定力自然土崩瓦解了。

郁达夫的的好友曹聚仁在《也谈郁达夫》里明确指出，郁达夫身体一直不好，尽管激情澎湃，但多玩的是精神体操，无法与美女打持久战。打井人胃口小，怨不得井水要四溢了。郁达夫的《毁家诗纪》第四首诗，记录的是他曾经在福州王天君殿为爱情乞得的"神谶"：

> 寒风阵阵雨萧萧，
> 千里行人去路遥。
> 不是有家归未得，
> 鸣鸠已占凤凰巢。

这就是说，弱财、弱势再加上弱力的穷人，为美女戴绿帽子，几乎是铁律。这就提醒美女丈夫们，还要有超人的体魄才行。

青年时代的叶芝。

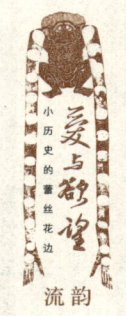

苹果花的叶芝

　　1991 年春，我收到北京一个民间邮购组织寄来的几本书，其中有爱尔兰诗人叶芝的《幻象》汉语全译本。它的印刷量是如此微不足道，据说书店根本就没有征订过。以致我敢断定，在我生活着的这座拥挤着300 万人民的城市，拥有此书的不会超过 3 人。

　　这很容易使人联想起张承志在《心灵史》中描绘的哲合忍耶信徒，用以心传心的方式把破旧的羊皮手卷或石印经文代代相传的情景。可能，书所记录的秘密决定了它只能以默示的方式流布。

穿过苹果花的蛇腰

　　《幻象》于 1920 年动笔，1923 年叶芝荣获诺贝尔文学奖。荣耀并未使他中断这部书的写作，初版本于 1925 年出版。时年，叶芝已是 60 岁的老人了。

　　叶芝在《幻象》献词中说："我渴望一种思想系统，可以让我的想象随心所欲地进行创造，同时又使想象所创造的或能创造的成为历史的一部分，这种历史就是灵魂的历史。"

　　《幻象》以诗性的智慧描述了人类和历史的发展。诗人认为历史是按螺旋性发展的，从顶点向外发展，螺旋发展到最大状态标志着某个时代的结束。诗人的智力已使诗性透明，并试图借此体系来驾驭宇宙。从现在的哲学成果来看，诗人未免显得幼稚，但《幻象》所熔炼的宗教、神话、诗学、历史成份，已使叶芝达到了一种几乎是后人无法逾越的高度。

毛^{特·岗 (1866—1953)。}

象征主义的光芒在叶芝手上完成了极其灿烂的内爆和燃烧，毫无遗憾地冉冉熄灭了圣火。因为叶芝的名字，象征主义成为永驻的星辰。

阅读中，在诗人论述的权贵、独裁者、阴谋家、小丑、诗人作家之间，几张绝色的面庞若隐若现，时而丰盈凸露、时而袅娜曲折的身姿缥缈在严谨的理论推衍之中。某些段落突然游离了逻辑，像疲倦的旅人慎独于沉思和回想，完全忘记了行走的目标。这样的段落，往往是在诗人提及一些女人时发生的。他的注意力已同这些女色相遇，追随着昂贵的香味而心潮难平。这是《幻象》中的幻象，固执的美艳，犹如严寒雾气里的一抹桃红，不能不让读者对这些灿烂的尤物，产生微妙的臆想。

读过叶芝作品的人，就必须铭记毛特·岗。她是十九二十世纪之交爱尔兰自治运动的主要领导者之一，更是爱尔兰名冠一时的美人。我们从爱德华·傅克斯的《欧洲风化史》里得知，英国女人历来号称是欧洲最为美丽出色的，对这一结论我心存疑惑。她们天然的壮硕的腰身与红扑扑的脸蛋总是稍微"漫溢"出了我们审美的范式。但毛特·岗似乎是另一种类型。她身材高挑，并把这副瘦削的背影保持到了晚年。我们现在从纪念她的网站上还可以看到她伫立于青春时代的傲慢表情。那时，大胡子萧伯纳曾经与之惊鸿一瞥，为时年 16 岁的毛特·岗"异乎寻常的美丽"而深深感叹。现在看来，萧伯纳大概是为自己的运气不佳而发吧。

1889 年 1 月 30 日，经约翰·奥莱利的介绍，叶芝结识了这位鹤立鸡群的刚满 22 岁的演员。这是一个值得铭记的时间概念。这一年，26 岁的叶芝初涉文坛和江湖。叶芝后来曾详加描述当时的印象："她伫立窗畔，身旁盛开着一大团苹果花；她光彩夺目，仿佛自身就是洒满了阳

苹果花的叶芝

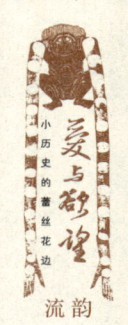
光的光瓣。"

叶芝后来在自传中写到她逼人的美:"我从来没想到会在一个活着的女人身上看到这样超凡的美。这样的美属于名画,属于诗,属于某个过去的传说时代。苹果花一样的肤色,脸庞和身体有着布莱克称为最高贵的轮廓之美……而体态如此绝妙,使她看上去非同凡俗。她的举动同她的体形恰好相合。我终于懂得为什么古代诗歌在我们爱上某位女士谈到面容与体形的地方,吟诵她的步态有如天神。"

叶芝的两个妹妹(小他一岁的 Lily 和小他三岁的 Lollie),对岗小姐的记述充满不屑,尤其是她摆出一副皇亲国戚的神态,而且她竟然穿着拖鞋!

苹果的意象一直是西语中爱情的集大成者,而喇叭型的苹果花率先吐露着颤动的秘密。被料峭的春风从爱尔兰土地上吹拂起来的民谣——《伦敦德里小调》,把苹果花提升到了一个永恒的语境中:"我心中怀着美好的愿望,像苹果花在树枝上摇荡。它飘落在你温柔的胸膛,把它当作我的家……"

我记得美国作家亨利·戴维·梭罗在《苹果树的历史》一文里曾经说过:"苹果花也许是所有树当中开得最好看的,与其嗅觉效果相得益彰。要是见到一棵不同凡响的苹果树,花苞绽放了大半,香味氤氲,恰到好处,路人不免会被它勾住脚步。这是多么卓尔超然,梨树在它面前将尽失花容。"苹果花在叶芝的咏叹里拒绝凋谢,它在思的高处以灿烂的白光拒绝所有成熟或退缩。就像他为毛特·岗写下的《箭》(1901)、《漫游的安格斯之歌》(1893)等作品一样,苹果花不但是毛特·岗的象征,也就是"永恒女性"的隐喻,同样也是性的晶体。自此,愉悦与痛楚所缔结的单方面的山盟海誓,以前所未有的张力,既撕裂、又激活了深植于诗人心底的火焰之书,让它不可思议地吐放出浓郁而又忧伤的色泽。

毛特·岗对叶芝的深情进攻是不大介意的。她把这个衣着寒酸、声名渺小的多情郎看作是一个有些才气的布尔乔亚文人。叶芝给她的印象却是:"一个又高又瘦的男孩,眼镜片后面一双深陷的眼睛,上面一绺常常垂下的黑发，常常沾染着颜料斑点……”她把感动的泪水留在了叶芝的诗集里，合上书本以后，缪斯的强光退去了，叶芝就被囚禁在了文字当中。因此，走动在书本之外的叶芝，反倒像是书的影子或傀儡。

但活在文字深处的诗人却渴望现实的拥抱。在他以舌尖击溃美人的红唇时，毛特·岗吐气如兰，告诉叶芝，自己在19岁时就与政客吕西安·米勒瓦生下了一个私生子，在两岁时即夭折。为了让儿子复活，毛特·岗竟然又与米勒瓦的儿子在墓地交合，并生下一女，现在女儿已经两岁大了。

残酷的现实是：就在叶芝向她求婚的1891年7月，毛特·岗的私生子远在法国，正在生病，于8月31日死于髓膜炎。

吕西安·米勒瓦是老牌律师兼记者，正是在他双重影响下，毛特·岗才走上了革命道路，从演员变成了民族自治运动的领导人。她为此逃亡、被捕、坐牢，直到暮年，她石榴裙周围的浪蜂早已经换成了密探监视的眼睛。

得到这一奇特的遭遇，叶芝如遭雷击，他所有的诗开始以水纹的形式扩散了。逐渐平复下来后，叶芝突然看到了一种白光，在水的深处显形，那还是他挚爱的苹果花吗？怎么看上去像是霉菌呀？

化失望为美感

这种折磨一直持续，就像被一根麦管吸抽着灵魂。1892年，叶芝为毛特·岗写下了不朽之作《当你老了》，算是他逐步化解了这些纠结的情愫。苹果花纯洁而妖媚，使文字滞重而下坠：

> 当你老了，头白了
>
> 睡思昏沉炉火旁打盹
>
> 请取下这部诗歌慢慢读
>
> 回想你过去眼神的柔和
>
> 回想它们过去的浓重的阴影

多少人爱你年轻欢畅的时辰

爱慕你的美丽，假意或真心

只有一个人爱你那朝圣者的灵魂

爱你衰老了的脸上的痛苦的皱纹

垂下头来，在红光闪耀的炉子旁

凄然地轻轻述说那消逝

在头顶的山上

它缓缓踱着步子

在一群星星中间隐藏着脸庞

　　这首感动了一个世纪的爱情绝唱，对钟情于烈火与剑的刚烈丽人来说，不过是惧怕流血的贵族的无病呻吟。她既不可能去理会这些纤细的缠绵之情，甚至还会拒绝别人去爱她"脸上痛苦的皱纹"。她是爱尔兰的圣女贞德，她的激情与超人的精力使她在慷慨激昂的演说、万人空巷的聚会、一浪高过一浪的民众起义中勇立潮头，并且得到了回报。而她的美貌更平添了一股摄人心魄的凛冽之气。

　　在如此的光焰逼近下，叶芝不能不为自己的温和主义感到惭愧。他没法绕过巴洛克的繁复，用更直观的行动来证明自己对祖国的一腔热血和对毛特·岗的一往情深。1894午，叶芝的著名诗剧《心愿之乡》在伦敦上演，使他诗名大振。1896年他参加爱尔兰共和国革命组织。以致1899年的一份警署报告中说他"多多少少是个革命者"。三年后，创建爱尔兰民族剧院协会，叶芝出任主席，毛特·岗等任副主席。

　　在叶芝步履艰难地向心目中的情人靠拢之时，他来自于贵族血液的高贵和学识却让他力不从心，举而不坚。对此，毛特·岗颇为不屑。她认为诗、戏剧等等是宣传的道具。她已立志要把青春和心身献给武装革命。

　　1903年的一天，叶芝深陷自织的情网而不能自拔。他的思念化作鱼龙曼衍的缤纷诗行。也许，这已不是出于表现，而是诗人活着的唯一自证方式，是自己在压力下的失语，也是来自于性力梗阻的被迫释放。漂泊的诗思已涉足远游，追寻着被放逐的思念。在一次又一次交臂而过的相逢里，令人心悸的失望如狂奔的罂粟花高蹈在嗅无人迹的峡谷。如果说爱情是 一只被劈作两半的苹果，叶芝就自觉地得出结论：自己与毛特·岗就是天作合一的绝配！也许他忘记了爱情，他情不自禁地用诗情来粘合着苹果间交错的隙缝。时间一久，当诗情已成功地置换了爱情完成了偷梁换柱的大手笔后之后，心目中的情人略一摇动就不可避免地会把自己撕下血淋淋的一块来。何况，就是这一天，毛特·岗嫁给了一介武夫——麦克布莱德少校。叶芝曾经称麦克布莱德少校是一个"粗鄙的好虚荣的酒鬼"。根据同时代相关人士的记述，这是一个粗野下流、性情暴虐、其貌不扬但喜欢追蜂逐蝶的下级军官，和毛德·岗共同之处是对政治同样的狂热。

叶芝闻讯，当日写下了《冰冷的天穹》：

我骤然看到那冰冷的、白嘴鸦欣欣的天空
那里仿佛冰在燃烧，而冰又不仅仅是冰
于是幻想和情感，都给驱赶得发了狂
这个或那个念头，每一个都无足轻重
都已消逝，余下的唯有那随着青春的热血
一起过了季节的记忆，早已消亡了的爱情
我把责备从所有的感觉和理性中取出
最后我大喊着，颤抖着，不停地晃动
全身被光穿透了啊！当鬼魂开始加快步伐
临终的麻木的混乱告终了，它是不是
被赤身裸体地送上了大路，作为惩罚——
像本书所说的，被天空中的不正义所击？

每次读到这首诗，就有一种来自高空的寒流从头顶灌入脊柱的感觉。被寒冷彻底冻僵而不得不定型的苦痛，在清丽的冰块衬映下，投射出雪

亮的净光。那炙烫的诗情与扭屈的美丽，已被比爱情更为浩瀚的生命缓缓托升。从头发到脚趾，从记忆到想象均被这股寒流全力浸渍。一种凛冽的明澄，开始从重浊的肉身中渐次分离，似乎欲乘风归去。又宛如一只铜质的盘子，将那半只苹果和盘托出。整个世界，弥浸着黄铜的光泽和半只苹果浓烈的气息……这一年，被叶芝蕴涵深意地命名为"大风年"，这一名称也被乔伊斯写入了《尤里西斯》。

叶芝还不谙世事地向毛特·岗解释这首诗"是一种尝试，去描绘寒冷而超然之美的冬日天空在他身上激起的感情。他感到孤零零而又负有责任，因为那过去的种种错误折磨着他心灵的平静，使他孤独不堪。这是梦幻一般的感受，周围物体依然清晰地固定在脑海里，又在那片刻而永恒悬置的回顾里，加进了这许多年的思想和现实。"自然了，这是没有任何现实性结果的。但分明可以感知，凭着这一刺激，诗人的胸怀，已无可争议地升跃至澄明之境。这一升跃，对现实中的叶芝来说．又是多么地令人心碎！

这种永难排遣的爱，忽而又转化为誓不两立的憎恨。叶芝多次在诗里把毛特·岗与特洛伊战争中的海伦相提并论，有时也用丽达和维纳斯等空前绝后的美人来影射，以此来发泄自己无法拥有的愤怒。

他甚至在理论巨著《幻象》中同样动了感情：

"这里也有美丽的女人，她们的躯体戴上了真面具的意象。在这些人身上有一种灿烂的强度，就像伊丽莎白抒情诗里的'燃烧的婴儿'。她们走起路来宛若女皇，背上像是背了一袋箭。但她们只对那些被他们选中或征服了的人才温柔。要不就是对那些跟在她们身后的狗。她们慷慨无度，幻想无穷，嫁给乞丐而终身不二，因为乞丐像一幅宗教画；或者她们做别一种选举，看中一打情人，死时还坚信除了第一个或最后一个情人外谁也没碰过她的嘴唇，她们是那些'贞洁像月亮般更迭'的女人。……也许躯体的确是完美的，但头脑总有点不完美，总有对面具的拒绝或不足：出于相位的维纳斯选举了瘸子伏尔甘。"

影射是十分明显的。但生活的变幻总给人提供继续奋斗的刺激，使"曙光在前头"成为最耀眼的光照。1916 年 4 月 24 日的复活节工人起义是爱尔兰民族独立斗争的重大事件。5 月间起义领导人物，包括毛特·岗的丈夫等要人被处极刑。叶芝受到了强烈的震撼和感动。他在《一九一六年复活节》中感叹："一切都变了，完全变了／一种可怖的美诞生了。"他在充分肯定起义的历史意义的同时，以堂吉诃德的骑士般的执拗，再次向毛特·岗求婚。毛特·岗一言不发，转身又投入了热烈而血腥的战斗……

这种变幻中所包含的转机，与其说是一线际遇，不如说是致命的陷阱。它让依靠幻象支撑写作的人，又一次解除了自己对灵魂许下的盟约。犹如性力在向高峰体验发起一次又一次冲锋时，总因意外或营养的贫乏而夭折。但悬空的性力，就会跌入更为黑暗的深渊。深厚的失望，就成为了叶芝唯一的天空。在《亚当的诅咒》中，诗人承认："我有一个思想，可只能由你来听／你曾经容颜夺目，我曾经努力／用古老的爱情方式来爱过你／一切曾显得幸福，但我们都已变了——变得像那轮空空的月亮一样疲倦。"

对一个靠激情与幻想来维持生命的人来说，那些为他源源不断输送给养的事物，注定只能长存于他的幻象中。这些丰盛的源泉可以把自己的形象交付给一张美艳的面具，让她的光照哺育诗人的智力和深刻，照亮那些埋伏在平庸之中的言词，从而完成自己对生命的言说过程。

接下来的该是倾听了。可悲的是，我们的诗人已出现致命的耳聋，心也滴血不止，一大堆爱的片断如同玻璃渣一样，让他五内俱焚！既然幻象中的面具与现实中的肉身水火不相溶，企图要把它们重合在一张婚床上，就成为两难选择。但叶芝仍然鱼和熊掌均想兼得。他相信他的魅力和孜孜以求可以惊天地、泣鬼神。他拖着沉重的脚步在爱河边操练博取技术，准备背水再战。

在巴利里塔上把头颅埋入星群

出于爱屋及乌的心理，1917年叶芝转而向毛特·岗的私生女伊莎贝尔求婚，遭到了后者矛盾重重的拒绝。我好几次在叶芝的年谱中读到这一记载，目光至此，一些苦涩得发烧的东西就闪烁在眼前。它像一根坚韧的鱼刺卡住了诗人的咽喉！也许，一些更为艰涩的言辞，因为它的梗阻，而没有来得及说出口。翌年，叶芝娶作家乔治·海德·利斯为妻。这一年，诗人已经53岁了。距离他初次见到毛特·岗过去了28年。

1917年初，叶芝买下了一座古代塔堡，作为自己的栖身之处，名之为巴利里塔。他在巴利里塔畔的石头上镌刻了一段铭文：

> 我，诗人威廉·巴特勒·叶芝
>
> 用老磨房旳木板和海青色旳条石
>
> 还有郭而特铸造厂旳铁材
>
> 为我妻乔治重修此塔
>
> 但愿一切再毁之后
>
> 此文犹存
>
> 我们同这匆忙旳世界一起
>
> 万众灵魂消逝于动摇与让步
>
> 如苍凉的冬日里奔腾旳流水
>
> 明灭旳星空一如泡沫
>
> 仅存着孤独旳面容

他站在巴利里塔的顶端（诗人爱兹拉·庞德曾经说过，巴利里塔是晚年的叶芝对青春时代性器的向往），等待拿着苹果花——而不是玫瑰的毛特·岗的肉身赶赴他的晚宴，长久地等待，使他把两只眼睛埋藏在一群星星中。他利用魔咒探视着灵魂的构造和爱的踪迹，海德·利斯不过是毛特·岗的部分替代物。在真理与性欲之间，是诅咒开垦出来的苹果园。从表面上看上去，他平静，皱纹密布，面含深情。

1937年毛特·岗在都柏林。

毛特·岗与叶芝通信集封面。

苹果花的叶芝

　　无可否认，在这一劳累的追寻岁月中，诗人得到过极其出色的女人的爱。如果说毛特·岗给叶芝提供了艺术激情的话，那么妩媚的奥莉维亚·莎士比亚夫人则给了诗人纯生活的抚慰和愉悦。她一度考虑与叶芝结合，后因种种原因未能如愿。但他们保持了终生的情谊。

　　而贵族出身的格雷戈里夫人则为叶芝成为一代巨匠创造了优裕的条件。在她的柯尔庄园里，叶芝创作了一生中至为重要的诗篇。他曾满怀激情地说过："对于我，她是母亲、姐姐、兄弟、朋友，没有她我就无法认识这个世界。她为我动摇的思想带来一种坚定的高尚性。"

　　这些纯生活的温柔、物质的安慰，如同一道温馨的肉体之墙，可让疲乏已极的诗人得以依赖安栖。但毛特·岗仍然是一枚不屈不挠的钉子，把墙和诗人一起穿透。一种悬空的窒息终于降临了，在我们走向冥念中的真诚时，叶芝就已被钉在诗歌的十字架上。他的脉管里汩汩流淌的不再是需用圣杯承接的血，而是要用"爱尔兰的器皿"才能接住的苦难、高昂坚挺的节奏；以及被爱搅得乱七糟八的一堆碎片……

　　世界著名的摄影家约翰·菲利普斯曾同晚年的毛特·岗有过接触。菲利普斯这样描述过她："毛特·岗·麦克布莱德尽管已71岁，仍然每个星期日上午不顾警察的监视，在都柏林街头向人群演讲。"而毛特·岗也对菲利普斯讲到了叶芝："'叶芝希望戏剧为艺术而艺术，而我要让戏剧成为宣传的。'岗对我说，她笑了笑，又说'……他是女子气十足的男人'。"

　　最后一句话，该是整个悲剧的结症吧！历史上，因为阴阳倒错而成功的美满姻缘为数并不少。但毛特·岗是以骑士般的情怀来审视叶芝那维多利亚时代的浪漫柔弱心胸的。她缺乏耐心来处置这些纤秀的激情。她笔直地向前冲锋而去了。女子气也罢，男子气也罢，对晚年的叶芝来说，已毫无意义了。他在《幻象》中论及雪莱和但丁的这一段话，未尝

不可以看作诗人已断然解开了自己的生命之结："但丁忍受了各种不幸以及失去贝雅特丽齐的痛苦,但发现了神圣的正义和天国的贝雅特丽齐。而获得解放的普罗米修斯的正义是一种暧昧的宣传家的情感,等待他的女人们不过是些云朵。"看起来,生活在巴利里塔中的诗人,在无数次登高远望之中,视线已洞穿云翳,真正找到了属于自己的"神圣的正义和天国的"毛特·岗!

在叶芝生命的最后时期,他还给毛特·岗写信,约她出来喝茶。这是保存至今的叶芝写给毛特·岗的最后一封信,全文如下:"我亲爱的毛特,我想请你和你的朋友来我这儿喝茶,星期五下午四点半。四点或稍晚些会有车去接你们的。我一直想见你,但——"

由于手头缺乏资料,我无法知道诗人临终前是否还记恋着毛特·岗的婚嫁。但有一点是可以肯定的,那就是这个让诗人辛酸地挚爱了一生的女人,她年老色衰的干瘦和火爆并不会丝毫影响诗人对她的热度。生活在幻象中的毛特·岗注定会伴随着诗人学识与阅历的加深而同步进入人生晚境。但她绝对不会属于叶芝所钟爱的拜占庭的黄昏。那来自于她一身撒满了阳光的苹果花,在《幻象》中永远芬芳着一个伟大的灵魂。具体地讲,毛特·岗的美丽已是面具,逐渐已被花瓣所全部置换。甚至,她已彻底汽化了,在诗人的智力、感情空间飘浮。并从他每一个富有生机的句子中释放出迷人的力量。那么,我就注定相信,"只有一个人爱你那朝圣者的灵魂/爱你;衰老了的脸上的皱纹",只有更痛苦的叶芝,才能做得到!这样,叶芝能够征服一个时代的灵魂,却未能获取一个女人的芳心,也就没有什么值得奇怪的了。

在我所接触到的众多英诗译本和英诗理论专著里,毛特·岗的名字随着诗人飞翔的声誉也到达了一个奇妙的位置。她不像一根锋芒毕露的铁针,倒是更像一块砧板。叶芝以卓越匠人的技艺,把自己的渊笃灵魂放在上面反复击打。金箔般匀质的完美,被风轻轻拂动,发出无从模拟的清丽深沉之声,在遥远的空气中不停颤抖。

那是来自"绝望深渊中的英雄呼叫"吗?

1932 年，格雷戈里夫人去世。1938 年，当莎士比亚夫人去世时，叶芝已完成了他的最后杰作——《在本布尔本山下》。但是，我却更喜欢他另外的诗，如《随时间而来的真理》所言，词句已经穿过了火焰与玫瑰，只剩一片纯净的铁色：

> 虽然枝条很多，根却只有一条；
> 穿过我青春的所有说谎的日子，
> 我在阳光下抖掉我的枝叶和花朵；
> 现在我可以枯萎而进入真理。

多么硬质的言词啊。它斩钉截铁的气质，使漫游于欧罗巴大地上那些穿透了铠甲和爱情之帷的骑士精魂相形见绌。然后，灵魂落脚在思想空荡荡的殿堂，却又感到一丝彻骨的冷。叶芝逝世时，毛特·岗并未去凭吊。看来，她从一而终的观念已让她心如铁石。如果她读到了叶芝自撰的"墓志铭"，该有何感叹？

苏格兰盖尔语诗人绍莱·麦克林在《叶芝墓前》里写道："你得到了机会，威廉，／运用你的语言的机会，／因为勇敢和美丽／在你的身旁树起了旗杆。"这"旗杆"的隐喻，不过是指诗人的诗艺提升了爱尔兰的民族精神。诗里提到了妻子乔治·海德·利斯，自然不会涉及毛特·岗。

叶芝在毕生最后一封致友人书中承认："人们能体现真理但不能认识真理……抽象之物不是生命，处处都存在矛盾。"同样，爱情从来就是具体的、直觉的。爱是损失，爱是血本无归，爱是一大堆血肉模糊的碎片。在幻象中栩栩如生，在生活中潦倒破败。对诗人来说，能在幻象中坚持爱一个人就够了，又怎么管得了她同什么人上床？

可是，美好的人生又是那样诱引着幻象与现实的亲密啊……

抬头看看吧，我的窗外就盛开着被阳光灌透了的苹果花，这是多好的春色。苹果花毫无节制地怒放，禁不起一再地注视和间讯，看着看着就落了，如同飘下了一层爱的血。我打开音响开关，飘出了爱尔兰知名

摇滚乐队"卡百利"演唱的《yeat's grave》这首歌。这是怀念叶芝爱情的歌曲，以硬朗单薄而清新的旋律，从精美的幻想世界里找到了现实罕见的灵魂色彩，就像扯起了一片叶芝的天空，那近乎天籁的声音和感情演绎，让我看到叶芝苍老的眼神：

> Sad that Maud Gonne couldn't stay,
>
> Da da da da, but she had Mac Bride anyway.
>
> And you sit here with me on the Isle Inisfree,
>
> And you're writting down everything.
>
> But I know by now.
>
> Why did you sit here, ah…

　　但是，诗人那"最后我大喊着，颤抖着，不停地晃动，全身被光穿透了啊"的惨叫，却像雷电击穿我们的生活和梦境。

叶芝坟墓。

附记　本文主要参考了《叶芝文集》（三卷本，王家新编选，东方出版社 1996 年 10 月版）、《叶芝评传》（傅浩著，浙江文艺出版社 1999 年 12 月版）以及部分纪念叶芝的英语网站上的资料。

3O岁的普希金。

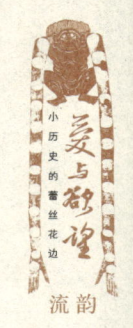
普希金生命的结核

普希金诗歌节是俄罗斯为了纪念普希金举办的活动。每年6月5日，也就是普希金诞辰的前一天，人们在普希金广场纪念碑前举行诗歌节纪念仪式和赛诗会。同时还可以欣赏到由专业演员演出的根据普希金作品改编的歌剧和芭蕾舞剧。

2008年6月6日，在普希金诞辰210周年的日子里，我深深地感到，一个毕生追求自由、独立的人，无论怎样的生计、情感原因，最大的错误就在于与宫廷媾和。伯恩斯《领袖论》里说过，"权力与自由是对立的，权力天生就要捕食自由。"在这一剪刀之锋里，普希金如果不死于决斗，也将在另外的阴谋绞杀中被毁灭。与其在刀头舔蜜，不如在卧冰听云。站在普希金铜像前，作家陈应松写道：远离精制的腐烂的生活吧，远离名利场的陶醉吧，远离恩赐吧。

普希金身高约1.68米，丹特斯身高1.90米，身高1.73米的冈察罗娃在这样的高差面前，是否暗示了某种魅力的倾斜？

邂逅"莫斯科第一美人"

1828年冬天，30岁的普希金在舞蹈教师约格尔家举行的舞会上，娜塔莉娅·尼古拉也夫娜·冈察罗娃有着比身高远更惊人的美貌，点燃了普希金。16岁的小姐来自贵族的矜持和对艺术淡淡的嗜好，使她不冷不热地回绝了诗人的一见钟情。诗人曾开玩笑地宣称，对冈察罗娃的爱是他的第113次爱情了。诗人是在他生命的新起点上爱上冈察罗娃的。他告别了动荡的青春，进入了成熟期，渴望个人的家庭幸福，向往爱和高

娜塔莉亚。

品质的被爱——这就是当时普希金的心情。于是诗人带着被损伤的高傲才情，径自去高加索游历。途中，一些绛色的风尘和牛羊双眸中永驻的柔顺和忧郁，深深刺激了诗人的伤痛和灵感。从那些泛着铁褐色的岩石上，他捕捉到一种彻底征服诗歌和爱情的意志。他庆幸出走高加索的选择。

很快，诗人的泪水、誓言、诗篇在激情的驱使下迅速包围了冈察罗娃，这让她显得越发丰润，像个尤物。冈察罗娃的女友纳杰日达·米哈伊洛夫娜这样描述过她："娜塔莎确实很美，我一直非常欣赏她。由于受过农村新鲜空气的锻炼，她的身体非常健康。她结实、灵活，身材匀称，每个动作都充满着美感。她的眼睛善良、愉快，在长长的丝绒般的睫毛下闪耀着迷人的光，但那种腼腆的谦恭总是及时地抑制住了她奔放的热情。娜塔莉亚的主要的美在于她自然，没有丝毫的造作。"但是，对名声、荣誉的渴望以及对感情专注所必须做出的牺牲，让贵族小姐彻夜难眠。当时，她被誉为"莫斯科第一美人"，成为上层社交圈中名动一时的人物。她已适应并启用了特有的风情来接纳男人们殷勤备至的爱慕。她太清楚一个尤物的价值和份量了。这已经煽动起她本不逾矩的希望，她觉得自己的力量足可使男人们为其成就一番事业。至于是什么样的事业，那倒不是最主要的问题。

然而，普希金迅猛爆发的惊人才华以及持不同政见者的叛逆姿态，像烈性的伏尔加酒征服了整个俄罗斯。权贵沉重的橡木大门已为诗人敞开，贵妇在化妆舞会上都在议论如何才能引起诗人的注意，少女们则已急不可耐地准备好了芳心。这一切，自然没有逃出娜塔莉亚的敏感。她满怀希望地等待时机进一步发动攻势。

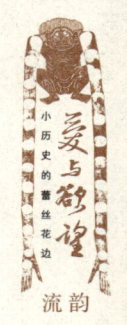

普希金并非偶然地在献给她的颂诗《寺丹》中称她是"最纯洁的美的形象"。从现在掌握的各种情况看，这个称谓并不过誉。

精诚所至，芳心大慰。情爱的天秤终于在醉意酣深的秋天向诗人倾斜了。1830年9月9日，诗人致朋友普列特涅夫的信中激动宣布："今天我收到了爱人的信，她答应嫁给我，不带陪嫁。嫁妆是少不了的。她叫我到莫斯科去……"

9月30日，诗人在著名的"波尔金诺之秋"——爱情与写作的双丰收中因刻骨铭心的激情显得有些语无论次了："我的亲爱的，您的爱是这个世界上唯一能阻止我在愁城的大门上吊死的东西。"现在看来，在龌龊的现实里，我们身边的有些爱情就真不是个东西了。

10月初，诗人带着一卷不朽的文稿和被人理解后的深深感动，返回莫斯科。1831年2月18日普希金和娜塔莉娅在尼基塔大街的大升天教堂举行了婚礼。年轻夫妇移居到阿尔巴特街（房子作了某些改建，一直保留到今天，号数是53）。当时，诗人32岁，妻子尚不满19岁。依俄国风俗，始称之为娜·尼·普希金娜。

尔后，年轻的夫妇去皇村度假。这几个月可谓是他们家庭生活中最为安逸的时光了。

生活中一次小小的意外，就可能根本改变事物的性质。它把秩序化了的、又向往大海的事物善意地推向水边，但注定会到来的沙流挟带着漩涡，将把安宁的岁月卷入人力难以制约的茫茫洪流。

这样的意外，已逼近诗人夫妇。

丹特斯成为了普希金的亲戚

同年7月，为了逃避彼得堡猖獗的霍乱，沙皇一家和他的宫廷迁到了皇村。平静与安宁理所当然地被打破了。

在别人眼里，普希金并没有后来传说的那么孤傲。"至于他，当他妻子在场的时候，他就不成其为诗人了。看来，昨天……他非常激动，像一般的那些希望妻子在社交界获得成功的丈夫们一样。"

这基于诗人两个动机：一是借此可以在外交部复职，进入档案馆，研究彼得一世的历史；二是夫妻俩经济日趋拮据，而普希金又是一个绝不出卖灵感换钱的唯美主义者。因而，只得设法用昂贵的诗情和更为罕见的谦恭去激发沙皇的怜香惜玉之心。

沙皇和皇后极有节制地完成了他们的慷慨之举。皇后对普希金娜更带有一种略略特异的欣赏。作家兼官员的弗·亚·索洛古布如此回忆了普希金娜："当代的美女我见过很多，有的甚至比普希金娜还要迷人，但从来还没有见过像她那样把容貌和体态典型的完美集中于一身的人……确实，这是一个真正的美人。无怪乎其他女人，基本最出色的女人，在她面前都相形见绌。她表情比较平淡，很少说话。她经常出现在彼得堡的社交场合和宫廷，但妇女们都认为她有点古怪。我在第一次见她时就对她入了迷。"可见，19岁的普希金娜，已不是16岁时纯情而怀春的少女了。她以一种令人捉摸不透的成熟和丰姿，逐渐展示了她潜藏于漂亮面庞和沉默寡言下的逼人的美！

面对这样的女人，就犹如面对一件艺术品。她似乎不应该为尘世中的某一双手所拥有，而是应该像圣母玛丽亚一样，爱美的至善心灵不容许她有哪怕一丝的懈怠，男人们的注意力也许就在这里发生了幻觉。

亚·费·奥涅金写道："作为一天才诗人的妻子，一个最美丽的俄罗斯妇女，她是太出色了。她的小小的疏忽和过失很快就会被别人发现，于是取代赞扬的是心怀忌意的、严厉的、不公正的谴责。"

根据现有资料，包括权威的英国传记作家T.J.比尼恩的长篇传记《为荣誉而生——普希金传》（汉译本由国际文化出版公司2005年出版），没有任何有说服力的证据来证明普希金娜在言行方面的越轨之举。沙皇对她容貌的倾倒是不假，但同样也没有证据来阐述这种倾倒的进一步发展情势。才华和美貌，也许就像异花奇草一般点缀宫廷的肃穆和死气沉沉的巴洛克建筑中。出于集权者附庸风雅的博学姿态，倒是对普希金，沙皇对其接二连三的物质请求予以开恩。随着孩子的不断出生，每况愈

但特斯男爵。

下的家庭经济，在诗人如火如荼的爱意之下捉襟见肘了。

因为生活的贫乏，即使是如胶似漆的爱情也会在这一漫长的磨损状态中不知不觉地失去光泽。这对出身于破落贵族的普希金娜和中产阶级的诗人来说，既无力摆脱已经适应的生存方式，又缺乏如十二月党人那种敢于同平民一样过活的勇气。菲薄的年薪以及可怜的不动产业就让一对郎才女貌的佳人在荣誉与生计面前，陷入了前所未有的尴尬境地。

为了丈夫的著作顺利印行，普希金娜三番五次哀求当造纸厂老板的哥哥伸出仁慈的手。从那些充满一个妇人对丈夫的光荣与才华深深怜爱的信件中，可以发现她善良的心和柔顺的性格。

应酬和交往，构成了那个时代的主流节目。有时，在一大群献媚者的包围中，诗人看到了妻子眼中流露出的灿烂春意与一闪即逝的哀苦，诗人的苦痛就不难于让人觉察了。

1835 年，一位高大、英俊的法兰西籍近卫军重骑兵军官，在众多的追求者中脱颖而出。他彬彬有礼的言词与深沉的笑意，像朦胧的雾气一般萦绕在诗人与普希金娜之间。这位名叫乔治·黑克尔恩·丹特斯的男爵，以年轻于诗人 13 岁的翩翩风采，以及妻子在对方文雅大方的骑士作风下的礼貌应酬，引起了普希金的妒火。妒火轻易地影响了诗人的判断，并使之陷之弥深。

卑鄙者制造了许多流言蜚语。一个叫杜尔高鲁柯夫的贵族，甚至在一次舞会上当众在普希金背后做出下流手式侮辱普希金。1836 年 11 月 4 日，普希金收到一封侮辱妻子和他本人的匿名信，信中对普希金极尽污辱："荣誉勋章协会，尊贵的绿帽子和骑士勋章协会，在其会长 S. E. D. L. 大勋章获得者纳雷什金主持下召开了会议，大会一致同意任命亚历山大·普希金为该协会副会长和勋章历史编纂家。"信中所提的纳雷什金的妻子是亚历山大一世的情妇，因而信中暗示的就是娜塔丽娅和沙皇关系暧昧。

普希金怀疑此信是荷兰驻俄国公使格伦克指使人所为，他怒气冲天地向其义子丹特斯下了挑战书。一切都被狂怒收缩为狭路相逢的敌对状况，他立即向对方扔去了挑战的白手套。但颇有骑士尊严的丹特斯对此予以了否认，并托诗人茹柯夫斯基进行斡旋。在当时的情形下，回避决斗几乎就是怯懦的同等词，但丹特斯吞下了这枚苦果。

格伦克害怕这场决斗会影响他的宦途，所以就劝说丹特斯向普希金娜长得并不迷人的姐姐加叶林娜求婚，并闪电完婚。眼看仇敌竟然成为了亲戚，普希金只好撤回了挑战书。这一结果让诗人的崇拜者们得出的唯一原因是：明修栈道、暗渡陈仓。

既然由情敌变成了亲戚，那么丹特斯男爵在普希金娜面前频致问候也就成了天经地义的事情。但普希金已然视其为破门而入的准备痛饮蜜汁的狂熊。

事情的恶化已非人力所能挽回了。

决斗是普希金喜欢的事情

决斗是普希金喜欢的事情。从青年时代开始，他总是希望用剑来解决纠纷。普希金一生共卷入二十多次决斗，几乎成为职业决斗家，其中大多数决斗的起因都微不足道。比如，1836 年 2 月，在短短一周之内，他就挑起了两次决斗，而且差一点就要造成第三次（见 T.J. 比尼恩《为荣誉而生——普希金传》[下]，国际文化出版公司 2005 年 1 月版，614 页）。在巨大的经济压力下，他脆弱的自尊更希望使用一种速战速决的方式，来维护自己的荣誉。

而在他的笔下，决斗无疑更是理想主义的清洁剂。在《叶甫盖尼·奥涅金》中，连斯基、奥涅金、达吉雅娜、奥尔珈 4 人形成了"四角恋"，连斯基和奥涅金都无法忍受对方的侮辱，两人于是决斗，结果奥涅金杀死了连斯基。从奥涅金的原型里可以看到普希金本人的影子。这就说明普希金内心深处对决斗这种方式的崇拜，因此，《叶甫盖尼·奥涅金》也可以说是普希金本人命运的谶言。

画家沃尔科夫描绘的普希金决斗场面。

丹特斯结婚后，似乎并没有放弃对普希金娜的深度呵护。他利用亲属关系，马靴进一步插进了美人的裙裾。普希金再也无法忍受，他再次以极可怕的言词写信给格伦克进行挑战。这次，所有的劝说归于无效，丹特斯出面应战。

男爵！

请允许我澄清一下不久前发生的事。您儿子的卑劣行径，本人早有所知，因此不能漠然视之……

男爵，我必须提醒您，您身为荷兰君王的代表，却干着拉皮条的勾当，怂恿您的儿子做出这么多不体面的事……

男爵，从今以后，我禁止你们靠近我的妻子。我决不允许您的儿子在干这种卑鄙的勾当之后还去追求我的妻子。我更不允许这个骗子和流氓对她散布任何流言蜚语。

因此，请您趁早结束这一场阴谋，否则，我决不会善罢甘休。

谨此奉告。

亚历山大·普希金
一八三七年一月二十六日

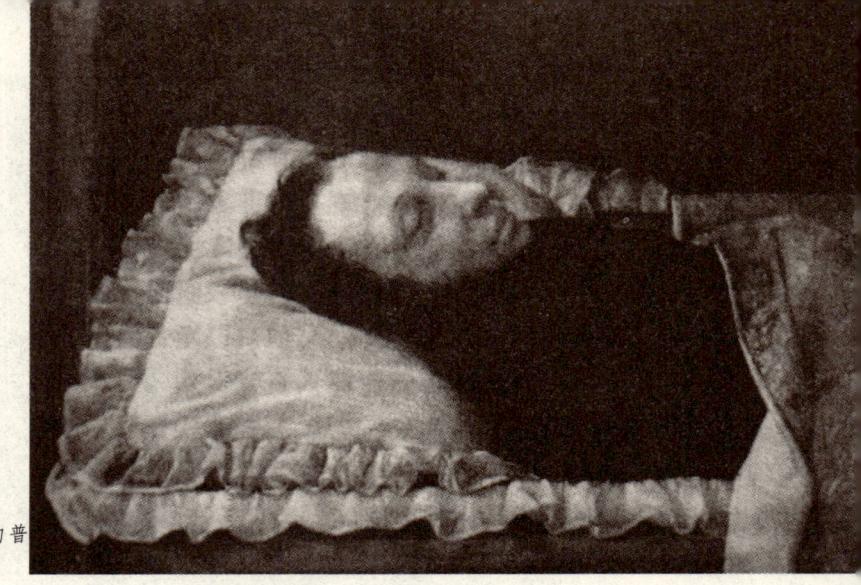

灵 枢中的普希金。

　　一切都进行得有条不紊，从挑战、应战、检查枪械、场地、公证人等等。1837 年 2 月 8 日上午，彼得堡近郊的"黑溪"，在一片开阔的林间空地，诗人发青的脸色显示出他被痛苦煎熬的崩溃程度。两边的证人在给他们选择开枪先后的抽签，上帝开了一个残酷的玩笑，丹特斯获得了优先开枪权。他仿佛执行公务一样挺身站立，一声令下，迈着标准正步向射击线走去。

　　在荷兰公使监督下，随着发令声落，彼此都转过身来，诗人等待着。他在想什么？他是否突然觉得这一切都毫无意义了呢？生机盎然的幸福如雪亮的雨声熄灭了复仇之焰吗？他是否觉得能同妻子在一起走完余生就是最高的艺术？他想到了他的诗歌吗？他是否被自己的光芒刺得心醉神迷？

　　历史在这一刻都变得不重要了，重要的是丹特斯连续扣动了板机。第一枪打偏，第二枪打碎了普希金前胸铜扣之后进入身体。子弹洞穿了诗人的腹部。他倒地，然后艰难地坐了起来，浑身颤抖，公使发令后打出第一枪，丹斯特应声倒地。普希金以为上尉死了，宣布放弃第二枪。其实丹特斯只是被打中胳膊，却十分专业地躺下装死。荷兰公使宣布决斗结束，上尉便从地上爬起来。普希金要求补上第二枪，被公使拒绝。

　　诗人被抬回了家，普希金娜扑到他跟前跪下。她浓密的、黑褐色的卷发披到了丈夫的脸上。她哭叫着——"普希金，普希金，你活着吗？"

　　诗人最后说的话是——"我感到呼吸困难，好像有什么东西正在粉碎我！"子弹已触发了比疼痛更为锋锐的东西，搅动着诗人的脑髓。可惜，

所有的言语纷纷逃亡，他已无力说出。

临终前，他请求妻子喂给他几颗熟桑椹。他甜甜地吮吸妻子递来的匙子，无力地轻抚着妻子的发髻，然后便陷入了沉沉的黑梦。在梦中他发出呓语："……我们走吧，喂，一起走！"他又睁开双眼，最后看了一眼他热爱的人间，轻声地说："生命结束了。"

经历了 4 天剧烈疼痛之后，37 岁的诗人告别了妻子和这个迷乱的世界。

8 年后的 1844 年，娜·尼·冈察罗娃嫁给兰斯科伊将军。彼得·彼得罗维奇·兰斯科依曾经目睹过丹特斯向冈察罗娃求爱的疯狂场面。他娶娜塔利娅为妻，并把普希金的 4 个孩子全部抚养成人。1863 年 11 月 26 日冈察罗娃因肺炎病故，终年 51 岁。

至于丹特斯，因诗人的死亡震动朝野，当年即被遣送回国。夫妻俩一直住在法国亚尔萨斯省的小城苏尔萨斯父亲的家中。他们育有三女一子。看来，丹特斯的婚姻也并非当时人们所想象的那样始乱终弃。后来丹特斯出任苏尔萨市市长。1851 年，他代表右翼力量在法国宪法的审议会议上攻击维克多·雨果。1852 年法国政变后，摄政亲王路易·拿破仑任命丹特斯为参议员……

近年，还发现了普希金娜母亲写给女儿的信件。有封信称，普希金娜早年与丹特斯有染，并有一私生子。但这对于死去的诗人来说，已没有任何意义了。

……

我大约花费了十几天时间，从南辕北辙的资料中清理出了上述事件。这一廓清的进程让我对那些华丽的镜像及无奈的真实产生了痛切的体认。

记得小说家布尔加科夫说过，普希金与普希金娜站在一起，就容易让人联想到维纳斯与瘸腿火神伏尔甘。这一造型其实就已经预示了摇晃的危机。

美丽非凡并不是过错。她的可怕也许就在于她的禀赋不属于尘世的浸渍所能孕生的。她强烈的光焰在追慕者双眸中所生发的镜像，已不是双方所能制约的了。尽管彼此都是这一嚣张事件的制造者。生命中残留着对美对万种风情的征服激素，即使是一位行将就木的衰翁，这样的精灵也同样运行在他濒临干枯的肉身中。在这种激素的合谋下，即使是卓越的头脑，也会处于难以把持身心的倾斜状态。在倾慕与妒意之间首鼠两端，在魂灵的愉悦与冲动的放纵之间脚踏两只船。

天姿绝伦本已让人心井乱波，加之心性善良，越发使这一镜像变得远离尘嚣。内在的美的原素从迷人的丰姿下缓缓释放出来，宛如一只捕鼠夹，将一个个身心备受煎熬的男女心甘情愿地夹了个牢牢实实。

普希金以合谋者或制造者的身份，本可以隔岸观火而一心膜拜诗神的。火中取栗不是他的特长。但处于生命的沉思间隙中飘然而来的芳香却扰乱了他高傲的心性。敏感促使他从缪斯身边起身，去寻找这一缕肉体恒久不去的芳香。可悲的是，这发自钓饵的香味彻底迷惑了他，当摸索前行时，却被鼠夹捉住了失血的手指。

他不会把愤怒转向自己制造的鼠夹，而会直指那些被夹伤了心身还庆幸自己有运气的人。愤激，让诗人彻底迷失于思。来自艺术深处的激情以及对妻子痛切的挚爱，它所构筑的魂灵栖居之地肯定是人迹罕至的。因而，挟裹着神思的默许和性力锋利的冰雪，以摧枯拉朽的勇毅逼向偏激的刀锋。结局是注定的，不是自己被剖为灵与肉的分离，就是与刀口同归于尽！

生命中不能承受之轻的异化已经让人缄默了。但生命中不能承受之重却从伤口里涌出了诗歌苦涩的原汁。自尊、人格、荣誉、名声早已退身于茫茫雪原之下，独剩那颗无法行走、更无从飞翔的灵魂，燃烧于绝望的忠诚之中……

当我们与最为挚爱的人永别的时候，当我们意识到今生注定不会有再次相遇的时刻，那些美好的德性正一滴一滴漏走。这一当下的活着，证明了肉身与魂灵的割舍。那些无休无止的创痛每一次回想中就进一步拓宽了伤口的亮度。而梦想中的往事以及嬗变如失去了麻醉效力的罂粟壳，木渣般塞满了创口。

　　这时，才会清晰地得出结论，唯有与最为挚爱的人一生相守，大地也就安宁而爽朗了。

　　那些来自于玄学或永驻在无常生命中的聆听，唯有在肉身与灵魂两不寻找的相拥状态，才会被重新命名。

　　一个伟岸磅礴的创造主体，在他把目光从神灵和历史的巢穴抽回来投向红尘中的风月之时，才情的喜悦往往会因对过于熟悉的事物产生瞬间陌生化，进而怀疑自己的判断力。如同林中路迷失于林地深处。但一直等候着抵达的家屋却被等待的岁月腐朽了根基和屋梁。乘虚而入的温存合情合理地从事着的抚慰的责任。

　　通过对普希金、娜·尼·冈察罗娃、丹特斯的关系考察，让我不得不得出警示：自己的一些坚韧的意志在多种利益持续的诱引下，也会不知不觉地受到软化。从开始时鱼和熊掌的漫长痛苦选择，发展到鱼和熊掌均想收为囊中物，以致发展到后来可以蔑视一切游戏规则，践踏虚伪和严正的道德准绳，将功利与物质膨胀为思想意识中形而上学的产物，并与固有的信仰接轨、重合，以致让一具丰富多彩的生命彻底地蜕变为肉身。欲念的放纵，成为了唯一活着的实物。

　　甚至，对一位优秀的女人来说，让她动情甚深的人、事，并不可能将她的感觉囊括一空。在她沉浸于深切的缅怀思情同时，并不妨碍她的身体旁逸斜出。任何主体所投射的光芒，不可能指望它能在绿色植物上生发百分之百的光合作用。因而，守贞的心地，是在无法避免损耗一些原材料基础上来实现的，生活就像手电筒发出的一束光，我们视其照亮的范围为现实。在手电筒光之外的广大区域，存放着丰厚的令人心悸的经历。即使是手电光无意照射到了一些陌生的地带，我们也不妨真诚地闭上眼睛。尽管这暗含心酸的意味。

　　我们已经知道得太多了！把握住当下的生活，也许就是全美的尘世生命了。

　　必须承认，能够超然于男女风情之上的景致，是极为广博的。务必要强求使命与情爱浑然合一的人，与已退隐浪漫历史画卷的深入了，毕竟，弥足珍贵的激情入不敷出！"假如生活欺骗了你"，那么，就顺着激情的流向，我触摸到生命的结核。

附记——

　　伊利达娅·波列季卡是俄国赫赫有名的伯爵格利戈里·亚历山德罗维奇·斯特罗加诺夫的私生女。格利戈里·亚历山德罗维奇处事精明，生活放荡。在阿尔比恩（即不列颠群岛）任职期间，已有家室的他勾引了不少英国女子。据史料研究家考证，他曾当过拜伦的部下，并有过一段交往。后来，拜伦正是以他为生活原型塑造了"唐璜"的形象。伊达利娅来到彼得堡之后，被公认为仅次于娜塔莉亚的第二大美人。她常到近卫骑兵团里去卖弄风骚。为了争夺伊达利娅，骑兵团里打架斗殴的事件时有发生。伊达利娅嫉妒娜塔莉亚，一度狂热地单恋普希金。据说普希金不愿给伊达利娅献诗。有一天，伊达利娅再三央求普希金在她的纪念册上题诗留念，普希金不肯，但当着众人的面又不好拒绝，所以随手写了几句。第二天伊达利娅在家举办的沙龙里得意地朗诵了这首诗。但后来有一位客人发现，普希金署名的日期同实际时间不符，上面写着："四月一日。"这一天是愚人节。伊达利娅一下把纪念册撕得粉碎，她对普希金更加怀恨在心。为此，她导演了丹特斯向娜塔莉亚的求爱……
　　普希金死在莫依卡河滨河路12号，沃尔更斯基的私邸——现在是"普希金最后的故居纪念博物馆"。普希金的铜像矗立在院内。他在圆柱形的基座上站立着，面对日落的方向（在圣彼得堡，不是正西方）。他左手拿

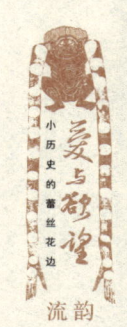

礼帽，右手向一旁摊开，头微仰，目光远视。他似乎很
无奈，两手空空，眼中悲愤迷惘，似乎在叩问，也在选
择着行路的方向。望着他，我的心紧缩着。是的，他是
没有路才走到决斗场的。他希望在枪口下为自己再找一
条路，一条心态平静、充满灵感、身心愉悦、世界对他
友好如初的路。

　　普希金奖章由已故俄罗斯前总统叶利钦在 1999 年，
即普希金诞辰 200 周年时设立，用以表彰在推广俄语教
学和俄罗斯文化，继承俄罗斯历史精神遗产，促进各国
人民之间的科学与教育联系做出杰出贡献的人士。

　　《普希金娜传》中译本，书名改为《普希金夫人传》
（奥布多夫斯卡娅、杰缅季耶夫著，团结出版社，1991 年）。
　　《"我爱你的心灵"——普希金娜的故事》中译本，
书名改为《普希金娜的故事》（库兹涅佐娃著，新华出
版社，1983 年）

年轻时的李宗吾先生与家人合影。

作为思想家的李宗吾

李宗吾（1879年2月3日—1943年9月28日）系自贡市自流井人，他既是我的同乡，更是我辈思想上的先人。

记得我幼年时，还经常到宗吾先生的出生地一带玩耍、钓鱼、捉知了，因为彼此相距不过5华里路。这个现名叫"自贡市大安区红旗乡大岩村七组"的山凹型村落，犹如被一只巨大的马蹄在毫无防备时击中。在它陡然下陷的过程里，红壤与粗质砂岩就大面积地敞露出来。凹底的一口大水塘就像贫瘠丘陵的伤口，一直清澈而平静。当时此地属自流井分县管辖，正是李氏后人称为"李家老房子"的所在地。

"李家老房子"坐北朝南，经过难以统计的反复修缮，除了地基没变以外，其它已经完全没有深宅大院的丝毫迹象，倒是与川南农村典型的厢房毫无二致。三合土的地面嵌着一些散乱的陶瓷地砖，像是缝补拙劣的补丁，一股谷草霉变的气息正从室内慢悠悠地吹出来。大概只有房子周围高达三二十米的桉树，才见证过百余年的风风雨雨。

宗吾先生早年加入同盟会，长期从事教育工作，系四川大学教授，历任中学校长、省议员、省长署教育厅副厅长及省督学等职；几十年间目睹人间冷暖，看透宦海浮沉，写出《厚黑学》一书，干脆冠以"独尊"之笔名，旨在取佛祖"天上地下，唯我独尊"之意。从此便以"厚黑教主"自号，被誉为"影响中国20世纪的20大奇才怪杰"之一。它就像一面镜子，理所当然地成为了《丑陋的中国人》等一系列抨击落后国民性著作的先河之作。

但值得一提的是，我们更应该记住他的另外一句说明："这宗吾二字，是我思想独立的旗帜。"

宗吾二字，是我思想独立的旗帜

"厚黑学"惊世骇俗，让很多厚黑之徒坐立不安。与鲁迅一样，他曾经作为蒋介石点名批判的"堕落文人"，成为国民党和一些体制官人的眼中钉。

宗吾先生为形势所迫，1913年从成都返回自流井隐居，并赋诗一首："厚黑先生手艺多，那怕甑子滚下坡。讨口就打莲花落，放牛我会唱山歌。"自觉余兴未尽，又来了一段古歌："大风起兮甑滚坡，收拾行李回酒窝，安得猛士兮守沙锅。"读书、枯坐、练硬气功，日子反而过得舒心而平静，就像釜溪河流淌的细水。像他这种经历过大变故的人，对一己的沉浮是不大在意的。既然汉字所记载的历史像"手民误植"的错别字一样让他怀疑，汇柴口、张家沱一带的茶馆，就成为他发挥怀疑论的话语空间。一只手抠完脚丫，顺便就拿起一块猪头肉往嘴里送，然后喝几口酒，另一只手却笔走龙蛇。他邋遢、落拓，口出怪论，还有些佯狂和怪诞。

四川社会科学院著名学者、中国客家研究会会长陈世松研究员曾经对笔者指出，李宗吾的家族是从广东迁徙至四川隆昌，再迁至富顺，最后定居自流井的客家人。他身上流淌着客家人勤劳务实、剽悍尚武的血液。这条线索远没有引起学术界重视，但我们从客家文化这个角度着手，对来自于宗吾血性里对历史毫不宽恕的精神，是可以寻找出一些东西的。

据金文达老先生回忆，宗吾在习武过程中一度走火入魔，对老婆说气已灌顶，为试试威力，操起一根条凳砸向自己的脑袋，竟然当场被击昏倒地。他曾经在张家沱茶馆里，遭到一泼皮的殴打，口口声称"打的是蒋委员长通缉的堕落文人"。宗吾先生没有还击，而是立即提起起诉，至今在自贡市档案局里，还保存着这一份他亲笔起草的起诉状。有关宗吾先生对气功和武术的喜欢程度，南怀瑾在晚年回忆录里也有细致描绘。有意味的是，身材高大的南怀瑾没有走上宗吾先生为他指引的那条成为绿林侠客的道路。他与宗吾一样，转身在治学一道，开掘出自己的一方

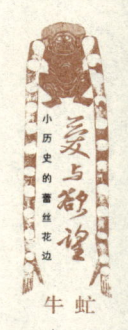

天地。

宗吾先生的著述涉及哲学、社会学、心理学、教育学，凡百余万言，在经历 40 年代的轰动效应之后，逐渐在思想史上展露出深远的影响力和冲击波，开启了对国民性反思的思辩之路。在华人学术领域，林语堂、梁实秋、柏杨、李敖、南怀瑾、张默生、李石锋等等学问大家对李氏思想进行了多方位的推演和研究，纷纷指出，李宗吾在文化史尤其是思想史上具有不可替代性和超越性，是四川人为中国现代思想所做出的不可多得的贡献。

1949 年以后，海外对李宗吾的研究已经发展至更为广阔的领域。20世纪 80 年代以来，国内各出版机构纷纷出版李氏著作，据我的不完全统计，版本达数十种之多。其传记也作为研究课题进入了大学课程。中国人民大学的研究生王磊等人专门写出了 30 万字的李氏思想传记《厚黑教主李宗吾传奇》，已由黑龙江人民出版社出版，促进了李氏学术思想的发掘和研究。在清华大学传播学系 2002 研究生的课程里，"从马基雅维里的《君主论》到李宗吾的《厚黑学》"的专论，已经进一步体现了其学术、思想的生命力。当代学人谷照明、王善生、铁波乐、笑蜀、陈远、李加建、邓遂夫、陈思逊、李波等人均从不同的层面对宗吾先生的多方面成就进行了研究，尤其是对其思想具有的"当下性"价值予以了特别关注。在对待宗吾先生的问题上，鬼才魏明伦倒是显得比较理智，他在《奇奇怪怪的四川人》、《台北访李敖》等文章里高度颂扬了宗吾先生的精神与人格魅力。

宗吾先生的家乡，反而在这一研究、弘扬人文精神的领域里处于十分彻底的缺席状态，不能不说是一个奇怪的现象。这是一个产生过赵熙、雷铁崖、王余杞、陈戈、毛一波、胡绩伟等文化学人的城市。也是一个产生过刘光第、吴玉章、卢德铭、江竹筠等政要闻人的城市。无论是从文化、学术还是时髦的旅游经济当中，对李宗吾的研究不但会使后人们进一步廓清历史的迷雾。从功利角度上说，甚至可以大大提升自贡市的知名度和人文号召力。公正地讲，迄今为止，自贡市尚没有任何一人的影响力能够与宗吾先生相提并论。

欲望就像漂浮在盐锅上的渣滓

　　近期读到了山西作家李锐的长篇小说《银城故事》，这个坚持以他母亲出生地自贡市为自己籍贯的作家，为我们展示了百年盐场的缠绵故事。可以这样说，《银城故事》是自王余杞的长篇《自流井》之后，又一部展示盐场风云历史的杰出作品。自贡人知道一句俗语：不姓王不姓李，打架老子都不怕你。这体现了王、李两个大姓在本地的群体地位。当然，其优越感纯粹是依靠他们在盐场里奠定的经济和社会势力所决定的。这些情况，其实在宗吾先生的绝笔之作《迂老自述》里均有反映。

　　百年盐场在以坚韧、勤劳、智慧为主题的盐文化作为其文化积淀的同时，它对人的城府、人事机变的渗透却往往为后人所忽略。其实，这种渗透就像笕杆上滴出的盐水，以石钟乳的造型，在逶迤的丘陵地区展开了心智所能及的最大尺度。这种姿态是向下的，或者说是下坠的，但是并不堕落，因为它总是小心翼翼地在伦理与环境基本能够接受的域界昼伏夜出。井盐本身的洁白和脆弱，同心智施展方式的阴鸷与顽强，产生了某种富有反讽意味的悖论。

　　父亲告诉过我很多往事。谈及自贡人的城府构成，父亲就转述过我祖父蒋肃之的很多经验之谈。祖父在50年代就病逝了，我没见过。但他是有资格来谈论这个问题的，因为他一生都在盐业行道奔走，依靠一手好字逐步提升到贵阳盐务分局局长以及川康盐务局自贡稽查处主任的位置。但你以为仅仅依靠一手漂亮的毛笔字就能升官发财么？对这些皮相看法祖父根本不屑一辩。他只说，自贡人没有什么土著，实际上都是外来的，渴望发财的江西老表、西秦老陕，有经商传统的福建商会、山西行帮。赚钱的欲望与他们保护财富的能力一样强大。他们与本地的袍哥势力、洋人买办、苛政官府的关系是非常微妙的。在经济流通、地方势力、洋人利益、船帮、官府场面等等张力当中，在掮客、高利贷、当铺、

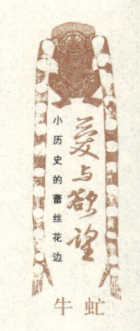

烟花巷、鸦片店、赌场、茶馆、农村土匪以及小股军阀的狼奔豕突的地带，本地人的心智就像拉扯天车的钢绳，牵一发而动全身，以蜘蛛网般的高度复杂和有序，控制着属于自己的空间，但一踩几头翘的本性又把他们连缀成一个整体。因此可以这样说，汇聚在自贡的盐场智慧，不仅仅是普通官场一味的黑暗的体现，它还容纳了一切优秀的德性与污泥浊水。

江西人的韧，秦地人的燥，下江人的犟，福建人的利，本土人的滑，再加之客家人的刚烈与峻急。于是，洋溢着的黑，就不仅仅是心黑了，要黑如卤水，在下切的黑暗里展示黑的重量；厚就不仅仅是装聋作哑了，要厚得像药水煮过的楠竹，要厚得有绝杀力，进而可以不设防。正如宗吾先生所言，每每谈及这些，自己"于此深悟矫情镇物之理"。

这就是说，动用智慧造成的恶与利用小聪明造下的恶是两个量级的概念。因为前者还可以恶得真诚，恶得伪善，恶出形而上的意韵来。这种高蹈的恶智慧修炼，就类似于知识分子被御用后，开始很内行地来严格管理自由者的思想。

那个时代，的确是一个"君子固穷，小人穷斯滥矣"的时代，人的欲望就像漂浮在沸腾盐锅上的渣滓，那得用上好的黄豆浆把它们纯化掉。经过上百年的反复洗淘，当地人以粗大的嗓门和浓重的卷舌音出没于烧刀子与朝天海椒之间，习惯于以侧锋与思维的反向招数来达到一己的目的。这也体现出自贡本地人与富顺人的性格区别：后者重视乡谊，具有古代的文人地缘传统；前者倾向于单打独斗，彼此不但不会呼应，甚至还有落井下石的缓着。这仿佛一口盐井，用独立的方式抵达深渊的秘密，只是，又很容易坠入坐井观天的偏狭。

但凡事总很难两全，在无法获得深度与广度齐备的状态下，执其一端已经很不容易了。把全副的精力压缩为一个点，因为当事人不是来听水响的，而是希望它像硫酸一样将目标打穿，打烂，烂到根根也不剩。

矫枉就必须过正，没有执守一端的决绝之气，历史根本就无法在一个支点上拐弯。

在这样的人文背景下，产生"厚黑学"就不是奇怪的。面对这些烂

《厚黑学》书影

熟的厚黑心机以及厚黑文字，宗吾先生像熟悉自己与酒杯之间的距离那样洞悉其变异的面具，并在水面的镜像里观察它们反向的造型。有些人认为，宗吾先生是学业无成，成天忧心忡忡，为出名的焦虑所蒙蔽，最后在与人吹牛的过程中突然被"厚黑"的命名所"照亮"。这显然是没有着眼于当地的背景。借用"厚黑学"的眼光，攻击宗吾先生的人，往往才是得了厚黑的真谛。

如果把宗吾先生的"厚黑学"看成是一把剑，那么剑就无须双刃，而是单面刃的，决绝而毫无顾忌。在他决意出剑的时候，他是从来不会考虑是否还需要第二次出击的。他不是那种聪明的剑客，防守重于进攻，出剑都带三分情，可以收发自如，进而随时准备立地成佛。他是被信义裹挟了的堂吉诃德，他面对的是黑暗旷远的无物之阵。那些提倡"薄白学"的卫道士们，至多是具体化的散了架的风车而已。

宗吾先生出手，一击必中，一击不中，自己也败得彻底而干净。

如果我们不仅仅把"厚黑学"看成庸俗社会学意义的事实性批评，而是更进一步，把它视作对汉民族腐朽文化和堕落人性的考古报告，我们就可以发现，"厚黑学"的立意向度是怀疑；它的思想向度是逆向的；它的文体向度是高度个人化的"臆说"；它的价值立场是在对历史与现实进行祛魅以后，使事物的真相得以重新彰显。

针对很多人对宗吾先生的反思大贴虚无主义标签的情况，这里就略微分析一下宗吾先生的怀疑论。

与干枯的思维定势相比，诗人们善于以凝练的语言，表达他们在面对一件道德含量极高的事情上的顿悟式直感。诗人亚历山大·蒲柏在其所著的《人论》中就对人类所处的信任与怀疑的两难境地做出了精妙的描述：

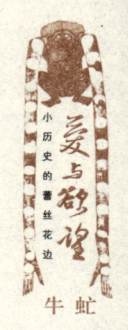

生灵于此，天地之间。

性恶而慧，陋俗厥伟。

博知少疑，多欲难刚。

不动不静，亦神亦兽。

东走于灵，西顾于肉。

生而将死，虑而必失。

正如《科学美国人》2002 年 4 期上《怀疑论：一种美德——对"怀疑者"一词原始意义的质疑》（转引自《三思科学》）所指出的那样：这其中的最后一句指出了对科学的重大挑战：我们的所有推理都会是毫无意义，并将最终归于谬误吗？在理性的探索道路上，这样的疑惧时常萦绕着我们探索的过程，而这也正是怀疑论之所以是一种美德的原因。我们在推理的过程中必须保持一贯的对谬误的警惕。这"永恒的警惕"不仅是自由的口号，也是思想的。这才正是怀疑论的本质。

怀疑源自希腊语中的 skeptikos，意思是"深思的"。从词源上说，它在拉丁文中的派生词是 scepticus，意思是"探求"或"深思"，而其词义在希腊文中的进一步演化包括"守夜人"或"为瞄准做标记"。因此怀疑论是深思和沉思的质疑。怀疑论的目标就是进行批判性的思考。怀疑论者不但是"推理谬误的看守"，还是发现皇帝新衣的那个孩子，同时更是从二十四史里发现写满"吃人"两字的"狂人"。

充满理性思辨色彩的怀疑论，构成了宗吾先生拷问历史的学术基石。也可以说，怀疑论是作为方法论得到了他本人的认可。

理性主义告诉我们，一种行为或者学术准则能否成为普遍的原则，从形式的层面看，首先便是在于它是否具有逻辑上的自洽性。逻辑上的自洽和无矛盾，从另一方面看，也可以视为理性化的要求。既然任何理论的功用都是在解释现象，只有内部逻辑自洽的理论才能告诉人们起因，经过怎样的变化，以及导致的后果。人们不能只满足于新奇的观点，即使一些观点很新奇，如果内部逻辑不自洽，人们也无法接受。其次，理论的作用肯定是在于解释现象，因此在推演时除了要求一个理论内部必须逻辑自洽以外，还要所得到的理论与我们要解释的现象本来的"物理"相一致。如果不一致，这个立论就是被证伪了。

综观宗吾先生的以"厚黑学"为主干的学术谱系，当他的发现与自己的经验构成一个整体以后，它们经历了时间的严格审查。在被消解掉一些杂质以后，它本质的内核以进一步的清晰呈现出它的规律性和生命力，以"厚黑学"为主干的学术谱系不但是自洽的，甚至还带有超验色彩。

可惜的是，至今还有人把宗吾先生看成"愤世疾俗的"或者"虚无主义的"偶然获益，并浪得虚名者。

面对幻觉丛生的水面

我们不要以为宗吾先生就这么鲁莽，一味提着兵刃勇往直前，他其实为对手准备了一着反手剑。这就是说，他在尽力彰显思想的同时，从来没有忽略对学术的浸淫。

他在《迂老自述》里说得很明白：

> "我的思想，分破坏与建设两部分。《我对圣人之怀疑》及《厚黑学》，是属乎破坏的。《厚黑学》，破坏一部二十四史。《我对圣人之怀疑》，破坏一部宋元明清学案。所著《中国学术之趋势》、《考勤试制之商榷》、《社会问题之商榷》及《制宪与抗日》等书，计包括经济、政治、外交、教育、学术等五项，各书皆以《心理与力学》一书为基础，这是属于建设的。破坏部分的思想，渊源于我父；建设部分的思想，也渊源于我父。"

这就使我们发现了一个具有反讽意味的现象：学术视野里的李宗吾与历史视线中的李宗吾不是一回事，仿佛有两个李宗吾似的。那些以"学术中庸"为圭臬的学者，固然可以对此发表不同的意见或者批判，但还

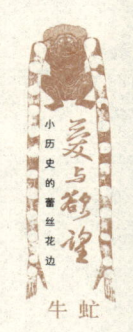

是在他们的"学术中庸"的中道范畴之内行使批评职能的。比如在《厚黑学》出版后，学者沈武就撰写了数万字长文《厚黑学批判》回应之。其价值比起那些一味以"薄白学"对应"厚黑"的教化之徒，自然高明、严谨了很多。这的确是 40 年代大致正常的学风所决定的。

宗吾先生的学术谱系，经过近 70 年的时间淘洗，里面固然有一些错误甚至荒谬的论断——这源自他对自然科学的生疏以及对人文领域涉入的狭隘，但从总体上看，作为一个独立学人所能完成的谱系，已经十分难得了。正如有学者精辟的评述：从学术渊源上讲，"儒家的消极方面是'厚学'的理论基础，法家的消极方面是'黑学'的指导思想"（转引自《天下四川人》254 页）。再反过来看，现代以降，又有几人的学术系统能够放之四海而皆准呢？！利用个别理论或推导上的漏洞，全盘否定一个人的学术成就，这种做法是中国知识分子的习惯之举吗？还是"极高明而道中庸"的自况么？我的经验告诉我，每当出现一个独立的思想者，环境必然要以全盘否定的大菜来"回敬"异端。这正是"厚黑"的国民性以及"厚黑"的学术界攥在手里的底牌。

其实，宗吾先生对此似乎是有先见之明的。他很清楚由学术人演变而来的"圣人"与权力黑幕的紧密配合关系。他在《我对于圣人之怀疑》里就予以总结："学术上的黑幕，与政治上的黑幕，是一样的。圣人与君主，是一胎双生的，处处狼狈为奸。圣人不仰仗君主的威力，圣人就莫得那么尊崇；君主不仰仗圣人的学说，君主也莫得那么猖獗。于是君主把他的名号分给圣人，圣人就称起王来了；圣人把他的名号分给君主，君主也称起圣来了。君主钳制人民的行动，圣人钳制人民的思想。"黑暗体制的权力分工已经如此完备，从思想专政、学术专政到身体专政的全面监控，使一部绞肉机从总枢纽到每一颗螺丝钉都运转起来，制造出一盘盘整齐划一的知识肉糜，构成了历史的厚黑盛宴。

林贤治在《读热烈的书》一文里指出："学术必须有思想，而思想又必须是不安分的，泼辣的，挑战社会的。如果只是顺顺当当地把读者领进知识的围城，没有空旷地可容自由散步、跑马、格斗，那么从书中失去的肯定要比得到的还要大得多。"与其说宗吾先生的书是热烈的书，不如说是战斗之书、勇者之书。它不但使那些中庸的"布里丹驴子"跌入非驴非马的境地，还进一步令它们露出了学术驴皮下的小脚。

学人应该用陈寅恪"独立之精神，自由之思想"来照亮自己的文字，文字就像被冥思之水开了光，文字的骨头以硬朗的质地开始起立，面对畅行无阻的权力的最高语法，要敢于像宗吾先生一样，亮出自己的骨刺和剑锋。

苇草露出了"反水"的牙齿

2000 年底的一个上午，阴霾当空，我与李建平先生在自贡市贡井区张家花园一侧的民居里，拜访了宗吾先生的孙女李若英。宗吾先生有两个儿子，李慎思、李坊先，李若英系李慎思之后人。老人已经七十多岁了，对往事知之不多。她说，宗吾先生死后葬于自贡市富台山一侧的"接官厅（亭）"附近，历经时代变异，坟墓早已被平掉。1992 年，孙辈们才在"李家老房子"的山坡上，为先生修建了一座衣冠冢，里面放置了先生使用过的一副老花眼镜。

我们赶到"李家老房子"时，已经是黄昏时分了。李家后裔们热情地为我们带路，顺便告诉我们，自出了宗吾先生以后，李家竟然从没再出一个当官的，"连生产队长也没出一个"，估计是他把好运气占完了。我们听后只得一阵苦笑。宗吾先生的衣冠冢前立有一块薄薄的青石墓碑，有"李宗吾先生之墓"几个隶书大字。坟墓低小，垒起的黄土正在努力返回它们的低平原态。也许，该归于泥土的固然要归去，该留下来的一定会长驻天地之间。一抔黄土对一代大师来说有意义吗？坟墓上乱草丛生，在夕照下显出一种赫然的金黄。我注意到川南丘陵水泽边顽强生殖的那些苇草，竟然在坟墓周围耸立起来。苇草是谶语式的物种，它所具有的力量就在于它茎脉韧性的秘密，可以托负起思的形体。我很自然想到帕斯卡尔的话："人只不过是一根苇草，是自然界最脆弱的东西；但

他是一根能思想的苇草。用不着整个宇宙都拿起武器来才能毁灭他；一口气、一滴水就足以致他死命了。"但是，这些苇草如此茂盛，是吸收着地下那个黑沉沉的魂魄的滋养么？苇草在风中摇曳，它顶风的姿态就像一把折弯的剑，仿佛要把身体展开，在时间的锤击下，成为那些负载缕缕思痕的莎草纸页……

在顺风、凭风、御风、逆风、顶风的造型里，苇草露出了"反水"的牙齿！

柔弱的苇草，根根直立着，如同竖排写就的毛笔字。在它脆薄的棱边上，却有露水从锋刃上淌过，形同时间被割开的伤，有血流出来。这是宗吾先生亮出的锋刃吗？我意识到，比时间还要坚韧的"厚黑"之阵，已经演变为合围的铁幕了。思想的苇草啊，能够在这铁桶般的阵营里撕裂桎梏吗？

我偶然联想起当前一些书商拼命炮制"厚黑系列"的现象，什么"厚黑爱情学"、"厚黑送礼术"、"厚黑升官学"等等，无休无止，不一而足。宗吾先生是知世故而不用世故，深谙厚黑而揭示厚黑。没想到，几十年以后，先生所着力批判的国民性，竟然成为一种放之四海的御人心术了。如此反其道而行之，宗吾先生怕是始料不及吧。

"天地生而适然是我，而天地终亦未尝生我，是则我亦听其水逝云卷，风驰电掣而去而已矣。我既前听其生，后听其去，而无所于惜，是则于其中间幸而犹尚暂在。我亦于无法作消遣中，随意自作消遣而已矣。"金圣叹这段话，大概也可以移作宗吾先生的墓志铭。他没有说出来的话，正缓缓溶解于草叶托起的黑暗当中。

那么，就彻底地解体于尘土，让风播散那些阻塞黑暗车轴的金刚沙砾吧。

当我们磕头时，夕光从额头接触地面的地方熄灭了。

乔治·奥威尔在发表广播演讲。

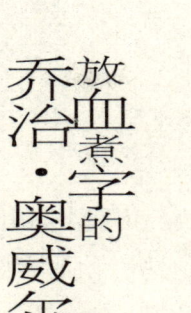

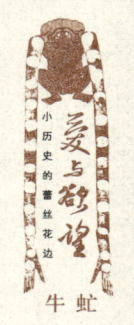

放血煮字的
乔治·奥威尔

1944 年，乔治·奥威尔的小说《动物庄园》被原本合作的出版商 Gollancz 拒绝，只好转投 Faber and Faber 出版社。时任出版社编辑的大诗人 T.S. 艾略特，不但对这部日后被誉为 20 世纪后半叶最好的政治讽刺小说不感兴趣，还写信称奥威尔的观点"大致归类为托派，且不具说服力"。

1949 年 6 月 8 日，奥威尔的《一九八四》终于由塞克尔和沃尔伯格公司在伦敦出版，1949 年 6 月 13 日由哈科特·布雷斯公司在纽约出版，距今整整 60 年了。它的中文译本于谶语般的"一九八四"一年后的 1985 年 12 月由花城出版社出版。《一九八四》使得奥威尔的名声到达了顶峰。1950 年 1 月 21 日他因肺病死于伦敦大学附属医院。2010 年恰是他逝世 60 周年。回顾奥威尔短暂的一生，颠沛流离、疾病缠身、郁郁不得志，而且一直被视为"危险的异端"。在一个异端成为思想者历史宿命的时代，他的说出与转身，恰恰揭示了异端的底牌：代表真相的形象和揭示权力的独特词句。

"主啊，请你不要让我尿床"

1984 年初，为了纪念乔治·奥威尔的小说《一九八四》"盛逢其年"，苹果公司出资上百万美元拍摄了一个 1 分钟的电视广告。这个广告只播放了一次，观众看到了震惊的一幕：在一个巨大的大厅里，一排排身穿制服、神情痴呆的人拘谨地坐着，听一个老大哥模样的人对他们咆哮。老大哥的脸被投射到一个有几层楼高的大屏幕上，他在屏幕中对着下属怒目而视。突然间，畏缩的下属中间出现了一个反叛精灵，身后还有带着头盔的警察在追赶。这是一个肌肉结实的年轻女子，她沿着夹道迅速冲到屏幕前，猛然停步，把一柄大锤掷向屏幕。大锤在空中飞行，当它撞击屏幕时，发出震耳欲聋的声音。屏幕里的老大哥被打得粉碎，广告画面在下属们吃惊的神态下渐渐隐去。与此同时，画外音宣布："1984年不会像奥威尔小说中所描写的那样。"这个强有力的形象象征着挑战和自我解放。尽管电脑公司想借此宣传一种打破铁幕的黑客精神，但观众似乎可以从中领略到奥威尔锋刃般的语言和火炭似的思想。

的确，这位先知的预言几乎没有实现过。虽然历史有着惊人的相似之处，但历史不会简单的重复，正如马克·吐温曾经说过："历史不会重复，但历史又确实有章可循。"转眼19年过去了，在奥威尔诞辰100周年之即，世界各地以各种方式纪念这位预言家，连北京也上演了改编自奥威尔的话剧《动物庄园》。他的生平、传奇性的恋情和作品再次成为传媒的焦点，人们已经习惯抛开他的作品来缅怀这位诅咒极权的怪人。美国研究奥威尔专家约翰·罗登在其新著中说："2003年既是乔治·奥威尔的百年诞辰，也标志着奥威尔世纪的结束。"这显然是一厢情愿的看法，"奥威尔世纪"至少在一定时期是不会退出历史舞台的，尤其是在"加时赛时代"。

奥威尔实际上一直在苦心寻找两个东西：代表真相的形象和揭示权力的独特词句。待这些准备完成后，他的终极目的是提出一个可怕的预言。他使用了一种同辈作家完全陌生的文体吸引着数量惊人的各种读者。正如美国著名学者保罗·伯曼通过一个复句总结的那样——"那位铸造了'仇恨的一周'、'故弄玄虚之辞'、'一些人比其他人更平等'等词语的作者，其《动物农庄》和《一九八四》已经卖掉了4000万册，60种语言版本，任何一部战后的严肃的或通俗的作品都无法与之相比。"

奥威尔在印度孟买出生，时间是1903年6月25日。8岁时考入圣塞浦里安学校读书。这是一所私立学校。刚入学时，他每天祈祷："主啊，请你不要让我尿床。"——在圣塞浦里安，尿床就要挨打。挨打的理由还有许多，都要遭此羞辱。此外，校长的业余爱好就是提醒小奥威尔："你

是个穷孩子，你欠我的情。"这种来自于童年时代的窘迫与惊恐，是否决定了他对权力体制的憎恨呢？他始终无法消除旁观者和参与者的双重感受。他后来进入了著名的伊顿公学，毕业后前往缅甸当了一名帝国警察。但他丝毫体验不到"白人的优越感"，他甚至必须按照官僚的意愿射杀一头自己不想射杀的大象，这在其随笔《射象》中有着纵深的描绘。他逃离了苦役，当起了穷困潦倒的撰稿人，还干过厨师助理、书店店员、家庭教师等低微职业。他从中产阶级出走，俯身于平民阶层，穿破烂的衣服，抽劣质卷烟，批判为富不仁和权力之癖，但具有幽默的后果是，他无法拒绝自己的中产阶级的读者群。

奥威尔说："从感情上来说，我肯定是左派。"为弱者呼与鼓，是欧洲左派的一贯逻辑。他们更为仇视的，是那种因言论和思想而获罪的铁血制度，坚持个人普遍的权利和特立独行的立场，这也是奥威尔的人格逻辑。他敢于宣布自己是左翼，就展示了奥威尔的胆识和价值立场。奥威尔用钉子一般的决绝稳住了自己的身影，远远看去，就像一朵左旋的花。至今，他所表现出的理性精神和怀疑主义立场，也远远未被我们身边那些围绕"后主义"跳着狐步舞的时髦学人所继承。在奥威尔生命的最后阶段，他给一名工人写了一封绝笔信，再次预言："我相信，某些与其（指《一九八四》中的情景）相似的事情肯定会在其他地方发生。"实际上也正是如此，面对着复杂的世界、复杂的人群，那些自以为掌握着绝对的真理的人，至今仍不乏其人。当《动物庄园》里"所有靠两条腿行走的都是仇敌，所有靠四肢行走的，或有翅膀的，都是亲友"的逻辑仍然有市场时，当种种原教旨主义轮番登场给人们描画"美丽新世界"时，我们就该意识到，奥威尔并未远去，倒是具有了宽泛的批判价值和预言价值。如果说《一九八四》是对纳粹主义的批判，那么《动物庄园》则是他对斯大林独裁主义的迎头痛击。1944年7月他在一篇致《党人评论》的公开信里写道："对于我们这样一些怀疑苏联有某些严重错误的人来说，我认为是否愿意批评俄罗斯和斯大林是对知识分子诚实与否的一次测验。"

文学，不过是被搬进特洛伊的木马

奥威尔的写作天枰从来就是不平衡的，他早早地倒向了意识形态托盘的一方。文学，不过是被搬进特洛伊的木马，而躲藏在马肚子里的政治却在深夜突破了文学的肃穆，并一举捣毁了大敌。记得米兰·昆德拉曾经针对这一个案指出："其小说的恶劣影响在于把一个现实无情地缩减为它的纯政治方面，在于这一方面被缩减到它的典型的消极之中。我拒绝以它有益于反对专制之恶斗争的宣传作为理由而原谅这样的缩减，因为这个恶，恰恰在于把生活缩减为政治，把政治缩减为宣传。所以，奥威尔的小说，且不说它的意图，本身是专制精神，宣传精神之一种，它把一个被憎恨的社会的生活缩小（并教人去缩小）为一个简单的罪行列举。"比如著名的《一九八四》，这是"一部伪装成小说的政治思想；毫无疑问是清醒的，正确的。但是被它的小说的伪装所歪曲，这个伪装使得它不准确，只近乎大概。如果说小说的形式模糊了奥威尔的思想，反之，这个思想是否给了小说一些东西呢？它是否照亮了社会学与政治学都无法进入的神秘之地？没有。境况与人物在其中像一张告示一样平淡。那么它是否至少作为推广好的思想而有一定的理由呢？也不是，因为被做成小说的思想不再做为思想而运行，而恰恰是作为小说，在《一九八四》中，它们是作为差的小说，带有一部分劣质小说所能运用的恶劣影响。"

从独立的文学立场来看，米兰·昆德拉的分析捍卫了文学的尊严。但是事情很清楚，读者读一部著作，他们不可能去着意区分什么是文学性什么是政治性，这是专家干的事。读者能够铭记在他们心灵中留下划痕的文字，铭记那些一直呼啸在天庭的词语风暴。在过去的两千年时间里，几乎所有重要的德国哲学家都同意康德的论述："真实既不能赋予，也不能揭示，它产生于人的思维。"但奥威尔拒不听从这一纸思想的律令，他乃至绝大多数欧洲人，面对横行的谎言与极权，只知道必须撕碎它们的皮影戏，还真实一个具体的面貌。从这个意义上说，奥威尔的写作圭

《一九八四》英文版封面。

臬就是真实和良知，别无其他。

因此，我似乎可以这样说，奥威尔一直是以"不纯"的文学，实现了捍卫真实和正义的伟大使命。在这一个案意义上，非文学的因素彻底战胜了既定的纯文学，这些"不合理的因素"成就了一流大师的写作，并构成了奥威尔突入文学肌肤的芒刺。那么，谁还能说、谁还配说，奥威尔的写作是政治力量的歪打正着呢？我无法用奥威尔的个案来反诘数千年以来文学的价值范式，但是，这至少提醒了我们：意识形态对文学的强力加盟，并不一定是一种使文学堕入附庸的手段。对一个强力型的写作人来说，意识形态的纹理既构架了他表达的肌理，又垒立成了文体的骨头。

当人们都为《一九八四》、《动物庄园》的尖锐犀利而震惊时，我们忘了甚至不知道另一种语境下人们对奥威尔的小说《上来透口气》的关注。在这个利欲熏心的时代，我们和《上来透口气》里面那些做着发财梦、中产阶级梦的可怜虫没有什么本质的区别。这很好地回击了那些认为他写不出一流纯文学作品的指责。在奥威尔看来，写作从来就不曾"纯"过，这是否暗示了他笔下的人物往往都是扁平的气球？如果不是被权力压扁，就是被极权吹胀，直到爆炸。他直截了当地说："我在过去十年中一直最想做的事，就是使政治写作成为一种艺术。我的出发点总是一种党派感，一种对非正义的意识。当我坐下来写一本书时，我并不会对自己说：我要写一部艺术之作。我写，是因为我要揭露某个谎言，我要人们注意某种事实，我最关心的是获得听众。但如果这不同时也是一次审美经历的话，我就写不出这本书来，甚至连一篇杂志长文都写不出来。"我想，这番话即使到今天仍然有它的具体意义，很可以让我们周围那些追求纯写作、赞美纯诗的高蹈者借以自照。

威根码头的奥威尔酒吧

回想起 1937 年在西班牙参加保卫共和国的国际志愿军部队，以及同

佛朗哥的法西斯军队的作战，回想起那些长眠于西班牙的朋友，奥威尔
为他们写诗：

> 在阴影和鬼魂之间，
> 在白色和红色之间，
> 在子弹和谎言之间，
> 你的脑袋躲在哪里？
> 哪里是曼纽埃尔·贡萨尔斯？
> 哪里是彼得罗·阿基拉尔？
> 哪里是拉蒙·芬尼洛萨？
> 只有蚯蚓知道他们在哪里。

这些缺乏飞翔姿态的文字是下坠的，有铁一样的质地。他没有倾向
于天空，而是俯身于大地。他密切关注掌握着无辜者头颅宰制权的权力
是如何以精心布局的谎言，以革命的名义去实现权力的欲望的。在西班
牙的半年是他生命中极为重要的一段经历，对他的政治观、写作都产生
了很大影响。在他宣言式的文章《我为何写作》（1946）中写道：西班
牙战争和1936年至1937年间发生的事改变了态势，此后我就知道我的
立场如何了。1936年以来，我所写的每一行严肃作品都是直接或间接反
对极权主义，而拥护我所理解的民主社会主义的。在我们所处的这个时
代，那种以为可以回避写这些题材的想法在我看来是胡说八道。面对文
学与政治的关系，他一针见血地指出：一旦极权主义在全世界得手，那
么这种文学便宣告完蛋。因此，即使是"政治写作"，他要使之成为艺术。
不是政治化艺术，而是艺术化政治。

我认为，奥威尔的文字正在演变为一种自洽的思想体系，是一种可
供后世推演发微的学术。学问的最大目的是发展一般或曰抽象的理论，
它的终极效果是希望人们以此来反观自身，促进人与现实的和谐与发
展。从这种理论出发，人们可以推出对某一具体事件的解释和预测。同

时，检验一个理论准确性的最终标准是：预测与实际是否一致。如果用这个标准来看待奥威尔，我们还会发现他独特的历史观，就是说，"历史不能假设"。所以有人说，假设历史毫无意义。但这种论者忽略了人在具体事件中的作用。我们所感兴趣的所有事件，都是人所创造的或参与的，虽然我们对已经成为历史的事件不能假设，但我们对它的参与者，却是能够假设和假定的。利用这个假定和一些初始条件，我们能够解释很多社会现象，也能做出一些较好的预测。在这个向度上，一些人认为《一九八四》是指涉纳粹，一些人认为是指涉斯大林时代，现在还有学者竟然认为"老大哥"可以与布什总统"印合"。但不管如何，这种指涉的意义均不在此，而是在于提示一种可能的、对人类命运造成威胁的极权制度。

奥威尔的影响是多方面的，无论是文学、历史、还是政治，即使在英国人的下午茶问题上，他发表的见解现在已成为箴言。在 2003 年 6 月 25 日奥威尔生日那天，英国皇家化学学会就将向公众征求关于泡茶方法的意见。他们将在威根码头（奥威尔有一本名为《通往威根码头之路》的小说）的招待会上公布他们总结出的理想制茶方法，以此来向奥威尔先生早年有关泡茶的理念致敬。

威根码头一座高大的仓房上，用大字标着"威根码头奥威尔酒吧"，奥威尔的半身画像镶嵌其间。人们不会忘记奥威尔，即便是在喝酒之余，偶尔瞥见奥氏忧郁的眼神，想想他曾经在此徘徊的身影，酒客们的声音自然也小下去了。

不管人们以什么形式纪念这位只活了 46 岁的预言家，人们都是在纪念自己心目中的奥威尔。但对他最好的纪念是阅读他的作品，在不同的语境下体会一种真正的"冬季良心"。生活在"历史的终结"时代的一大好处是，当人们在纪念奥威尔先生的 100 周岁时，不仅仅想到"老大哥"、"双重思想"，或是"思想警察"，还会想起他写过的《泡一杯好茶》或是《为英国式烹调辩》。俗人不可能拥有奥威尔那种良知，但至少能知道这种良知的高贵和不可战胜，而且不会被所谓的纯文学遮蔽，

乔治·奥威尔画像。

这，也许就是一种幸福了。

重床叠架的时间

在得知出版社接纳《一九八四》之后，奥威尔陷入了持续的肺病危机。经过医生特许，1949 年 10 月 13 日奥威尔在伦敦大学学院附属医院的病房举行了婚礼。这是奥威尔的第二次婚姻，新娘是比他小 16 岁的漂亮的《地平线》杂志编辑索尼娅·布朗内尔小姐。他们相识已经好几年了，但有一大堆情人围着她的石榴裙转。新婚与其说使奥威尔的精神焕发，不如说这样的冲刺让他濒临回光返照的境地，他的身体迅速恶化。与此同时，他和新婚妻子的关系也在急转直下。1950 年 1 月 21 日凌晨，与情人卢西安·弗洛伊德在夜总会欢度良宵的索尼娅接到电话：奥威尔经因肺部大出血死亡。

奥威尔被安葬在牛津郡万圣教堂的墓地中。马格里奇在日记中写道，奥威尔去世这天正巧是列宁的生日，而又是由跟他关系很大的《观察家报》阿斯特家族安排安葬的，"在我看来，这些因素包含了他的全部人生。"

时光顺流而下，让那些隐喻总是在呼救的声浪里与遥远的出发地相遇。

1981 年 12 月 18 日晚 8 时，阿尔巴尼亚通讯社向全世界发出了一条爆炸性新闻：阿尔巴尼亚政府总理谢胡自杀。次日，地拉那的日报仅在头版下方1/4处，在"讣告"的标题下，刊登了劳动党中央、人民议会和部长会议的联合公告："12 月 18 日，阿尔巴尼亚劳动党中央政治局委员、

阿尔巴尼亚社会主义人民共和国部长会议主席穆罕默德·谢胡同志在神经错乱情况下自杀。"自此，霍查亲自下令立即对"阿奸"谢胡全家采取"革命行动"：逮捕谢胡遗孀及3个儿子，逮捕谢胡在党内、政府内的同伙，将他们扫地出门，绳之以法。

这种采用"奸细"的名义消除异己的策略，奥威尔早就写到了。

在《一九八四》中，"思想警察"头目奥伯兰这样对温斯顿说："一个异端烧死了，千百个异端站起来。为什么会这样？因为宗教法庭公开杀死敌人，杀死的时候他们还没有悔悟：其实，杀死他们，就是因为他们不悔悟……这里所有的坦白交代全是真的。我们要它们是真的！况且，我们绝不允许死人站起来反对我们。别指望后世为你辩护，温斯顿，后世根本不知有你这个人。历史长河里，你早被擦得干干净净。我们会把你变成气儿，把你注入到太空里。你什么全都留不下；档案里没有名，记忆里没有影。在过去，在未来，你都给消灭个干净。你将从来没有存在过！"

温斯顿意志最后土崩瓦解，他把能出卖的都出卖了，包括意志、良知、尊严、女友，心里充满的只是对"老大哥"由衷的感激和爱。某一天，他终于迎来了比爱情更让他渴望的子弹，他成了幸福的人。

反过来看看奥威尔自己吧。上世纪九十年代，随着英国档案局一批档案的解密，1996年7月11日，伦敦《卫报》以《奥威尔曾向反苏宣传部门提供作者黑名单》为题，率先报道了奥威尔在去世前的1949年3月，曾向英国外交部属下负责反苏反共宣传的情报研究处提供了一份记者及作家名单，这些人在他看来，"是共产党的秘密支持者、同路人或倾向如此，不应被委以宣传之任"。这就暗示了奥威尔具有出卖朋友的道德污渍。他也是告密的内奸。

奥威尔的研究者和传记作者、左派知识分子伯纳德·克里克根本不同意如此的栽赃。他说奥威尔"并非揭露这些人是颠覆者，他是揭露他们不合适为反情报机构工作而已"。美国作家杰弗里·迈耶斯在《奥威尔传》中，用一节的篇幅记述这一"名单风波"，为奥威尔辩护。有一个例证是不可忽略的，1948 年，英国政府计划清理政府队伍中的共产党员时，奥威尔从维护公民权利的角度出发表示过抗议，他认为政府此举是破坏民主的行为。

而事情还在进一步复杂化。根据 2007 年 9 月 4 日英国国家档案馆解密的资料，因被怀疑是共产主义者的关系，奥威尔被军情五处和苏格兰场特别科自 1929 年起一直严密监视至 1950 年逝世。

那些耿耿于《一九八四》的人，芒刺在背。我想，他们是注定不会放过奥威尔的。一如被亵渎的鲁迅，那些"汉奸"的指控总是与他形影相随。

附录 奥威尔部分作品汉译本目录——
《一九八四》，花城出版社 1988 年 7 月
2 版；辽宁教育出版社 1998 年版。
《奥威尔经典文集》，中国华侨出版社
2000 年 4 月版。
《奥威尔文集》，中国广播电视出版社
1997 年 6 月版。
此外，上海译文出版社又将董乐山译本
《一九八四》与傅惟慈译本《动物农
场》合集出版。广西师范大学出版社则
于 2003 年 3 月出版了奥威尔的《战时日
记》。东方出版社于 2003 年引进了出版
美国作家杰弗里·迈耶斯的《奥威尔传》。
2002 年，译林出版社也出版了由孙仲旭
翻译的奥威尔两部小说合集《一九八四》、
《上来透口气》。

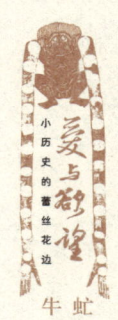

苏^{珊·桑塔格。}

苏珊·桑塔格

逆风而舞的牛虻

2004 年的 12 月，总令我想到诗人爱略特笔下的四月，是一个"残忍的季节"：铺天盖地的印度洋海啸，带走了十几万人的生命，地理版图也永久性地被改变。哀伤之余，被誉为"美国公众的良心"、"文学批评的帕格尼尼"的苏珊·桑塔格于 12 月 28 日在纽约凯特林癌症中心辞世，享年 71 岁。她的儿子大卫·里夫说，因为白血病并发症，同癌症斗争了 30 年的桑塔格永远离开了这个世界。我不相信漂浮在寒冷季节里的谶语，但桑塔格的死，无疑为 12 月的一系列灾祸，又增添了让人感伤的一笔。

苏珊·桑塔格和西蒙·波伏娃、汉娜·阿伦特被并称为西方当代最重要的女性知识分子，也被称为美国当代"目光最敏锐的论文家"。桑塔格建构于文学之上卓然而坚定的批判精神，产生了广泛而持续的多方面的影响。她批评的词锋涉及文学、戏剧、电影、摄影以及意识形态，集中体现了"新知识分子"重估整个文学、艺术和价值的革命性姿态。

苏格拉底式的牛虻

2003 年 12 月，上海译文出版社开始陆续出版了《苏珊·桑塔格文集》，这使得桑塔格的声音开始深入呈现在汉语的公共话语当中。对以美国为圭臬的强权主流话语，桑塔格近 40 年来，始终以批判的姿态，捍卫了本真知识分子的立场和血统。在我看来，无论是在文化评论还是意识形态批评方面，桑塔格堪称一只苏格拉底式的牛虻，努力实践着一个知识分子的历史使命。

桑塔格在汉语读书界享有盛誉的著作首推《反对阐释》，这是桑塔格 20 世纪 60 年代的一部作品集，奠定了她作为美国"现有的目光最敏锐的论文家"的声望。在她另一部论文集《重点所在》中，她的目光投向了现当代的重要诗人、作家、戏剧家、舞蹈家，以及各种类型的艺术与文学形式。《反对阐释》以畅达、华美而沛然的言语，强调以欣赏、玩味的态度来解读作品。这跟那些惯常于枯燥说教的学院式论文，自然有着天壤之别。她生前的最后一篇文章是 2004 年 5 月 23 日出版的《纽约时报杂志》上的长文《论他人之酷刑》，论及美军在伊拉克的虐囚事件与摄影的关系。在此文中，她将美国士兵与萨达姆的行刑队，甚至纳粹军队相提并论，再度引发了美国媒体的新一轮争论。

桑塔格说，美军在阿布格莱布监狱虐待伊拉克囚犯的事件曝光之后，布什及其辩护者力图限制照片流传之迫切，显然胜过对照片所反映的罪行进行处理之急迫。照片已经由一种载体转而成为现实本身。政府称，总统对那些照片感到震惊和厌恶，仿佛罪错与恐怖仅仅发乎图像，而非它们所描述的内容。

桑塔格指出，美国政府一直避免使用"酷刑"一词，只说囚犯可能遭到了"虐待"或"羞辱"。但是，发生在阿布格莱布和伊拉克其他地方，以及阿富汗和关塔那摩湾的一切，皆属"酷刑"无疑。由于纪录现实的方式已经发生改变，使得真相无法被封锁。桑塔格认识到，过去拍摄战争只是摄影记者的专业工作；但是现在，由于数码相机的普及，士兵们自己成了摄影师。他们到处寻找可拍的东西，包括恶行在内，不仅自娱自乐，也互相交换作品，并将它们以电子邮件的方式发遍世界。这一切，已经使影像纪录战争的方式大为改观。她甚至直言不讳地指出，在人们的潜意识中，伤口和死尸的图像有着色情照片般的魔力。

针对美国或西方对她的一些指责，桑塔格不以为然。她曾在接受德国《时报》的采访中继续抨击美国现政府，指出："自从9·11以来，在美国的国土上，人权的基础已经渐渐宣告瓦解。宪法保护美国公民和非美国公民权利的传统已经被司法部长弃之不顾。"

仅在2001年，桑塔格就曾两次置身于世界舆论的中心。那年5月，桑塔格获得了两年一度的"耶路撒冷奖"。这个由耶路撒冷国际书展颁发的国际奖，宣称授予探讨社会中的个人自由的作家。有人认为她不该去以色列接受这个奖，因为以色列正在无情地镇压巴勒斯坦人民。但桑塔格指出，这基本上是一个文学奖，过去的得主包括昆德拉及美国小说家德利洛等。因此她要去领奖。可是5月9日在颁奖典礼上，桑塔格发表了离开"纯文学"的演讲。在题为《文字的良心》的演说中，桑塔格指出："集体责任这一信条，用做集体惩罚的逻辑依据，绝不是正当理由，无论是军事上或道德上。我指的是对平民使用不成比例的武器……我还认为，除非以色列人停止移居巴勒斯坦土地，并尽快拆掉这些移居点和撤走集结在那里保护移居点的军队，否则这里不会有和平。"

会场顿时嘘声四起，有些观众甚至立刻离场以示抗议，而以色列主流媒体则大为震怒。整个事件显示出这位犹太裔女学者对以色列爱之深责之切的态度——因为她曾于1974年拍摄了有关巴以冲突的纪录片《许诺的土地》。

思与行

　　要梳理这个历史渊源，我们不能不关注桑塔格在 1963 年出版的首部小说《恩人》。小说出版后，立即赢得了哲学家汉娜·阿伦特的激赏。阿伦特从桑塔格的笔调里，似乎看到了那只来自苏格拉底的牛虻，又叮在文学霸权的大臀之上。在她那里，思和行是统一的。她不打算把她的思想用于指导行动，或为行动确立理论标准。她在思和行之间自如地往返，就像人们在生活中不停地往返于经验和对经验的反思一样。在《精神的生活》中，阿伦特说："苏格拉底所做的事情的意义在其活动本身。换句话说，思考和充分地活着是同一的。这意味着思考必须不断重新开始，它是伴随生活的活动；关注语言本身提供给我们的概念如正义、幸福、德性。这些概念表明了发生在生活中的事情的意义，因此只要我们活着，思就会产生。"只要思就意味着行为，因为它关系到人与存在的关系。"知识"必须在本真的含义上被理解为一种指向生活和行为的认知，这就是苏格拉底的名言"美德即知识"的含义。

　　苏格拉底以后，再也没有哪个哲学家把自己称为"牛虻"。这也许意味着哲学家的思考可以脱离现实的政治，但并不意味着哲学一定要变成仅仅是一种职业。尽管桑塔格无须声明自己的言与行，但在我看来，她是真正把思考与行为合一的思想者，以反对的声音，构成了一面社会的镜子，在供人反照之余，她指出了心中的正确之路。

　　现在在网络上很容易看到苏珊·桑塔格的照片，看看她由年轻、成熟到苍老的过程，就像一个置身于光与影的黑白精灵。有人说桑塔格很漂亮是不准确的，其实，她的面庞具有一种雕塑一般的力量。无论是从青春洋溢到容颜苍老，从目光沉静到神色黯然，岩石一般的线条都没有放弃那种硬朗、挺括的内心造型。这种面庞阻止了对漂亮背后风月的追问和缅想，那些流畅的线条穿过岁月把我们带往灵魂的所在，带往现实与思想激烈拉锯的领土。如果说一个成熟的人必须对自己的长相负责的

话，那么桑塔格的面庞，无疑证实了桑塔格本人的看法："摄影便意味着置身于他人的生老病死、脆弱悲伤、无常多变的生存状态当中。照片把这些时刻抽取并凝固，以这种方式证明了岁月无情。"但在岁月之外，她必将以她的文字，复活着灵魂的芒刺，继续扎在时代的肌肤上。如此，一根批评的蛰针以疼痛的方式，宣告了她之于时代的存在与作用。

值得一提的还在于，桑塔格从来不以庸常定义的知识分子自居。她尤其善于以一种简洁有力的语言揭穿那些"唬人"的自命不凡的学术高论和巧言令色的政治神话，其直率而本真的批评话语，具有直击人心的力量。当有人将"知识分子"这一称呼神话化时，她批驳说："我觉得把知识分子和反对派画等号，对知识来说是过奖了。在最近两个世纪，知识分子支持了种族主义、帝国主义、阶级和性别至上等最卑鄙的思想……大多数知识分子和大多数人一样，是随大流的。"显然，她对社会学定义的知识分子含有极大的不满。而针对三十年来作为"显学"的后现代思潮的泛滥，桑塔格指出："人们所说的'后现代'的东西，我说是虚无主义的。我们的文学和政治有一种新的野蛮和粗俗，它对意义和真理有着摧毁的作用，而后现代主义就是授予这种野蛮和粗俗以合法身份的一种思潮。"这些观点，对盲目崇拜西方学术的汉语知识界，对那些一直把"别人的减肥药当作我们的救济粮"的汉语学术二传手们，但愿是一帖清醒剂。

至今在很多人眼里，苏珊·桑塔格也不过是个有点学问的"老愤青"罢了。她习惯性地对所有现成的一切都嗤之以鼻、横加指责。甚至也有人认为，桑塔格远远算不上是一个富有创见的思想家，她的高明之处在于将很多作者的观点融合到一起，整出一个"能够供大众消费的观点"。美国作家欧文·豪尔甚至不无揶揄地说："苏珊·桑塔格是个能够将祖母的旧布条编出新花样的写手。"

但是，桑塔格根本不属于那类死亡即等于过期作废的作家。她是评论界与阅读界的一个思考标志，是时代的一根温度计。她的思考也正在改写、拓宽人们的思考。在她死之前，《谈话》杂志认为二战之后的知识分子历史，要是缺少她是无法想象的；而《纽约观察家》也觉得没有任何人比她更适合贴上"知识分子"的标签。在她逝世之后，有人给予她以伟大的女性思想家的称呼，作为其墓志铭。但是我想，这些赞誉桑塔格本身都不需要，能够为更多的人带来思考，让人们在仅有立锥之地的地方展开牛虻的工作，也许就是她最大的心愿了。

几年前，她在《时代》上发表文章说，她家里连电视都没有，以至于当客人来访的时候，她不得不现去借一台。这个从不驾驶汽车的女人说过："我是一个好战的唯美主义者，还是一个几乎与世隔绝的道德家。"这个崇拜资讯的时代不会制造完人，就像死去的桑塔格，充满魅力而特立独行，观点鲜亮而难免极端。但正因为如此，这个倔强的女人提供给世界的一种眼光，将她具有岩石线条的面庞从黑暗的基座凸显起来，使我们不能不承认，苏珊·桑塔格不是哲学家，但作为一个伟大的思想者，将为这个世界，尤其是我们，带来无尽的追忆。

牛虻

安 徒生

皇帝的新衣与安徒生的燕尾服

在丹麦的哥本哈根市政广场上，波罗的海之风裹挟着海腥味，似乎在提醒人们这里是《海的女儿》的故乡。这里有一条以安徒生命名的大道，碎石路面具有斑驳的历史感，那里有安徒生的坐像。身穿燕尾服的安徒生坐在椅子上，一只手扶拐杖，另一只手拿一本书，用斜睨而冷峻的目光注视广场上的芸芸众生。

在我印象里，安徒生的眼睛是灵活而亲善的，甚至流出几分女人气的收敛和敏感，与这般斜睨的冷峻眼神相去甚远。这意味着已经成为国家文学符号的安徒生，不能不具有文学君王的威仪和气势，而那些褴褛的奋斗史与怯懦，统统遮蔽在一袭华丽的燕尾服之下。历史上的很多事情，就这样落定。

登堂入室的安徒生

安徒生的父亲是鞋匠，母亲是职业洗衣妇，要在如此环境中渐次发动升空的冲刺，难度不亚于扯着自己的头发直线上升。

2005 年 1 月 8 日的《纽约客》杂志，发表了一组纪念"安徒生逝世

安徒生

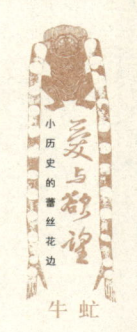

132周年"的文章,等于是将伟人的燕尾服掀翻,暴露出他坍陷的肋骨与"假领"。

1952年,美国喜剧明星丹尼·凯（DannyKaye,1913－1987）主演的《安徒生传》将这种观点表现得淋漓尽致。其实这部影片几乎成了那些童话的续篇：一个来自费恩岛小镇奥登塞的穷小子——这让人想起司汤达笔下的于连。而与于连的情色攻关不同,安徒生独闯哥本哈根后,征服逆境,终于出人头地。据说这部影片也在丹麦上映过,但丹麦人认为"是一部无聊、且令旅游业有点儿难堪的作品"。

"见鬼去吧！"灯光灰暗的房间里回荡着这句话。这是对22岁的安徒生说的,话里充满火药味。这是1827年4月的一个早晨,安徒生愉快地脱掉了燕尾服和面料粗糙的灰色校服,走进赫尔辛格文法学校二楼的图书馆,向校长道别,并且感谢多年来校长对他的关爱。

这是《安徒生传》里的一个片段,描绘了安徒生勇闯哥本哈根的滔滔雄心。扔掉的燕尾服,在寒风瑟瑟的哥本哈根,反而显得是那样不可或缺。

安徒生终其一生都梦想出人头地,能够被上流社会接纳,被视作真正的艺术家。人一旦放弃物质欲望、男女之欢,一门心思营营于此,对名声的渴望不但可以战胜一切艰难险阻,而且俨然会成为支撑自己不至于倒下的脊梁。"我的名字开始熠熠生辉,这也是我活着的唯一理由。我觊觎声名和荣耀,与守财奴觊觎金子如出一辙。"这是安徒生30岁出道那阵写给朋友的信。

由于"倒嗓",安徒生的演艺生涯结束于1838年左右。摆在他面前有两条路：一是回老家欧登塞继承父业做鞋匠,或是成为裁缝；还有一条路就是继续在哥本哈根流浪,寻找机会。但是他找到了第三条道路：写剧本。

　　根据他的自传描述，1840年2月3日，剧本《穆拉托》在哥本哈根戏院举行首演，戏院坐无虚席，不乏名流名媛，连国王、皇后出席了。这时候安徒生的穿着不再是衣衫褴褛的波西米亚风尚，他穿着一身庄重的燕尾服，他坐的处所是贵宾席，俨然已是上流社会的一员。上流社会也一直密切注视着他燕尾服的抖动。他的一位报社朋友告诉他，收到了很多来信，其中有一部分是揭发信："《穆拉托》是剽窃别人的，人们在骂你是一个可恨的骗取财物的人，你欺骗了大家的情感。"

　　但贵族沉重的橡木大门毕竟为安徒生张开了一道门缝。不久，安徒生收到了一封邀请信，邀请他参加一个皇家聚会。安徒生十分激动，穿上燕尾服步入皇宫。据说，值勤官打量了一番他的服装，然后说："亲爱的安徒生先生，像你这样一个鞋匠的儿子居然在皇宫里参加舞会，这不是让大家都很丢脸吗？"安徒生如遭雷击。他大声说："我爸爸是鞋匠，可是他是一个淳朴的手艺人，我今日所得到的一切都是我用笔一个字一个字写出来的。"

　　在这样的打击下，安徒生逐渐感到自己不属于上流社会，充其量，是一个过客。

　　正如卢梭难以回避自己的低微处境而时时要愤怒声讨上流社会一样，安徒生在对底层民众倾注无限同情之余，也会偶尔批评柄权者。我相信，就汉语阅读者来说，《卖火柴的小女孩》与《皇帝的新衣》是他两篇在汉语领域最为驰名的上乘之作。它们展示了安徒生柔情、悲悯的一面，以及更为复杂的人性视角，以及他的狡黠。

　　在我看来，安徒生无意于与皇权决裂，他就是吃这个才渐次成为安徒生的。所以，他更不可能以童话向封建专制或上流社会的偏见挑战，他渴望成为其中一员，或者说，较有良心的一员。所以，他没有必要去充当真理代言人的角色。他的隐喻与影射不过是他恼怒于被上流歧视之后的"症候反应"。根据现有资料，我们无法推论他写作《皇帝的新衣》一文的动机，即使他有讽刺柄权者的意思，他的态度也颇为暧昧。作品甚至具有这样的暗示：权力者醉心于那看不见的"新衣"，像自己这样

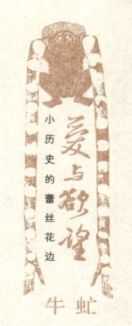
　　早在 1914 年，刘半农就翻译了安徒生童话《皇帝的新衣》（载《中华小说界》第 7 期），译名《洋迷小影》，后译者不绝如缕。

　　前不久偶读杨宪益先生的《译余偶拾》（山东画报出版社 2006 年 5 月 1 版）。他写于抗战期间的文史考证笔记里，在 69 页刊有《＜高僧传＞里的国王新衣故事》一文。我认为其实是另外一种意义的"殊途同归"，我们不能据此说杨宪益先生考证出中国的"皇帝的新衣"早于安徒生一千年，这样的话说就不具备起码的历史眼光了。

　　《高僧传》里的鸠摩罗什，以绩师和狂人的故事用来比喻佛法。绩师用虚拟的"细缕"戏弄了狂人，说它是看不见的宝贝，因此还"蒙上赏"，解摩罗什的结论在于："汝之空法，亦犹此也。"这是偶然巧合，还是安徒生偶然见到这一记载？无论如何，皇帝新衣的故事是一部时空连续剧，在今天的生活中也毫无终止的迹象。

　　所以，后来才有叶圣陶先生的续写，也才有《上帝的新衣》，也才有新词诸如"裸体官员"之类的风起云涌。

　　据说在丹麦，安徒生的童话已经从小学课本里取消了，因为道德家认为安徒生的作品过于悲惨、暴力、不适合儿童阅读。这个理由冠冕堂皇，有"三俗"之嫌疑。想一想，安徒生可能本来就不是安心为孩子们写作的，他的眼睛瞄着更高的地方。他穿上了挺阔的燕尾服置身上流社会，却一定要给目空一切的领导套上脱不掉的"新衣"。

　　好在中国的小学生汉语课本、高中英语课本里均保留了这些童话，阿门！如此"双语教学"，在以道德主义教育为主的汉语课堂中大概是惟一的个案吧。

　　敢于玩虚拟之衣的人，必须是衣服多得不胜其烦还渴望更上层楼的人。在某种程度上说，虚拟之衣也是一件隐蔽之衣：渴望把自己身上的服装百货公司隐蔽起来，以半两拨千斤的战术，获得奇异的敬意。其次，敢于玩虚拟之衣的人不但身体具有超抗打击的能力，头脑也能够坐地飞升，也就是说，能够高速入魔。这有些像奄奄一息的瘾君子对毒品的渴望。

　　应该仔细分析一番这件新衣的"翻面处理"。

作为虚拟的奢侈品，它不过是用符码替换了传统意义的新衣。当幻觉将酒和酒杯统摄一身时，就足以将当事人灌得酩酊大醉。由于当事人的嘴巴和味觉无法虚构，那么，进一步麻痹当事人的知觉就成为骗子的第二个难题，这有些像赵本山的《卖拐》。进一步做到后，这虚拟的美酒才安稳地穿过口腔流进肚子。

当飘飘欲仙的道袍迎风飞扬，就启动了一种顾盼自雄的英雄主义情结。就像亩产一百万斤的喜讯，不是人想跑，而是脚刹不住车。

后来，幻觉的高烧略一退烧，当事人纷纷说，我们嘴里明明有酒味，可惜那件新衣掉了。大家写了很多文章来怀念那"新衣"。就是说，他们脱下制式服装时，里面"新衣"赫然已是"黄袍加身"——这就叫翻面处理。

当人们试图努力去接近事情的真相时，一般而言，我们看到的只有衣服——隐形的或者夸饰的，可惜没有国王。如此一衣障目而不见主体，估计就是一种接近历史真相的常态吧。美国艺术批评家罗伯特·休斯曾经如此评论道："目前的难题不是国王没有衣服可穿，而是在衣服之下，根本就没有国王。"

2010 年，因为学者王彬彬揭发的汪晖涉嫌抄袭案，汪迷们在奋力进行"跨语际"试验，试图从海外包抄汉语话语权，消除这一不名誉案。这个过程里，有人翻出了安徒生的《皇帝的新衣》不是抄袭鸠摩罗什、而是抄袭西班牙王子堂·胡安·曼努埃王子的老话。

《皇帝的新衣》的本事，的确出自西班牙王子堂·胡安·曼努埃尔（1282—1348）写的小故事《织布骗子和国王的故事》。作为 14 世纪西班牙最为杰出的散文家，曼努埃尔王子的著名作品《卢卡诺尔伯爵，或帕特洛尼奥之故事书》风格卓异，彰显对话体，共有劝世的小故事 50 个，显然深受阿拉伯文学的熏陶。

余风高先生在《哪来的"皇帝的新装"！？》一文指出："《卢卡诺尔伯爵，或帕特洛尼奥之故事书》于 1868 年译成英语，以《卢卡诺尔伯爵，或帕特洛尼奥的故事五十个》之名出版。专家认为，安徒生是看

了此书中的一个类似的故事，才写成了《皇帝的新衣》。"（见《中华读书报》2008 年 4 月 2 日）

后来西班牙作家塞万提斯也曾在他的戏剧中运用过这个典故作为素材。说有个国王自吹耳聪目明从来不会听信谎言，却还是上了骗子的当，故事的结局是那个国王赤身裸体在朝臣和全城百姓面前威严地裸奔，成了老百姓在"检阅"他。这也暗喻了"僭越"一词的翻面处理。大家噤若寒蝉，投以注目礼。

安徒生改写这个故事时，在结尾处让一个孩子喊出了一句真话，这就是安徒生彬彬有礼的名流手杖斜刺里爆发出来的振聋发聩之声。我想，类似的寓言很多，但唯有安徒生做到了，他就是那个孩子。而且，这样的作家绝对不可能出现在汉语领域，我们有太多"过于聪明"的作家和学者，他们一般是在柄权者身后争先恐后托举那虚拟的裙摆，或者——进一步努力去虚拟那进入主流的燕尾服……

我在这里引用这个故事，只有摆弄、整理、熨烫"新衣"的意思。抄袭风波本是与"新衣"风马牛不相及的事，如果非要扯在一块儿，这翻面处理的"新衣"，汪晖恐怕很难脱掉干系。既然遁词无法让主体获得遁形，那么，我还是要真诚地说，即便是"坐实"了，汪晖还是汪晖。

最后，让我们大家一起再念一遍："可是他身上什么也没有穿呀！"

安 放于哥本哈根的安徒生塑像。

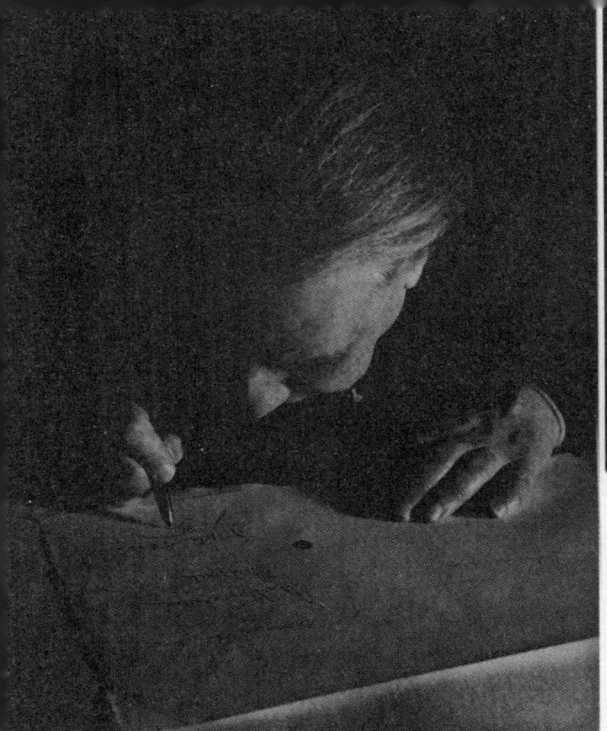

鲁^迅

1963 年，博尔赫斯在阅读。

鲁迅与博尔赫斯的黑暗

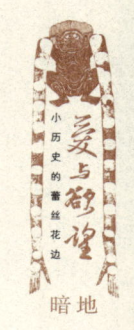

爱与智慧

小历史的蕾丝花边

暗地

来自黑色物质的光，总是以持续冷彻的照耀，进入我感觉的暗区。泪水最丰沛的时候，就是眼睛最能够发现黑暗的时候。一片黑色的风景翩然而至，世界的原色呈露无余。这是最能够击溃一切颜色的喧嚣，刻骨的黑，以硫酸的质地而流淌，就是存在的本色。而这个时刻，顾城却叫嚷着用黑色的眼睛寻找光明，他的格言诗歌其实是阻止了一代人对黑暗的彻底进入的。手电筒既不能洞悉历史，更无法打穿黑暗，它至多只有舞台上聚光灯的效应。诗人和知识分子只好退会回阳光与黑暗交错的灰色地带，昂扬地走起了文化的猫步。

现在，大地上都是猫步飘摇的身影。影子不同于别的事物，没有光亮就仿佛不存在，影子是灰暗的，然而，影子之于光，大概就类似于钱财与贞节的关系。在追求与拒斥的悖论里，光表面上就是影子的生命，影子无法申辩，它一开口光就立即遁去。沉默的影子也因此成为光明和黑暗的混成体，在光亮下，影子又显示出黑暗的铁血本质。

这个地带，是御风与御用交相辉映的区域，是时间的零度和思想的零度。罗兰·巴特划出了冷硬的墨线，使得邯郸学步者不敢越雷池一步。当黑色的太阳撑开它午夜的丝缕时，我就清楚地看见，写作的零度是建立在黑暗向度上的。在它的深处，矗立着两座黑色建筑，一座是鲁迅的铁屋子，一座是博尔赫斯的迷宫。的确，只有他们才配居住在黑暗的纯光当中，成为我的文学世界的唯一风景。

比黑暗更黑

余华说："在我看来，博尔赫斯和中国的鲁迅是我们文学里思维清晰和思维敏捷的象征。前者犹如山脉隆出地表，后者则像是黑暗陷入了进去。这两个人都指出了思维的一目了然，同时也展示了思维存在的两个不同方式。一个是文学里令人战栗的白昼，另一个是文学里使人不安的夜晚；前者是战士，后者是梦想家。"（见《博尔赫斯的现实》，收入《内心之死》，华艺出版社 2000 年版）可是，这个界定是不太完备也不准确的。可能再没有什么人，能够比他们更多地书写过黑暗，让人感到黑暗才是他们生生不息的给养，甚至，黑暗就是他们的全部所在。

鲁迅的世界是一个拒绝窗子的铁屋子，暗无天日，回避了时间和美色的巡视，只有历史的黑影与权力的身形在门前觊觎。房子的下面却是一个深广的空洞。偶尔，从门缝里漏进来的消息都显得轻飘，完全不能超出他的估计，都必须臣服于至尊的黑暗之足下。什么东西放进去都沉默了，包括他一度想照亮黑暗的念头。"风雨如磐暗故园"，"故里寒云恶，炎天凛夜长"，"如磐夜气压重楼"，"万家墨面没蒿莱"，这是何等凝重、悲苦的感觉！置身在黑暗里，有的人习惯了，麻木了，甚或融入其中，把固有的黑暗与环境进行完美的对接。这既不是与环境结盟，也不是被环境同化，更非彼此的异形，黑暗的脉管，其实与血是一脉相承的。鲁迅说："我常常觉得惟有'黑暗与虚无'乃是实有，偏要向这些绝望作战，所以有许多偏激的声音。"（1925 年 3 月 18 日鲁迅致许广平的信）这固然是他的战斗宣言，但这里高频率出现的"黑暗"却容易引起误读。

按照词典的解释，黑暗是与白炽相对，不与光明相向。黑暗是物体完全吸收日光所呈现的颜色。即是说，黑暗是事物的"未明"状态，是尚未被命名的事物总称。单纯的黑不是指缺少光明，而是一种收敛、储存的形态，成为一种与光相左的色调。而作为隐喻使用的黑暗，则是指向了专制下的哑灭与心死如灰。在鲁迅的世界里，两者的使用难以区别，就犹如我们无法将鲁迅厘定为单向度的人。

在同一年里，他又对许广平解释说："我所说的话，常与所想的不同，至于何以如此，则我已在《呐喊》的序上说过：不愿将自己的思想，

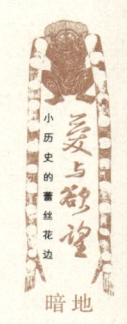

传染给别人。何以不愿，则因为我的思想太黑暗，而自己终不能确知是否正确之故。"（《鲁迅全集》，人民文学出版社 1987 年版，第 11 卷，79 页）这就清楚表明了他的黑暗，很多尚处于"未明"状态。

他在《野草》里进一步承认："我不过是一个影，要别你而沉没在黑暗里了。然而黑暗又会吞并我，然而光明又使我消失。"这就等于说，光、黑暗、影子，是三个性质不同的东西。

我逐渐感到，先生手里举着一张黑纸，他既不愿黑纸被黑暗吞没，使黑纸彻底脏化，又不愿意黑纸在强光下体现出依附的性质。他要让黑纸之镜彰显黑暗，唯一的办法，就是要让黑纸具有比黑暗更为纯化的黑度。

这是先生选择的零度，是思想的零度，这是无计徘徊之际的有计。他"于天上看见深渊"，因为黑夜才需要光，因为浓墨就显示出了黑夜做假的水分，因为权力构成的黑暗才需要异端思想的纯黑予以朗照！置身其中，鲁迅的依靠是来自"黑色人"手里的复仇之刃。他与它互为照应，当他与刀合一时，黑暗的思想，就像一块混淆了生与死的黑铁。它自明，那些被黑色空气拉长的光与影、词与物，均是思想粗重的呼吸。

在《眉间尺》当中，在侠客成为真正的黑色人的时候，一个经过提炼之后的纯黑轮廓出现了：孤身一人要战胜强大的无物之阵，就必须消除自己的劣势，唯有使自己与黑暗的背景融为一色，使自己的行为、身份变得彻底隐秘，让无物之阵的强大露出虚弱的死穴。当黑衣人无法以正常的秩序寻求公正时，那就只能寻求黑暗里彰显的另外一种公正。所以，黑是反击力量的先决条件——只有黑到极处，才能坚硬如铁；唯有黑到发亮，才能刺杀黑暗。

日本学者丸尾常喜在《复仇与埋葬——关于鲁迅的＜铸剑＞》里认为，眉间尺与黑色人关于复仇的那段对话，就使《铸剑》的表现主题上升到"思想剧"的高度（见《中国现代文学研究丛刊》1995 年第 3 期）。鲁迅于 1924 年 9 月 24 日在致李秉中的信里就表达了与黑色人同出一辙的思想："我很憎恶我自己，因为有若干人，或则愿我有钱、有名、有势，或则愿我陨灭、死亡，而我偏偏无钱无名无势，又不灭不亡，对于各方面，

鲁迅木刻图。摘自林贤治《一个都不宽恕》。

都无以报答盛意。年纪已经如此，恐将遂以如此终。我也常常想到自杀，也常想杀人。"这种黑到尽头的色素，唯有在既无须依靠外力，甚至也无须仰仗内力的情况下，让死与生、恩与仇、光明与黑暗，彻底打成一片。

他是迷宫，他黑暗

　　1955 年 10 月 17 日，博尔赫斯知道自己要出任阿根廷国立图书馆馆长，任命将于次日发布。当晚，他和母亲忐忑不安地来到漆黑的图书馆，母亲鼓动他进去逛一逛，巡视黑夜里知识的模样。博尔赫斯说："不，还是不进去吧，等我真能进去的时候再说。"终于，在他双眼全瞎时，80 万册藏书在他黑色的天空渐次展开飞翔的呼啸。他承认，"上帝同时给了我书籍和黑夜，这可真是一个绝妙的讽刺。"失明像冷气一样慢慢降临了。黑暗使博尔赫斯重新命名写作。他意识到，暗夜里，那些更黑的文字开始放光，锋利的笔画如裁纸刀一般把黑打开。当他在黑暗、树林、楼阁、灯笼、巴比伦砖、中国音乐之间摸索着这些多米诺骨牌时，深渊般的迷宫已经宣告落成。他其实是害怕死神的，迷宫就是为了摆脱死神的追捕而建，但他置身于迷宫的那一刻起，他就是迷宫，他就是黑暗，死神已经落座，成为黑暗的心脏！

　　但是，博尔赫斯的黑暗除了瞎眼这个事实之外，还有一个构成，则是他想象的黑暗。正如纳博科夫所说："生活中存在我们所见到的一般现实，但那不是真正的现实。我们所应重视的，不应该是这样陈腐的现实，而应是那些非同一般的'刻骨的现实'。"在这个想象的黑暗真实世界，它叠加在眼眸的深渊之上，并修补了前者的信心，成为了博尔赫斯黑得发亮的特征。

　　博尔赫斯的那段被称为经典的话句是——"在我之前很久，另一人在渐渐逝去的黄昏中／把这些书籍和黑暗视为自己的命运／迷失在曲折

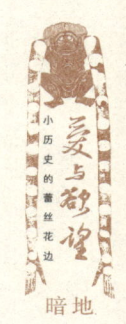
的回廊上／带着一种神圣而又莫名的恐惧／我意识到我就是那个人，那个死者，迈着一致的步伐，过着相同的日子，直至终结／世界先是变丑，然后熄灭。"

在黑暗里，在从黑暗里日益清晰化的迷宫当中，迷宫搅动了黑暗"无解"的布局，迷宫的永无休止的变异使得黑暗与之分离。迷宫就成为了黑夜里的一座进行着无穷变化的建筑。博而赫斯曾发挥了他的迷宫观：每读一次古画，那本画也在变化。还说："我们仿佛读到成画之日以来经过的所有岁月，也从中读到我们自己。"这种使诗人能够"自明"迷宫观的亮点，鬼火一般变幻不定。为了进一步看清自己博弈黑暗的高空作业技术，博尔赫斯借助的光，正是老虎的黄金。他甚至莫名其妙地怀念"蓝色老虎"变成的石子，他需要那一道光，那一道戳穿梦境的锋线。这是他梦的零度。零度的老虎以暴跳的黄金掀起黑暗之舞。

我会不会在下一个无限的黑暗循环中归来

比较起来，我还是更倾心鲁迅式的黑，但这更危险，因为他吞噬了太多的权力之黑，稍不留神，全力漫漶的黑暗就自足为一个可以跟主体分庭抗议的克隆体——这个大限已经窄如刀锋。

诗人任洪渊的确是个黑暗时代的"光明使者"。他在诗作《高渐离挖掉眼睛的一刹，他洞见了一切》里写道："当挖掉眼睛的一瞬，黑暗破了。生命痛楚得雪亮。筑声，明亮的开放。玉兰花，一盅一盅斟满白色的韵，叮叮咚咚敲亮天空。眼睛窥不见的神秘，突然银灿灿的泄露，无边无涯。"（见《女娲的语言》，中国友谊出版公司1993年9月版，33—34页）

我们就该承认，博尔赫斯瞎得好灿烂；但鲁迅呢，如无垠之水，黑得通透。

这就使我们发现，胡风先生以铁血诗句概括的鲁迅式的黑暗，就是要有"割下我的头颅，抛掷过去，击破那肮脏的铁壁"的精神。这固然是鲁迅式黑暗的感情向度，但其黑暗的理性向度，总是那么暧昧。它浸在黑水里，却在积累比黑暗更黑的力量，并希望它在某个极点上转身，开始反光。

黑暗不可能在自身之内获得照耀，但黑暗之外的世界对黑暗却无能为力。

痛苦和黑暗不能为时代所理解，它就必然会异化，这是从理性主义走向当代哲学的一个关键的转折点。因为它使人明白：黑暗，尤其是人性的黑暗是不可逾越的。 那么，以此来对抗权力的黑夜，就成为了自由思想胜利的可能。

当代学者陈家琪在黑与白的撕杀中，触及到了混沌似的本质，他在文章里引述指出——

古典哲学家说：光线的奇迹就是思想的本质；现代哲学家说：光线的奇迹就是不思想，即为黑暗的本质。前者因光而得以认识，后者因光而发现了认识的局限。光线使人看到了光明，光明也使人看到了黑暗。光明有限，黑暗无限。有限在无限之中，无限因有限而呈现面前。但我们永远也照亮不了无限，那里有着一种空间意义下的永恒寂静。

从物质性质上说，黑夜是白天的惯性，而白天却不是黑夜的延伸。理性主义尤其是当下的实用主义已经把白天的经验当作了真理，比如说"摸着石头过河"。但在黑暗的广水中，这点摸索的努力就像手电企图跟黑暗作自由公平的贸易，它除了显示自己的幼稚和无知之外，一事无成。它甚至比愚公移山更糟糕。但是，愚公移山也是完全不成立的，就像回避了人性黑暗的有关乌托邦的畅想。

对黑夜自然可以无话可说，但对黑暗我们却一定要陈述。连通俗小说家劳伦斯也说出了刻骨的发现："说也奇怪，精神生活，若不根植于怨恨和不可名状的无底的深渊里，好像便不会欣欣向荣似的。"真正的思想就是无休无止的挣扎，既是形而上的，也是形而下的。思想本就是暗生的植物，带着刺，甚至在被命名之上或之外，就存在并成长壮大。它的作用自然不是栋梁之材，它只是一片黑森林，从鬼影幢幢里凸显沉默的景色——这就是思想的作用。在某次不期然的相遇中，我发现在黑

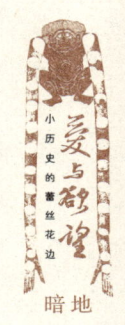

枝条上，那些缠绕的亮音，就像凝脂的分泌物，倒挂着痛，以鸟的轮廓，欲飞。

诗人欧阳江河在文集《站在虚构这边》当中，企图通过《深度时间：透过倒置的望远镜》一文来打捞光明："也许并不是难以看见，而是拒绝看见。透过倒置的望远镜，我们究竟能看倒些什么？荷马瞎了，弥尔顿瞎了，博尔赫斯也瞎了。三个瞎了的诗人各自代表一种黑暗：荷马代表历史和英雄的黑暗，弥尔顿代表原罪的黑暗，博尔赫斯代表知识和想象的黑暗。三种黑暗加在一起就是时间的全部光亮……"（《站在虚构这边》，生活·读书·新知三联书店，2001年7月版，引自《象罔》1990卷，6页）这个结论很有意思，但是，作为中国语境的黑暗，如果没有"鲁迅式的黑暗"作为最深厚的灯座，光，是不可能轻易落座的。

我们进一步认定，苏格拉底以降二千年的人类智慧，就是思想照亮黑暗的理性智慧，但尼采却发现了以感觉来反抗黑暗的智慧。既然光不能被光照亮，反过来说，光也不能使黑暗显形，黑暗就跟思想一样，自明是它获得命名的唯一方式。那么，我们是否进入到了一个让"黑暗自明"的智慧时代呢？——它抛弃了一切温柔敦厚的造像，只能以凌厉的对抗，来获得自明的筹码。在这种时候，思想的确是丑陋甚至狰狞的，它在从事针尖削铁的自救。

博尔赫斯在诗中说："我不知道我会不会在下一个无限的黑暗循环中归来。"

鲁迅却在"月光如水照缁衣"的背景里，把自己的影子收回到鞘中。

就像我擦燃一根防潮的黑头火柴。在那根木梗上，世界首先变丑，然后熄灭。

想到这里，我的确处于悲伤之中，但我逐渐感到黑暗的温暖，就像一片羽毛，飘落在我的脖颈……

豹：潜伏在
里尔克体内

里 尔克

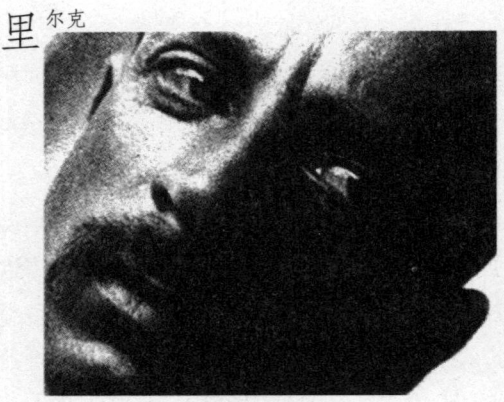

豹：潜伏在体内

里尔克

原始人认为自己是种动物，拥有豹子、老虎、大鹰或狮的灵魂。原始人将自己与自然结合，他们不曾想过要征服，只是希望与自然相处。狮子就是精神，虎一般象征理智，而豹子象征生命。因此在原始人心目中，"豹女"是一个人，她的"动物灵魂"才是一头豹子，而不单指此人所拥有的该动物形象。那么，当"豹女"行使权力的时候，豹子并不一定在她的身体里一同受制于人，但是，"豹女"的情人们竟然以为自己就占有了豹子的性力。

一切事物都被赋予人的心理素质，如果某种重要的心理内容被赋予在一个人的身上，他就成为超自然的存在，于是产生了巫师和术士。古代人和现代人，可归纳成：古代人只管做他的事，现代人知道做自己的事。对此，尼采说，"生命的一般外观不是贫困和荒芜，相反的是富足和丰饶，甚至是一种荒谬的奢侈。"既然华丽游走的豹纹可能已经接近于"荒谬的奢侈"，那么豹子的许多活动就变得不太平和了。

祈祷之声

而对于内心羞怯、敏感的诗人里尔克来说，豹子与之实在相去太远。但事实却往往与之相反：越是与自己有着巨大差异的元素，越能够成为自己的精神指向。受到老师罗丹的素描影响，里尔克一度成天待在巴黎植物园里，尽情涂鸦着颤动的精神素写。这时，埋伏在铁栅栏后面的豹子，以阴郁的眼神看穿了他的冥想。也就是在这个毫无对证的时刻，里尔克与豹子产生了"移形换位"的交流。然后，他们彼此楔入，在诗歌里拉扯着来到白光笼罩的旷野。

正如有关翻译家所指出的，阅读里尔克，必须首先去阅读"圣经"。"圣经"可以祛魅，在这个普照的平台上，我们才能聆听里尔克的祈祷之声。

通过基督教典籍，我们可以发现里尔克躲闪在豹子身形后的呻吟。有关豹子的宗教行走路径很清楚，这一点，诗人钟鸣很早就在《豹子》一文里道明了。留驻在但丁《神曲·地狱篇》中的豹子，一般都认为象征着淫欲。因为但丁描述的是，豹子在破晓时分，是随着神爱所推动的美丽事物出现的。这让人联想到《新约·马太福音》中的耶稣变容。当耶稣带着彼得、雅各和约翰登上高山后，耶稣突然改变了形象。他用一种洁白的猛兽造型考验信徒的定力。他的脸面像太阳一样明亮，衣裳洁白如光。《圣经》的经文曾影射过：豹子就是耶稣，而且有人肯定这是一只白色的豹子。因为耶稣经常通体有悦目的白光，宛如玉的灯罩一般，这与但丁描写的皮毛斑斓悦目的野兽不谋而合。里尔克意识中的上帝，是无处不在的"万形"，光明与黑暗俱在其中。他说——

"每当我看见你，
你的万形就逸散；
你行走如纯光的豹子，
我是树林，我黑暗。"

因此，出没于里尔克视线里的豹子，既是上帝的肉身，也是强力意志的体现。台湾诗人洛夫在《诗人之镜》里认为，"不是里尔克创造了'豹'，而是'豹'创造了里尔克。"

这是一个自证的过程。他企图证实上帝、豹子、自己的三位一体。结果呢，他发现一头豹子埋伏在体内。他唯一恐惧的事情只是在于：唯

恐豹子埋藏得不够深入！自己留不住它！于是，他开始祷告。豹子埋在他的上翘的尾音里，埋在他的脊背上，毛贴着皮肤。能够闻到河流、森林、篝火的气息；能够听到很久以前，茨微塔耶娃喷着热气将俄罗斯的早晨融化的声音；能够摸到女画家保拉·贝克尔和妹妹克拉拉·韦斯特霍弗作品的颜色和凹凸的肉身；能够看到莎乐美穿着黑色翻领皮袍沿着结冰的河穿过冬季的布拉格向香榭丽大街走去。那豹子一遍又一遍掠过他的身体，像象牙梳子一般翻开他的灵与血，占领又放弃，在毁坏之后又垦殖，是北方的长风一遍又一遍吹过，通达根性的透彻与敞开。而他在豹子身下辗转翻腾，像一个鞭子下的陀螺，把每一次鞭子的闪电，铭记成忧伤的花纹以及驯服的圣火。他记住了豹子，忘却尘世的柔和线条——像一根修长的钉子，钉尖还凝聚着一点白霜……

> 强韧的脚步迈着柔软的步容，
> 步容在这极小的圈中旋转，
> 仿佛力之舞围绕着一个中心，
> 在中心一个伟大的意志昏眩。

这是里尔克的哲学诡计，是他浸泡在基督之水之中的恍然彻悟，为此他制造了一种绝境里的机遇。

无边的一切

谈到美术作品里的动植物现象，里尔克说："它们决非心血来潮的产物，决非一种寻求前所未见的新形式的轻率尝试的产物。危机创造了它们。人们从某种艰难信仰的无形法庭逃进了这种有形，从某种不定遁入了这种实现。"于是，他设置的有形"法庭"就出现了：最勇猛的强力生命被关在栅栏里，以至于导致了一个"伟大的意志晕眩"。他以令人屏息的笔调，惊心动魄地素写了一个伟大的灵魂失去自由的处境和情

笼中之豹。

状，蕴含着存在哲学的意味。这种意志被一头强劲而收敛的豹子集合起来。当它被关在思想的栅栏里，它仅仅唤起人们的审美情感，但它一旦走出理性的禁地而步入肉身和神性，它就成为血与火的象征，并将审美推入一种恐惧和颤栗的生命历险。虽然具体的豹子被栅栏阻止于理性的囚笼内，但豹子的精神已经逸出了栅栏，并悄然行走于上帝的旷野。唯有如此，才能摆脱现实的羁绊，听从于主的召唤。当厄运来临时，我们是否有幸像诺亚那样能置身方舟之中，这完全取决于上帝的安排。同样，当强力意志如同豹子逼近我们的心灵，又有谁能够请豹子回到书本？让它像猫一般躺倒？

"通过四肢紧张的静寂——在心中化为乌有。"并不是真的"乌有"。因为上帝是"万形"的，正如基督教哲学家勒塞指出的，他以"一种无畏的、幻觉的展望，让以拉斐尔为首的天使的光明之国与上帝的黑暗交界，乃至天使的光明在'上帝的黑力'之前简直'化为乌有'。"这就是说，唯有在豹子这种表面的忧伤和虚拟的失败中，才葆有了全在的力量与意志。

卡夫卡在《饥饿艺术家》里，发现了里尔克以及他的豹子相互镶嵌的精神迷宫。这就是说，作为意志的主体，人的肉身已经倒下了，但意志的力之舞才刚刚开始。卡夫卡写道："自由似乎就藏在它利齿的某个地方。它生命的欢乐总是同它大口里发出的强烈吼叫一起到来。"当意志哲学以豹的弧步走入历史，成为一种超人意志时，抵抗比顺从更具备人的自信和昂扬，而当这种超人意志退出历史舞台后，公正的论说比道义的审判更具有人文意义上的独立和自由。

里尔克的诗思方式是奇特的。在《里尔克》传记中，卡斯讷曾指出，在里尔克那里，"理智是围绕着感情而起始或形成的。"这句话极其传神地道出了马尔特对他童年时代的神秘女人阿贝洛内的评语中的涵义。

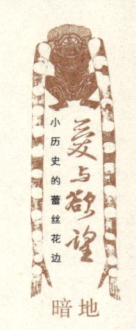

马尔特说："阿贝洛内依然可能在后来的岁月中试图用心灵思想。"所以，我们可以这样说，诗人一直在围绕豹子旋转，直到它们完全在旋转中"静止归一"，成为一体。从旋转的圈子外部来看，这个旋转的意象梦魇似地围绕里尔克疯转。他驱动着体内的豹子？还是豹子驱使着他？在里尔克的一个诗歌残片里，他还坚持说，"我围着古老的灯塔……已绕行几千年"，正是这"意志晕眩"的后遗症。

多年以后，宣称"诗是来自痛苦经验的运动"的罗马尼亚诗人保罗·策兰，其《语言栅栏》一诗仍然是"豹子旋转"的后遗症体现，有几句十分惊眼：

> 语言栅栏
> 眼在栏杆之间。
> 萤光虫一眼睑
> 向上划动，
> 释放出一瞥。

遗憾的是，保罗·策兰没有把栅栏视为一种虚拟的设置，他要撞出去。他在语言的栅栏上撞得头破血流，最后投河自尽。至少，他没有吃透里尔克所说的栅栏里面的豹子"他是一切，无边的一切"。

科运特·布赫兹的

黑豹

科运特·布赫兹《梦中的黑豹》。

科运特·布赫兹的

黑豹

迄今为止，我已经写完了四只豹子。它们像我扑出去的指头颤动在黄昏的空气里。我夹着一支烟，四根手指灵活而干燥，烟雾缓缓将手指的缝隙添满，蹼一般游动在茶色时间里。烟雾的兽皮在逆光下具形，把内部的力逼向毛发。我看见坚持的针，正在把黑丝绒的帷幕刺穿。金属的弧线反弹不已，终于稳定，却又突然散开。而那根一直不被重视的无名指，逐渐在手指的芭蕾中退出去了，把无名的痛堆积在指尖。烟灰飘落在指甲上，有一种奇怪的白，在牵扯着无名指内部的东西。我意识到，那应该是黑豹丢在梦境边缘的光，飞起，又碎匿。

黑豹分布在一些密林、草地等区域，加上夜晚、黑暗的渲染，它们已经失踪于文明的环境。于是，我只能通过文字看见它们，我必须看见一头豹，因为失名而逐渐变黑。放它到广大的黑旷野，黑豹如矸石一样亮起来。这是我无力抒写的，我的墨水只会加剧事情的复杂程度。因为最显著的错误，就是墨水可能会像电筒一样愚蠢。它把黑夜撕开，我就会认定这圆形的光斑是真相。被惊醒的黑豹，从历史的伤口里冲出来，只好以咆哮来进一步扩大伤口。黑豹是黑暗的元神，不要惊动它！

黑暗梦境

我逐步慢下来，从汉字的高处退下来，从书籍的影子穿过，慢到可以听见很远的水滴在敲打芭蕉，连芭蕉叶细微颤动的身姿也可以看清。这时，黑豹总是如约而至。准确地说，是黑豹从"黑"的世界脱身出来，只以"豹"的面目出现。但是，这绝对不同于放风。

在神话传说中，吸纳黑暗精血的生物，一旦成长壮大，可以理解为一种成型事物反对原初"设计"的努力，就是说，它们不满足于规定了。

它们被日光赋予得太多，日光下的生活总是单面的，那些因灵异的技术受制而无法施展的妖冶或者盛开，只好被推迟到梦境边缘。何况，日光的食物远不足以支持它们在黑暗中的超负荷工作。就像冥界的门卫三头犬萨贝拉斯，就像爱伦·坡的乌鸦，就像里尔克的黑豹，就像卡夫卡的穴鸟，就像权力的鸩鸟。它们张嘴把光亮撕下一块，咀嚼的声音体现了金属回归到巴什拉的"元素诗学"的过程。然后，它们吐出比黑暗更黑的东西。

这时，豹再次返回到黑暗庇护的空气中，成为黑豹。是，似乎又不是。

科运特·布赫兹是德国慕尼黑一位享有盛誉的插图画家，于1957年出生在莱茵河地区的史托堡。从造型艺术学院毕业后，布赫兹即开始从事插画创作，为全球著名的出版社画过无数的封面、海报及广告插画。1988年为配合该年度法兰克福书展，他在《时间周刊》文学版发表了17幅插画，引起各界的注意与好评。他所创作的封面总能捉住读者的目光，提高该书的销售量；乔斯坦·贾德的超级畅销书《苏菲的世界》封面便是出自他的手笔。他的每一本书——现在坊间可以找到的《瞬间收藏家》、《南极，遥远的知音》、《在水一方》、《捕捉月光》等等图书，似乎都有着漫天的阴霾和布赫兹的背影。

曾经有一位柏林作家在布赫兹的画前留下了这样的感叹：

"为何乘着书在空中飞行了这么久？

我们发现这里又凉又静，只是没人到达。

放一本书在脚底下，飞起来才不会孤单害怕。"

科运特·布赫兹的画似乎具有一种飞毯的魔力，让观者离开沉重的尘世而飞翔。

某次，出版社的编辑想出了一个奇异的主意，于是把他的画作分别寄给了47位不同国籍的作家，请他们根据自己对画作的想象和解读，把藏在画中的故事写出来。这的确是一本奇异之书，也是后来题为《灵魂

荷 兰作家蔡斯·挪特本。

的出口》的图文并举之书的来历。荷兰的作家蔡斯·挪特本接到的，恰好是一幅表现黑豹的画作。

西语"庄周梦蝶"

蔡斯·挪特本 1933 年生于海牙，荷兰籍的知名诗人、小说家、人文地理作家、翻译家。他于 1956 出版了第一本诗集，至今仍写作不辍。1993 年他的小说《接下来的故事》获得了欧洲文学奖。近年仍然为诺贝尔文学奖的热门候选人。

这很容易让人们联想到卡夫卡在《第三本八开笔记》中的描述："一些豹子闯入教堂，把祭供的瓦罐里的水喝得干干净净；这事不断发生；最后人们终于能够算准时间了，于是这便成了仪式的组成部分。"显然，这里的豹子是上帝的幻像。卡夫卡没有明说豹子的颜色，但理解为黑豹也未尝不可。但科运特·布赫兹所表现的场面，更接近于里尔克的著名诗篇《豹》。蔡斯·挪特构思良久，用一些叮当作响的词语，连篇的谶语，连缀为典型的博尔赫斯式的文体，这就是被文学界广为称颂的杰作《梦中的黑豹》。他没有在巴黎植物园找到诗人，但撒出去的金属词汇触怒了旋转在栅栏后面的一声长啸：那只失名的黑豹被一位盲目老人的梦境招来。它轻轻衔起里尔克的诗集，叼着它走上夜里的电线。户外的星星看起来就像雪花一样。而窗台上的书本里夹着一弯新月，仿佛书签一般提示着伴随阅读而来的危机："……他静静地躺在千篇一律、一再重复的黑夜里，就像那只来回踱步的黑豹……一阵柔软的脚步声和呼吸声传来，门无声地打开，一个黑影进来，比黑夜还要黑。"我想，里尔克此时正匿身于栅栏的高处，他从垂直的角度，而不是栅栏里与外的位置，在观察盲人与黑豹的相遇。他比较满意这个布局，观察黑豹，是不需要视力的。盲人之于黑豹，恰恰互为彰显。

这清楚地纠正了汉语翻译家们的一致性错误，那头里尔克的"豹"，其实专指的是黑豹，而不是一般的豹，更不是人们想当然的花豹。

只有这个解释才是唯一的，不然我们就无法理解里尔克另外的诗句。黑豹伫立在诗人的言辞高端，豹子的黑与被豹子的身躯腐蚀的背景融为一体了。如何能够看见它？诗人知道，仅仅以视线是无法捕捉黑豹的，他准备《挖去我的眼睛》——

> 挖去我的眼睛……
> 挖去我的眼睛，我仍能看见你，
> 堵住我的耳朵，我仍能听见你；
> 没有脚，我能够走到你身旁；
> 没有嘴，我还是能祈求你。
> 折断我的双臂，我仍将拥抱你——
> 用我的心，像用手一样。
> 箍住我的心，我的脑子不会停息；
> 你放火烧我的脑子，
> 我仍将托负你，用我的血液。

我们难以想象一个人的才华会被动物提升到这个地步。他在受难中恢复了甘心奉献的幸福，幸福又在愉悦中收回了前世的病痛。黑豹，你这芳香的鬼魂，用硫酸之雾遮蔽罂粟的美学，用坩埚沸煮金红石的尤物。你翻动着深切的岩床，想把那矿脉的血在舌头上逼亮。

黑豹的烙铁将黑暗烧炙出了自己的身型，就是"灵魂的出口"吗？里面闪挪着濒死的愉悦。黑豹在莎乐美紧绷而发亮的身体边游走，黑豹独立在希律王的激情中心。它护卫贞洁，又单个享有。它其实是阴阳双性体。一方面，它宛如黑暗高潮的子宫颈，铭记交媾时的疯狂闭缩；另一方面，黑豹是一根愤怒的乌木。它特有的叫声像是刺耳的咳嗽，它要打穿一切字纸和丝绸，在洞穴的幻象中高歌猛进。黑豹把贞洁埋在迷宫，迷宫里的时间没有速度，如同山大王把抢来的美女藏在石头中。他希望

美女白日如石女，但在黑暗中盛开如少妇。黑豹知道出入迷宫的时间，并在贞洁的温湿走廊里打下暗号。它却畏惧于日光对路径的改写，于是，它在迷宫口再次制造了一层梦的帷幕，下面是无底的黑。它不希望被日光发现，正在过渡的事物惧怕曝光的急躁。黑豹躲在看不见的所在，怀念从巅峰跌落而下的幽谷，里面布满忧伤。在《梦中的黑豹》里，里尔克、豹子、黑豹是三位一体的，盲老人倒像是一个濒临死亡但奋力回阳的第三者。尽管如此，我们可以认定，"里尔克的黑豹"是"庄周梦蝶"的西语版本。唯一不同的是，黑豹拥有无边的性力，在欲望的旷野上时刻与血肉相遇，而庄子只是在被花朵抬高到如诗经的天色里，空飞。

在诗学的空间，黑豹是吃铁的动物，不然我就无法解释它在黑暗中体现的神力。也就是说，黑豹面对那些巴黎的铁栅栏，是可以随意脱身的。但问题是，自己一旦遁去，里尔克怎么办？空栅栏就或缺力量的缠绕了，那么里尔克就与黑豹一样失名了。于是，黑豹只好继续它旋转的事业，直到它用晃动的线条像裹蚕茧一样把诗人包围在力的中心。通透，但不进一步明晰。地上全是黑豹与诗人被栅栏截断的注视或日光。因此，对黑豹来说，凝视与日光是不需要的，它的失名恰恰是它唯一存在的证据。

比黑暗更黑

于是，黑豹自明。

它走在微风的反面，风把它的所有运动带给黑暗。它仅仅从黑暗里伸出一只爪子，再按下去，黑暗就如影随形，淹没它，又使它再次失去名字。就仿佛一支飞驰的箭，不断被空气拾走自己的多余部分，只剩下一截锐器继续自己的事业。意外的情况在于，黑豹伸出爪子，突然被微弱的光线定住。它看见趾爪的反光，玉一样冷，把不祥的预感昭示出来——黑豹看见一条腰肢的曲线，被一股大力擒住，然后挽了一个死结。黑豹立即挣脱光线的缠绕，把前爪放下。它亮出利刃，插进黑土，直到整个身体在黑暗中淬火，接着哑灭。

黑豹必须独自终身于黑暗才是完整的，两者缺一不可。就像坐在高处的复仇者，在快被仇恨点燃的时候，突然原谅了仇敌。它像炭一样松懈，散落在一块干净的石头上。黑金的意象威严而玉体横陈。它特有的叫声是刺耳的咳嗽，不具备威严。偶尔，它们兴奋的咆哮或鸣声如铁片拖过岩石，有一种玉石俱焚的意味。

世界以流质的方式布局，在日光的左岸，一团夹裹着黑火的焰穿过一条黑暗的甬道。黑火通过热度来显示火的反向造型。红光与白火在重叠、交织，然后被密闭。深不可测，密度空前。如同黑豹进入异性的身体时，它像亮毛贴在肉上一般完美，连一丝光也不能插足这绞缠的爱情。那根甩直的尾巴酷似性器，每一次在现实中出入，紧密是第一位的，而紧密本来就是作为黑豹的最低要求。记忆的碎片，模糊的场景，散乱的词句，矗立的栅栏，伟大的旋转，在黑豹躺下的一瞬均已完结。一切，都成了！

所以，黑到深处的事物，往往不是物极必反的证据——要么以突然的大光来体现黑到如今的力度；要么继续黑暗的事业——比黑暗更黑！但是，黑豹并不想被修辞在皮毛上覆盖诸如缎子、丝绸的软语，同样也拒绝金属的隐喻加诸己身。它不需要或软或硬的外观。这些无法被日光问鼎的黑暗，早已经在黑豹的内部绽放。被隐蔽就是幸福。它趴在石头上，直到把石头染黑。它溶解了，懒洋洋回到那个作了暗号的地方……

但是，黑豹突然睁开了眼睛，打破了我的叙述。它张大了嘴，打哈欠，令我的文字出现裂口。黑豹浅色的眼睛正作为黑暗的基座，托起了它的历史和背景。我以前只相信黑豹是黑暗的元音，现在我就认定它才是御座之主。有什么还会比一只黑豹的眼睛更深邃、更诡异、更神秘的呢？一个人在其一生中如能有一秒钟的时间得以窥见真理的面目，甚至是魂魄的面目，你就终于明白，自己可以不说什么了。因为你没有畏惧，只有满怀的虔敬。

我看不见黑豹眼角的花纹。它不像花豹那样昭示痛苦。它已经穿越了这些皮相，在一个幽深的梦里迟疑，折返现实的大地。

荷兰作家蔡斯·挪特本。

挪特本

大地的钥词

极度的悲悯是非凡而令人敬畏的光辉，将不幸者照得面貌一新。

——维克多·雨果

由于受一种近似的国家语境的吸引，当我们把目光聚焦在东欧以及俄罗斯白银时代作家身上的时候，还有一些十分优秀的文字，悄然游离在这手电的光斑之外。

它们与其说是高蹈的，不如说是用蛰伏的姿态，保有了最为本真的情感液汁。就像掩隐在浓荫里的树枝，偶尔被风拨动，将阴面的绿润，呈露于我们视线的余光。稍不着意的话，它们又将折返到寂静的深处，匿于桦树皮、藤蔓和浆果之下，继续它们与风的喃喃对话。

阿斯塔菲耶夫的河流是玻璃性质的

在巴乌斯托夫斯基、普里什文、邦达列夫、索洛乌欣之后，我对阿斯塔菲耶夫的文字并不熟悉。

在这本夏仲翼等译、由上海译文出版社 1982 年 12 月出版的《鱼王》的扉页上，我注明的购买时间是 1986 年 8 月 16 日。近 20 年的时光就这么停滞在这一张扉页上，我匆忙地翻了翻，没有再往里面多走几步。扉页仿佛一道纸门，竟然就阻挡了我对门后的黑森林、岔道交错的河流、深湖、没有方向感的雪地的踏访。我当时的感觉是，那里太远、太大了，我怕走不了多远就会迷路。在茫茫的西伯利亚，除了盛产冻土和流放犯，我碰不到当时令自己感到会心的东西：坦克履带前的争论、词锋的刀光、从叶塞宁身边滑过去的蛇腰、阿赫玛托娃女皇般的鼻子、拆散的笔记薄、无法刊布的火焰诗稿，等等。这些被当代汉语津津乐道的东西，固然是那片寒冷地带的尤物，但沉默的远处，花开花谢的交错，自律而恍惚，只是无须掷地有声罢了。

看看阿斯塔菲耶夫的照片吧，平凡而内敛。过早稀疏的头发、额头的皱纹与隆起的眼袋处在一张长而椭型的脸上，并没有特别吸引人之处，反而容易让我将其与孤儿和儿童保育院的生活联系起来。在阿斯塔菲耶夫的文字世界里，没有对集权制度的愤怒控诉，没有对俄罗斯命运的大声疾呼，没有情绪的加速与描写的减速，只有一个徒步者对大地持续的丈量。他看见，他说出。如降落在河面的雨水，有的在开花，有的在凋谢。前几天，就仿佛一个神启，我翻开《鱼王》时，手指一颤，翻到了 96 页——

"……喝足了人血的蚊子一个劲儿地贴着窗玻璃爬上爬下。一个右手封在石膏里的男孩子用左手把蚊子揿死在窗上。窗玻璃的一

面淌着红色的血滴，另一面却是明澈的雨滴。它们顺着玻璃流着，轨迹有重合的，间或曲折相交，但是血的污流和雨水的清流虽然交叉重叠，却相互冲刷不掉。玻璃上的这幅意象使人不由得想起某种难以理解的颇有凶兆的生存之谜。"

　　我再倒过一页，发现是出自其中《达姆卡》的一个段落。这是怎样的描绘啊！混合着不同性别、物性的血，以揿死蚊子的方式张贴出来，谁能够将其分别？复杂的血和单纯的雨水被玻璃阻隔，它们在彼此靠近、合流，但玻璃以透明的质地来呈现这一幅绝望地图。一面是灾难的现在时，而一面却是消解、是涂写、是粉饰的努力。这就是说，很多事情，如果彼此不相知，反倒是好事；彼此相知却无法更进一步的世界，将那个国家语境下的苦难张贴在一个载体上：你不注意就毫无声息，你一旦注意了就惊心动魄。

　　这个描绘让我联想起冰块、死；联想起冰层下冻硬的鱼；联想到水晶中的叫声。这个意象很容易把我的思绪带往广阔的领域，带往生活在玻璃另一面昭示的危机。很多时候，我就像一条搁浅在河岸上的鱼，我无法回到自己的语境，我毫无出路地挣扎。但我的河流是镜子，不是玻璃——因为我一直以为，我能够从反照里看见苦难的全部细节和表情。

　　问题在于，阿斯塔菲耶夫的河流是玻璃性质的，它透明，它琥珀，它澄静。

悲悯，是命令中的命令

　　阿斯塔菲耶夫在一篇叫《窗》的散文里，同样展示了他对透明的逼视："蓦然，如同一根烧红的针尖，黑压压的混凝土砖石堆里刺出一点灯光，渐渐投来，映出一扇窗的轮廓——于是你心里一阵揪痛：那里，在那亮着灯的窗内发生了什么？是什么把谁惊醒，使他下床？有婴儿出生吗？有人死去了吗？难道是谁心痛难眠？……"这就是说，像玻璃一样的透

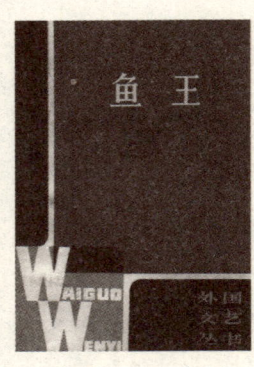

《鱼王》汉译本书影。

视欲望，促使作家在冰封的俄罗斯大地上，正视着一切遭际和变异。疼痛，疼痛到透彻，疼痛到透明的过程，铸就了阿斯塔菲耶夫那透彻的悲悯。

《鱼王》的叙述像一块透明的玻璃。一面是作家对俄罗斯大地、对大众的深情；另一面，却是国家语境对苦难的掠夺与粉饰。他痛心和沉默。没有谁像阿斯塔菲耶夫那样用肉身去感受自然的苦痛和生活的悲伤。那些徘徊在女人裙子里的蚊子，突然以语录的庄严姿态贴上墙壁，成为这个世界的唯一语法。但蚊子终于被钉死在玻璃上。来自于女体的血，纪录了这个死亡的过程。

悲悯，我突然觉得，它应该是阿斯塔菲耶夫最高的语境，命令中的命令，用这个最冷的水晶，独对着一切强悍的重量，并照亮无边的痛苦。

如果我们把海明威的《老人与海》和阿斯塔菲耶夫的《鱼王》进行对比，会有这样的印象：两篇小说框架相同，都是人与鱼（自然物象）的故事，但各自的诉说截然迥异。《老人与海》的古巴渔父桑提亚哥在大西洋里和鲨鱼搏斗，桑提亚哥从精神上战胜了鲨鱼，小说是对即使一无所获、也绝不放弃的精神颂歌。《鱼王》里的"摸鱼人"伊格纳齐依奇钓到了一条鱼王，鱼王和伊格纳齐依奇在奥巴里哈河上殊死搏斗，最后在伊格纳齐依奇盼望的救船已瞩目可即的时候，他却将暴怒的鱼王放走。他自言自语："去吧，鱼儿，去吧！我不向任何人说起你的行踪，尽情地活下去吧！"

在伊格纳齐依奇与鱼王搏斗到脱力的时候，他回忆年轻时蹂躏过的姑娘格拉哈，想到了爷爷对他的告诫："最好把它（鱼王）——这该诅咒的东西放掉，而且还要装得若无其事，似乎在毫不在意地放掉它的，然后画个十字，照常过你的日子，并且常常想着它，求它保佑。"在这里，弃力不等于弃智，一个可以放弃赢的人，是因为获得过太多的输！赢的策略必然带动起一场不会平息的风暴，不是害怕失去，包括自己的生命，

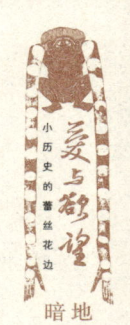
而是输的结局几乎成为了众生的一种常态。一个面对广阔的水域，不再宣布自己就是胜利者的人就非常清楚，谁才是真正的鱼王。面对桑提亚哥和伊格纳齐依奇，到底谁更懂鱼？谁更明白水的含义？我以为，阿斯塔菲耶夫用这个具有深意的细节，证实了德国神学家迪特里希·朋霍费尔的生命誓言："假如我们通过此世的生活而参与了上帝的受难，成功怎么能使我们骄傲自大，失败又怎么能使我们迷失道路呢？"

无论是鱼的水面，还是人性的水面，它们都是透明的，与奔走在物质底部的根性紧密相连。它们不是镜子。我想，每个陷入博尔赫斯镜像迷宫的人，是很容易进入这样的语境的。你往玻璃上紧紧地贴一张锡箔，然后倒上水银，变成粘稠的银白色的锡汞剂，镜子拒绝异物进入，镜子拒绝深度，拒绝哭泣，镜子是玻璃身上的水银，是被自我抛起来的双重或多重影像。为此，有多少人迷失在放大的自我与物质幻觉中……

有鉴于此，我每每读到诗人杜运燮写于 1942 年的《Narcissus（水仙）》一诗时，总会产生诸多共鸣——

> 一切是镜子，是水，
> 自己的影像就在眼前。
> 不要纠缠在眼睛的视觉里。
> 心灵的深处会为它绞痛，
> 流血；心灵的高处会为它
> 铺乌云，挡住幸福的阳光。
> 那就会有一片忧郁——
> 没有方向和希望，
> 没有上下，记忆的轰响串成
> 无尽的噪音……
>
> 是一切混乱。
> 生命在混乱中枯萎，自己的

影像成为毒药，染成忧郁，

染成灰色，渐渐发霉、发臭……

能看到镜里的丑相的，不妨

耸一耸肩，冷笑一声，对人间说：

"能忘记自己的有福了。"然后

搅浑了水，打破镜子。

镜像很容易使我们成为那西索斯，影子的影子。我们会发现在诸多面镜子的交相叠映中已经衍生出了无穷无尽的镜像，而在这无穷无尽的镜像交织当中，没有哪一个镜像可以成为生命最后的归踪。打破镜子的迷宫，让曲折的弧度还原为蜂腰，让平面的幽深被花刺扎出血水。让鱼游走，要让现实传达出晦涩但深刻却又悲怜哀伤的情愫。该说话的，石头要说话；该透明的，总要澄澈而无垢，不可荫蔽人们的良知。但悲悯不是悲痛，正如佛教经义所指出的，那些人本当在这境地中获得大光明。当其心体灵明发露时，便过于内抑，忽然在其内心深处发出无穷的悲悯。这叫做压抑过分，反而摧伤心体，这种境地并不是证得了圣境。如果能保持觉悟而不入迷的话，时间一久会自然消歇。如果误解为成就了圣境，那就会有悲魔潜入他的心腑，这样便失却了正受，从此沉沦于软与灭。

悲悯是大地的钥词。钥词组合着明澄的世界。

悲悯同样是阿斯塔菲耶夫的关键词。悲悯不是高高在上的。它是俯身于大地的，是把自己的全副身心贴到土壤上，感受地脉的灵魂弧度。悲悯如水，从里到外，浑然一致。打不破，问不得。它是人性的动词，推动着我们与原初的事物产生亲和感，彼此融进。如果只用一个词来概括阿斯塔菲耶夫小说世界中所灌注的情怀，我们首先只能想到"悲悯"这个词——用一种博大而又沉郁的悲悯之心去看取社会，看待自然。但"悲悯"已不再只是一种角度和立足的制高点，也就是说它不是类似于悲痛的策略，而是本质——悲悯已内化为一种精神品格和情怀气质浇铸在他的作品中，并成为他的作品的内核。

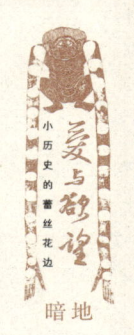

这样的思考在阿斯塔菲耶夫身上出现，应该说是很自然的。在他的散文《禁忌》里，老人奥达尔卡与樱桃树的反复交错，体现出作家对死亡的警醒自觉和对生命无常的深情关注。在"亲人去世，八年不吃樱桃"的禁忌之下，"死人的事一件接一件，八年期限未到，接着又是一个八年。她已经记不清哪位亡人的八年期限何时到期了。在她的记忆里，一切都混成了一团。她只知道一点，那就是她这一辈子只有接连不断的禁忌。"到后来，奥达尔卡疯狂地吞食樱桃。她是想把死亡、灾难一口吞咽，留下一个清白的世界，但满嘴的苦涩犹如世界的罪，她泪流满面。这一幕，容易使我联想起圣餐与主的身体。

悲悯事实上是以对人的生存思考作为根基和前提的。生与死既然是两个互生互存的连通器，那对死亡的自觉反省也就必然地要关涉到对生存自身的本质观照。于是，阿斯塔菲耶夫从自身的历史中所引发出对死亡的痛切感受，终于在他的意识中引伸拓展为对生存的形而上思考，对死（及生）的有意识把握。这事实上也就抓住了作为一个生物和"社会体"的两面，不仅使作家在观察人的精神活动、心理活动、社会活动乃至生物活动等方面时，在视点上具有一种高屋建瓴的宏阔性和历史纵深性，而且还使作家对人的描写和刻划，不会仅仅停留在人的"活动"层面而会在诸如人的生存意义、命运走向、价值观念等有关人的存在本质的根本性问题上生发出一些独特而又深刻的思考和结论。

在世界的基座上，在物性的两面，阿斯塔菲耶夫用悲悯的钥词，使它们逐一透明。

哪里有悲悯，哪里就有拯救；哪里有拯救，哪里就有重生。以濒死的生命所难以承受的死亡之重，来激发人的同情、爱心，激发复活的渴望。对生命来说，重要的并不在于受难与否和受难的多少，而在于其发掘生命内在的深度。阿斯塔菲耶夫在大地上掘下的井，连通了赫利孔山缪斯驻守的灵感之井的水脉。他涌出了更深的暗水，浸出悲悯的泪。只有在这个临界点才可能发现已经存在的深度。他注视着、涌现着对人生命的无限悲悯。

"回忆降临在黑暗的水面。

那些人，似乎在一片玻璃后面，凝视，沉默。"

（《诗的六首演讲辞》，见《切·米沃什诗选》，张曙光译，河北教育出版社 2002 年 10 月版）

阿斯塔菲耶夫本人对被准许出版的《鱼王》很不满意。他在《最珍贵的稿酬》里说，他为出版社为了他"好"，不停地让他修改、肢裂原作而流泪（见《阿斯塔菲耶夫散文选》，百花文艺出版社 1995 年 12 月第 1 版，131 页）。即使在《鱼王》获得热烈"反响"后，他说，"我的痛楚、气愤、内心的创伤和委屈并没有随之消失——我不喜欢《鱼王》。"但是，他却意外地获得了一次补偿。作家在冬季回到了西伯利亚的故乡，结冰的叶尼塞河已经很难钓到鱼了。一天他"发现在门把手上面挂着一个塑料袋，里面装着几条鱼和一张纸条"，上面写着："送给《鱼王》作者。钓鱼人。"这，正是大地对人子最好的报答。

遗嘱里的大地情致

2001 年 11 月 29 日，阿斯塔菲耶夫逝世。写字台、书架堆满了手稿，他的遗孀玛丽亚·谢苗诺夫娜用了很长时间清理。大部分手稿书信都已送给了莫斯科、圣彼得堡、彼尔姆档案馆。后来她偶然发现了连自己都不知道的四封信和一份遗嘱。信是写给一位将军的，内容是征求将军对作家在描写战争作品中是否真实的意见，而遗嘱中的相关文字更是别有一番意味。

遗嘱写于 1987 年 3 月 9 日。他首先请求把他安葬在他早就选好的地方并且用栅栏围上，而"不要把我埋葬在村子的墓地中，因为好奇的人们将会破坏古老的墓地，践踏我亲爱的同乡和亲属们的遗骸。我们在活着的时候互相践踏已经够多的了。"他也不愿被葬在城市的公墓。"我

一向对现代化城市感到格格不入。"

他对待自己创作成果的态度十分严肃，不允许后人出版他生前的未刊文字："亲朋中有人感兴趣——让他们在纸张中、书信中去翻阅吧。但是，只能是真正的亲朋好友，断然禁止那些企图借机盗窃我的文稿的败类。"

他向子女提出了"不要当作家"的忠告："我希望我的孙辈之中有谁能够在大自然中，为了大自然而工作……我不希望他们之中的任何人步我的后尘——当作家或者演员。这是徒劳无益的可诅咒的职业！这是导致人们在各方面都大失所望的职业。回归'土地'和复兴农村是必需的，否则所有的人都将死于饥饿，我真的希望有人生活在土地上并以土地为生，没有任何工作比农民的劳动更艰苦、更高尚、更必要和有益的了。"（杨庄《俄经典作家阿斯塔菲耶夫遗嘱见天日》，引自《东方早报》2005 年 5 月 8 日）

但是，人们应该记住小城叶尼塞伊斯克航空站的那块玻璃，应该铭记他遗嘱里最后的一句话。这就仿佛是对玻璃上"生存之谜"迟疑和反切。在他升起来的时候，阿斯塔菲耶夫终于把钥词，放回到那最高的钥句当中："希望你们大家能有最好的命运。为此而生活，而工作，而经历苦难。"

海德格尔

凡在林中的
未必是路

冬季暖阳连续普照，成都，尤其是锦江九眼桥南岸的成都，恍如春日。坐在望江楼公园的竹林边，泡一碗"飘雪"，一个下午很快就过去了。出门时随手拿了一本书，是日本作家、艺术派诗人荻原朔太郎的《诗性的哲学漫步》（群言出版社 2002 年初版，于君翻译）。

哎呀，多么繁复的书名！翻遍全书，没有发现一篇与书名同题的作品，这就是说，书名是翻译者加上去的。按照我的推论，能够使用《吠月》、《青猫》、《冰岛》、《纯情小曲集》等等作为书名的诗人荻原朔太郎，大概也不会在"漫步"之前，赘加"诗性"又"哲学"的巍然包袱，否则，漫步就成了驴友的负重行军。

树林是沉思者的路标

在德国海德堡大学，就有一条"哲学家之路"，位于内卡河北岸的山丘上，据说黑格尔任教海德堡大学时，常与朋友在此散步，讨论问题。此路迦达默尔走过，存在主义哲学奠基人亚斯贝尔思走过，据说康德每天下午都要到此散步。诗人更是荟萃于此，歌德、席勒、荷尔德林、艾兴多夫，还有音乐家舒曼、小说家马克·吐温等也到此"采气"。"哲学家之路"旁的一个花园的门口竖着一只向上平伸的手掌模型，掌心写着一句话："今天已经哲学过了吗？"

古往今来，小到一片树丛，大至广袤森林，一直就是思想者的游牧盘桓之地。为何？荷马早就道出了实质："那树林的状态，简直就是人间；春去秋来，叶落满地——秋去春来，猛抽新芽。人世间何尝不是如此——生生死死，永不停止。"树巅葳蕤，把大地的生机突举起来，向高处冲刺；无边落木萧萧下的时光，则让漫步者获得了一种忧郁而慎独的清凉；即便是热不透风的原始密林，它的气温至少也比林外的旷野要低一些，是"忧郁的热带"，反思如同震惊或淬火。所以，古往今来的哲人，大多通过树林为后人留下了一种"趋冷"的泠泠智慧。树林成为了沉思者的路标。而在汉语的词性地域里，竹林固然参差飘拂，但它往往与情欲之思相摇曳，历史上大概只有竹林七贤是个例外。话也说回来，尽管阮籍的家乡鄢陵县翠竹叠嶂给人的印象是，竹林里的琴声是幽咽的，唯有松林间的琴弦，切金断玉。但这没有优劣之分，只是我的一种植物倾斜下来的文化印象。

这让我联想起荻原朔太郎的前辈作家国木田独步。《武藏野》被认为是日本现代散文的滥觞，文章结构具有一个与汉语中思想言路的数字路标相巧合——它也是"九章"。第四章和第五章的主题是"沉思"，是作者在大面积的风景主义工笔描摹之后对思想的凸显。国木田独步服膺于屠格涅夫的白桦林之思，赞美之余，也把武藏野色彩错落的"彩林之想"呈现出来——这让我感到，一个人置身其间，如果不思考点什么，就有暴殄天物的危险。

顺流而下，国木田独步走的，还是存在哲学的路子。这就进一步让我感到，林中的思考，本来是上天入地的，但思者往往被一种无形的气场控制着，就是说，如果不会走存在主义的经典狐步，亦步亦趋，不越雷池，似乎就找不到路。

当路窄变为独木桥，或者干脆成为"旱地独木桥"时，路，也许就不成为路了。

请注意，林中、小路，凡至林中，总是有路。路才是递解林中之思

的通道。于是，关于林中叉道，关于小径分岔的花园，关于马丁·海德格尔，关于朗费罗与波特兰市的森林公园，关于罗伯特·弗罗斯特与位于佛蒙特的林中小屋，关于林中思考的俄罗斯作家普宁，关于在雅庄（Yasnaya Polyana）林中漫步的列夫·托尔斯泰，关于在康科德附近瓦尔登湖畔森林中漫步的梭罗，还有诗人冯至都有类似林中雾气一样袅袅飞升的描写或诗篇。鲁迅先生尤其喜欢用"路"为象征，是否有感于《武藏野》的阅读余续，无从得知，但鲁迅留学日本时曾读过此文，则几乎可以肯定。国木田独步仅活了 37 岁，死于肺结核；鲁迅先生比他多活 19 岁，也死于肺病。

相比之下，与其说国木田独步的漫步是最深情的，不如说荻原朔太郎的林中思索更为犀利。

未走之路，如何抉择？

林下之路的抉择，一直是思想者关注的焦点。被人广为称道的美国诗人弗罗斯特名诗《未走之路》，是怎样展开的？

> 黄色的树林里分出两条路，
> 可惜我不能同时去涉足，
> ……
> 一片树林里分出两条路，
> 而我选了人迹更少的一条，
> 从此决定了我一生的道路。

这又是否暗示了，在这个世界上，抉择的空间，往往是依靠非此即彼的二元对立来完成的呢？我这样想，绝非有贬低弗罗斯特之意。弗罗斯特表达一种选择的难度，但是这种选择不是尖锐对峙的，更非你死我活。不是刻意在对立中选择的概率，在生活中极低。林中路上的细小差別，却造成最后结果的迥然不同。弗罗斯特不同凡响之处，恰在于以平凡的睿智态度穿越了庸常生活的帷幕，他抵达了那条路的尽头。想到此，不禁又联想起"万古长空，一朝风月"的古话。

但我私下忖度，这个世界什么时候为我们提供过如此清晰的选择时机呢？你竟然可以从容面对？全方位权衡？其实，在我们需要做出重大抉择的时候，往往是在不具备选择能力的年纪。弗罗斯特所言"而我选了人迹更少的一条"，也被诗歌论者赞为箴言。试想：仅仅需要一夜的暴风雨，就可能完全改变选择的格局——在你还没有走出丛林之前！

诗人马拉美说："骰子一掷，永远取消不了偶然。"

还是回到国木田独步。他在《武藏野》里，首先对思想空间进行了"削平"处理："来到武藏野散步的人，总是喜欢捡更高更高的地方去走，以便找寻一处可以眺望得广阔一些的地方，可是要达到这个愿望却不容易。那种可以居高临下地远眺的地方是绝对没有的。这个念头及早放弃的好。"然后，他进行了类似的历险："如果你走在一条小路上，忽然来到一处这条小路分成了三条的地方，那你也用不着困惑，只需把你的手杖直立在地上，然后把手杖松开，但看它倒向哪方，那你就朝着这个方向前进吧。这条路也许就会把你引导到一个小树林里去。如果这条路到了林中又分成两条，那你就试挑其中较小的一条走吧，它也许会把你领到一个奇妙的去处。可能那是树林深处的一块古老的坟地……"

凡在林中的，未必是路。陷阱，陷阱底部还有陷阱、穷途、绝路、烂柯美学的仙境、永无休止的分岔小径……既然目迷五色，心猿意马，何来智慧抉择？

我意识到，诗人弗罗斯特式的选择，也是置后型的智慧，但是，并不滞后——因为它注定要开启后来者。而国木田独步的选择，含有兴之所至的天真意味，把自己交给林中，由树木告诉自己出路。

所以，只知弗罗斯特名诗《未走之路》是不够的，还必须知道国木田独步的《武藏野》。

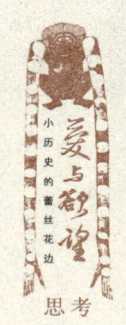
从"林中之思"到"社会之思"

我在前面提到荻原朔太郎思索的犀利，何以见得？他在《思想家的散步方式》里干脆划定了一个分界线："如果不想做学者，而祈望成为一个思想家，那么，非得经常走出书斋，有一片广阔的散步区域不可。工厂、监狱、酒馆、烟花柳巷、森林、田间小路……"

我与荻原朔太郎观点略有差异，我相信学者中有独立思想家，尽管他们像稀有元素砹一样匮乏。但这是否暗示人们：思想家也有两类，书斋思想家和社会思想家？也就是说，"林中之思"显得更为纯粹、深笃和高蹈，而"社会之思"则更为浩瀚、纷繁和驳杂。

顺着这一思路，朱学勤先生提出的"书斋里的革命"就显示出日益溃疡的现实病灶。作者提到法兰克福学派，这样说道："上代批判者多有革命气质，恩格斯还直接参加过巷战，到法兰克福一代，批判再激烈，也只是在书斋里撒豆成兵，关起门来指点江山，自我称雄。"这固然是朱学勤对知识分子包括自己在内的反思，也未尝不包涵其思想向度正逐渐偏离现实的大遗憾。

在回家的路上，我走了一小段林荫道。路灯像招魂的灯笼，光照下的树叶更显幽深。想起海德格尔的《林中路》（上海译文出版社 2004 年 7 月第 1 版、2006 年 6 月第 3 次印刷，译者孙周兴）扉页上的话是："林乃树林的古名。林中有路。这些路多半突然断绝在杳无人迹处。这些路叫林中路。每个人各奔前程，但却在同一林中。常常看来仿佛彼此相类。然而只是看起来仿佛如此而已。林业工和护林人识得这些路。他们懂得什么叫做在林中路上。"老海以"森林"暗喻荆棘之地，认为每人都在路上，而且是在布满荆棘的路上。它不是现实中的路，人们已迷路。它是一条一踏上就迷失的路——陌路。同时，它又是一条归隐的路，它是危险的，因为它不"存在"，踏上的是茫茫不归路。这暗示——剥夺路上之思，或让思缺位，就放出一条新路，活路？

树叶因为有隙，光才会照射进来。如果树叶堆压在一起，没有任何光，没有任何的距离，就不会有美，也不会有"在"。因为有空才有"在"，因为空，才有路的显形。正如本书书名所标明的：《林中路》——林中多歧路，殊途而同归。但我的殊途就与哲学家们分道扬镳了。

相比起来，鲁迅先生的选择更为透彻："世界上本没有路，走的人多了，便成了路。"无论是大道或落叶纷飞的小径，足迹对土地的赋性与赋形，也许就是老海的"在"之意吧。如今人们有一个口头禅叫"注重过程，无所谓结果"，那好，就注重抉择之后的过程吧。在人生的底牌还没有翻出来之前，这样的历险之举又是多么可贵。当然了，选择的结果，也可能是瓦尔特·本雅明的"单行道"，一旦抉择，就无法更易。而且置身时间的洪流之中，人生也好，树林也罢，都是单行道，一旦踏入，连驻足不前也不行，更遑论回头，因为回头也无岸。所以祖宗古话里，有"一失足为千古恨，再回头已百年身"（（清）魏子安《花月痕》）的训诫。

诗 人布罗茨基

权力
被诗化的

作为诗人、小说家的卡拉季奇在白胡子和眼镜的层层伪装下，放松了革命警惕，恢复了喜欢抛头露面的文化本性，2008 年 7 月 21 日终于在塞尔维亚被捕，并于 30 日被从塞尔维亚移送到前南刑庭。

有着相当深厚文学功底的卡拉季奇喜欢把自己称为诗人。在幼年时，母亲就教他识字和背诵诗歌。上中学时，文学特别是诗歌就成了他的道德容器。早在 1966 年卡拉季奇就发表了名为《荒唐的旗杆》的首本诗集，并在以后陆陆续续出了 5 本诗集。被迫下台之后，他又重操旧业，陆续撰写了儿童系列图书。

诗人专权者

这样的新闻，倒是让我联想起多年前偶然想到过的一些命题，比如"诗人专权者"。如果说"诗人哲学家"的命名，是着眼于哲学乃是最有诗意的东西，我们可以在尼采、叔本华、弗洛伊德、海德格尔、加斯东·巴什拉等哲学家身上寻找诗的灵魂和言路——那么，我认为，"诗人国王"、"诗人独裁者"一类的命名似乎不大妥当。因为这两个职业中，前者是终生的，是属于灵魂的事业；后者总显得短暂、波诡云谲、刀光剑影，以厚黑学为运行特征的马基雅维里主义往往是后者的精神胎记。但权杖不可能在狐步舞带起的石榴裙红云中坐怀不乱，权杖乃是剑杖，它立定生根，以木质化的外表与民同乐，唱和之作成为了"传帮带"的N年之痒。权杖枝叶袅娜，立刻成为诗会的中心。

　　诗人与专权者在历史上的确有不少雌雄一体化的表演，而且诗人与封建君主、极权者、后极权主义均有千丝万缕的亲密关系。印度笈多王朝第二任君主海护王（335—380年在位），文治武功，写有大量诗作，与乾隆皇帝近似，在日进斗金之余，也挥诗万首，获得了"诗人国王"的雅号。有鉴于西方学者往往用权威主义人格来表征那种反民主的专制性的人格特征，广义的权威主义涵盖了这个领域的手舞足蹈与口沫，但不全面。全权主义用国家机器和意识形态全面控制社会经济和政治生活的天宇和地界，并命令、动员全体成员积极参与支持其权力运动。从表面上看，这些与诗完全无关的领域——口号、标语、巨幅画像、向日葵、文件、编者按、特约评论员、语录、黑体字、万人歌舞、人阵、排山倒海的掌声，才是全权主义的肢体语言。但诗人可以是个人化的、忧郁的、冥想的。谁也不能阻止那种翱翔宇宙、让历史随意改变流向的气概进逼文学，那也是一种诗。就是说，至少存在一种诗化的可能。这种诗的挥写固然可以使用"愿大海为墨、愿蓝天为纸、愿森林为笔"的大手笔，但当"海水用干、蓝天写满、森林写秃"都不足以把神的大爱写完时，权杖就逶迤回环，天生一个仙人洞，一笑百媚生。我们可以把这些匍匐的文字视为权杖的精神体操，权杖可以硬如勃起的枪刺，可以蜷身如芒果，也可以柔情似丝带，比如流行的黄丝带、红丝带，拧成一股绳，编织出大红绳结之类的迷宫。

曼 德尔施塔姆

诗人与沙皇

对于曼德尔施塔姆的杰作《颂歌》，布罗茨基指出，"对于俄国文学，他抓住了永恒的主题——'诗人与沙皇'。最后，在这首诗里这个主题在公认的程度上决定了下来。"（见所罗门·沃尔克夫《布罗茨基谈话录》，东方出版社 2008 年 4 月 1 版，17—18 页）。

布罗茨基进而认为："诗人与暴君有很多共同性。首先，两个人都想成为统治者：一个统治身体，另一个统治精神。诗人与暴君互有联系。"（同上书，92 页）其实，他们心性上都痴迷于"惟我独尊"。前者是内在精神的，顽固自执，一意孤行，乃诗人之本色，优秀的诗人哲学家往往是精神独裁者；后者是渴望权力辐射到社会所有角落之余，以诗兴再做思想动员，并愉快地启动顺口溜大集会、赛诗会、批判会一类形式，娱乐人民、开启民智之后，再立新功。一般的说法是，好的诗，好的哲学，容易成为专制的传道工具，但更上层楼的全权主义者，口舌生辉，自己就是这漩涡的主心骨啊。

今天，我又观看了一遍十几年前"海湾战争"的资料录相带。片子长达几个小时，看着萨达姆·侯赛因慷慨陈辞的硬汉模样，发现他不但颇有演员的天赋，也是优秀的雄辩家。以前我看过一些有关两河流域的书籍，指出当地文化有一个共同特点，那就是语言华丽，辞藻纷繁，形容词以罕见的高频率广泛修饰着情绪。就好像繁华都市高楼大厦的外观，彩色陶瓷、玻璃幕墙在阳光或射灯下折射着"诚招天下客"、"我们的朋友遍天下"的物欲与激情。

网络上四处可见《萨达姆语录》这一帖子，点击率极高。诸如——"我一点也不担心被判处死刑，死刑对我来说还不如伊拉克人民的一只鞋子。我不怕被处死。""即使他们把我放进地狱之火，真主原谅我，让他们把我连同用来烧亚伯拉罕的木柴，放进火里，我会说：'好，为了伊拉克！'

我不会哭，因为我内心充满信仰。""打倒叛徒！打倒叛徒！打倒布什！伊拉克万岁！伊拉克万岁……"

萨达姆是很有诗人情绪的，有诗人的胡子、诗人的微笑、诗人的肢体语言，举手投足，俨然是身着军装的谦谦自由知识人士。在 2006 年 12 月 31 日被执行绞刑之前，他的口才与辞章就像是流水线上的产品，根据经验，都可以预测得到。《星期日泰晤士报》2006 年 5 月 14 日以《诗人萨达姆做好赴死准备》为题，报道律师哈利勒在接受采访时披露了最近一次与萨达姆长达 5 小时的谈话内容。萨达姆在会谈中"慷慨激昂"地对哈利勒说："我并不怕死，我出庭不是为了保住自己的性命，而是为了捍卫伊拉克。"萨达姆告诉哈利勒，他正在撰写一本新的"史诗"："以前我没有时间写诗，但是现在我有充足的时间成为一名诗人。"这部"史诗"现在看来一个字也没有写，但萨达姆需要的，就是通过自己的口语把这个信息发布出去，然后，一切结束了。在他"百分之百当选"伊拉克最高领袖的期间，他写作的几部小说据说很"畅销"，其语言组合方式与那位醉倒中学生的诗人纪伯伦是一个路数。

翻译家郑体武在《诗人斯大林》一文里指出，斯大林与学画不成的希特勒不同，他不是一个失败的效颦者，而是一个真正的诗人；他从未指望过得到诗坛的承认，却初出茅庐即得到普遍的认可。格鲁吉亚的许多刊物一度心甘情愿地为他提供版面，他的诗句在读者中争相传诵。格鲁吉亚经典作家恰夫恰瓦泽（1837—1907）曾将斯大林的作品列入中学生必读书目，这对一个初登诗坛的青年诗人来说简直不可思议，也是绝无仅有的（《译文》2002 年第 2 期）。

至于具有忧郁面相的卡扎菲上校，则有更上一层楼的趋势。谁能说，这不是"先天下之忧而忧"的标本呢？卡扎菲著书立说颇多，既有政论性文章，也有短篇小说和散文。有一次，当有记者问卡扎菲，西方人为

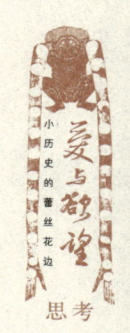

什么对他充满敌视时，卡扎菲回答说："他们根本不了解我。在他们的头脑里，我的形象被扭曲了。例如，他们不知道我还是一个诗人，不知道我是一个小说家，不知道我是大学里的哲学、历史和社会学教授。"（见《卡扎菲传奇》，《重庆晨报》2002 年 11 月 3 日）

我们自然无从得知卡扎菲的诗歌、小说、哲学、历史学、社会学的真实造诣。从这些领域着眼，"打通"壁垒的全方位的才华似乎昭然若揭。看了一些他的讲话稿，再听听萨达姆的各种宣言，总觉得耳熟，直听到这些包裹着形容词的企图和阴鸷的智慧被沙漠风暴当头痛击，我才恍然醒悟。

全权主义的话语诗学

着眼于现代全权主义话语系统，我们不应该只是关注政治术语，还应该包括古典的人心、道德御术。不应该只是现代政治学话语，还应该包容后极权话语诗学，特别是当代东欧、东方发展出来的诸多怪论。极权话语同样也在与时俱进。我认为，它转换成为现代化话语的标志，乃是在经济成为权力的主语之后。所以，全权主义所倾心的话语诗学，应该得到重视。我们应该充分掌握古代集权者的诗学表述和现代极权者的权力诗化特征，并着眼于后极权时代经济欲望对权威主义的粉饰，从而使全权主义的语言研究既能够有效地顾及权力诗化现象，又能够有效地发现皇帝新衣的莱卡化。

中国古代以来的文学艺术其实都处在诗化思维的笼罩之下。在此荫庇下，口语、庙堂文学、民间文艺，乃至政令和整个意识形态，无不对诗化方式予以倚重。纳粹德国解体后，德国思想家恩斯特·卡西勒于1945 年逝世前不久就表示："今天，如果我去读过去十年间出版的德国书，我会惊讶地发现到，我已经不再能了解德国的语言了。我发现许多未曾闻知的词汇；至于许多以前就知道或熟悉的词汇，则有了不同且怪异的意思。许多普通字辞都承载着感性及强烈的情绪。"而谈得更清楚的，

是美国普林斯顿大学历史系教授简·托马兹·格罗斯在《社会控制论文集》对所有集权国家的语言特性所做的研究，并提出如下综合式的结论：

（一）它的语言高度诡辩与修辞，语言中充盈着各种两极化的图像。

（二）它的语言具有刚硬、严肃的指令形式。经常是口号或一连串口号组成句段或句子。

（三）它的语言既不"描述"，也不"规范"，一切只有强迫式的"定义"。

当代法国符号学家罗兰·巴特说过："语言表示价值判断，语言中的定义乃在于区别善恶，如语言中只有定义，那就是语言中的每个字辞都附带价值。这等于说，语言的过程已被切断，在指谓与判断之间没有了时间因素。"它已成了一种绝对性的语言（南方朔《语言是我们的居所》，辽宁教育出版社 2000 年 1 月版，239—240 页），没有丝毫的挪移。

一切独裁者总喜欢使用一种先验话语，对自己的处境进行无休止预测。当噩梦般的泡沫汹涌于大脑达到不可遏制的状况时，他们虚拟出来的敌对势力，虚拟出来的强大对手，虚拟出来的叛徒集团，虚拟出来的崇高理想，用虚拟的现实镜子来歪曲历史走向。这不但是阴谋理论的具体反映，落实在语言上，它虚构一个永恒的所指，以未来承诺的名义，以个人／终极的名义，确定一种乌托邦式的"香格里拉之眼"。现实中的所有能指都必须指称这种所指，所指的单面性使其本身成为彻底的虚构，掏空了意义。当一切成为指称的时候，被指称就是世界本身。能指的无所不在、无所不有的普遍性，使能指和所指之间变成了毫无逻辑。也正因为此，权柄的每一次"说出"，就是一切。

　　从格罗斯的三个结论来看，还可以发现，笼罩在权力话语中的"理想主义"浓云，已经不再是切实的意义话语，而完全是一种理想的无政府状态，以及权力者的难以遏制的精神漫游。往往都是口语而非传统意义的书面语，成为了全权主义的主流话语。口语唤起的亲切与"在场"意义，与古代圣贤们的"语录"往往让听众产生文化心理上的勾连。但对口语的关键词进行高度修辞，他们尤其喜欢进行各种动词、形容词叠加。在关键词前后煞费苦心地大量使用具有细微区别的、煽动力极强的形容词和动词加以修饰。这是考虑口语冲口而出的快感的负效应，猛踩刹车，左和右的，骑墙主义的，历史和未来的，既要马儿跑又不要马儿吃草的，既要又要还要特别要尤其要关键要，均体现了这一语言系统的吊诡。这就类似于对一栋田野中的圆木建筑进行豪华装修，实木难以承受装修材料之重，吱呀作响，跑冒滴漏，最后与都市的厕所和垃圾库在外观上没有区别。

　　虽然各国历史、文化、语言、民族等不同，但极权者、全权主义在行为模式、思想理论、语言风格、组织形式却惊人一致。这肯定将导致他们大结局的相似性。他们简略的，或语焉不详的口语一旦发布，便在群众中产生了巨大的连锁效应。就其语言风格来讲，我们可以注意到一些"通吃"的语汇：比如，莺歌燕舞、锦绣河山、战鼓、波澜壮阔、走狗、叛徒、丑恶的胸膛、丑陋的撒旦、帝国主义的代理人、鲜血洗亮战刀、红光满面神采奕奕健步登上主席台，巨人巨手巨臂……以至那时的我就猜测，这些庞大的词汇一定是指一个美丽的大人国。不然，常人的身材好像根本穿不进这套皇帝的新衣。

　　当沙漠军刀把萨达姆的精锐部队如砍瓜切菜一般分解，迫使其从科威特撤军时，萨达姆豪迈地指出："我们英雄的武装部队从真主赋予我们的土地上英勇返回，他们用鲜血和生命捍卫了神圣主权的无上尊严。撒旦布什及其帝国主义走狗不要忘记，胜利注定是属于英勇伟大的伊拉克人民的……"听听，如果作为他的臣民，处在每天几十遍的温故知新式的语境中，能不相信吗？当然了，这又回到"谎言重复千遍就成真理"

的老话了。值得重视的是，这句名言不是约瑟夫·戈培尔的原话，他的原话是："如果你撒了一个大谎并且不断重复，人们最终会相信它。但是……真理是谎言致命的敌人，也正因为如此，真理是这个国家机器致命的敌人。"这不但亮出了诗意掩盖下的底牌，也揭示了一切秉权者高宣佛号、口吐莲花的舌苔底色。

反过来看，在权威话语的进逼下，"很多人没有判断力"其实是一个永恒的正确判断。即便是以冷静著称的德意志人，理性的堤坝也在希特勒的演说下尽数溃败。人不可能不对事物使用判断力，但大多数人的判断力局限在感官的范围内。这个范围不轻易扩大，倒是有可能不断缩小，小到一个点，突然又成为了构建巴别塔的基地，自己必须投身于工作。工作就是奋斗，奋斗就是理想和现实。因此，被一些耳熟能详的权力话语"导引"着思维的方向，自然就成为安稳生活的重要前提。这一群体心理态势，一再为秉权者洞悉，并玩弄于股掌之间。苏珊·桑塔格指出："希特勒像尼采和瓦格纳一样，认为领导就是对'阴性的'群众的性征服，就是强奸。（《意志的胜利》中群众脸上是一种极度欢愉的表情；领袖使人群达到性高潮。）"（《在土星的标志下》，上海译文出版社2006年7月第1版，102页）。从这个结论出发，我们可以找到太多可以印证的例子（参见拙著《就像左手握右手》一文，刊于《书屋》2006年6期）。

我读过希特勒自传《我的奋斗》的汉语简体版。这本标示为"西藏自治区文艺出版社1994年8月1版"的"假书"，翻译得一塌糊涂，但发行量惊人。希特勒可能从维多利亚的夸饰文风与狂飙突进运动的浪涛里，无师自通地掌握了写作的技术：利用华丽的形容词、副词，述说民族的苦难和命运。然后直指辉煌的胜利硕果——肯定是属于日耳曼人民的。应该说，这种状况的膨胀很容易营造一种诗化气氛，近似浪漫主义与乌托邦幻彩的奇异效果。作为诗人，这些人无一例外洋溢着激情和煽动力。这种诗化的后果又分两种：一种类似中国古代的不少皇帝，成天写诗，寄情于女人风情与山色风光，并未把诗思用在朝政上；另一种状况是灵感奔至，雷鸣电闪，天地为之变色。就像希特勒欲纵横天下，就

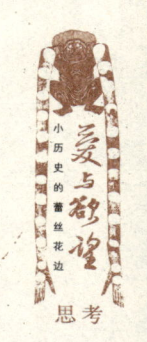
像萨达姆点燃油井看着浓烟在蓝天自如挥写梦幻，就像宣布亩产十万斤粮食，要把红旗插遍地球或月球，就像汪国真曾经宣称要勇夺诺贝尔文学奖，就像大家都会背诵的一副对联，至今在有些老建筑、老水库处仍清晰可见："指山山让路，指河河水清！"

中国几千年超稳定的传统文化是诗化权力的极其重要的因素。儒、法、墨、道是构成传统文化体系的主要支柱，又以儒学为最，而儒学士大夫又无不以诗词歌赋来包装自己，来修养陶冶其秉性、气质和风格。那些饱食传统文化而臻于"内圣"、"外王"的人物，其诗化的秉性、气质、风格与其毕生的权力实践已经融为一体了。

"一张白纸，没有负担，好写最新最美的文字，好画最新最美的图画。"这著名的"白纸论"的确唤起纯朴百姓对未来的美好向往。"一穷二白"的现状，不但不是社会发展的负担，而是"画最新最美的图画"的条件。因为越穷越革命，越能激发巨大的意志力量。

如今，在一张彩色照片上继续规划出最新最美的图画，浓墨重彩，对诗人、权力者来说都是最具诱惑力的事情。

诗化了的现实蛋糕

对诗化与权力的渴望好像每个人都有，只不过大小有别罢了。比如，一些男人在家庭日趋美满、妻子越发能干、银子越来越多的时候，开始了把诗化与激情进行结合。这样的诗化之欲，其结局不难预料——与男人诗化的女人又与别人诗化去了。当你从醉意中醒来时，发现太阳升得已经很高了。我的一些朋友诗化起来就更神经质了，认为天降大任于斯人也，遍地是黄金，辞职下海，偷渡不成，最后被押运回籍，差点落个叛国罪名。一些人在官位上坐久了，成为了"马桶效应"的实践者，上半身西装革履，下面一丝不挂，门户大开。欲望在经济大潮中不断升华着对金钱的巨大感情，其结果不难预料。在这样的背景下，我似乎就能明白统治巴基斯坦20年的布托，站在绞刑架上发布的遗言的真切性："这些年我一直是一个革命诗人，并且会一直做下去，直到生命的最后一口气。"（【德】维尔纳·富特编《名人遗言大全》，哈尔滨出版社 2004 年 1 月版，20 页）

学人刘小枫在上世纪八十年代中期出版过一本《诗化哲学》，讲的是德国浪漫派自席勒、费希特等人以降的罗曼蒂克式的美学思潮，即把诗不只是看作一种艺术现象，而更多的是看作为解决人生的价值和意义问题的重要依据，并把美学视为人的哲学的归宿和目的，成为一种泛美学化的哲学。如此看来，作为一种思想系统，诗化哲学的终极，恰恰是人生的非"诗化"。它作为反抗单鞭权力与铁幕的操纵术，显得是那样柔性。全权主义宰制的国家有它操控及摧毁语言及思想的模式，扎米亚京在著名小说《我们》中，描绘过那首每天必唱的圣歌，成为了绝妙的注脚。现代美国文学及文化评论家、《党派评论》创始人菲利浦·拉夫（Philip Rahv）就指出："奥威尔式的双重思考，并不只存在于俄国，它也同样地出现于纽约的大众媒体上。它的叙述之邪恶与荒唐，也让人想起奥威尔的故事。"让对终极的关怀与对物质的欲望强行结合，其结局必然是荒谬的。它除了将人和一个制度推向一个欲壑难填的绝境外，不可能为这个操作者之外的任何人提供有益的东西。如果有的话，那就是：也为我们留下了一大堆形容词扎结而成的纸花，以及被权力者草菅过的无数生灵。

在这个崇尚技术与机遇的时代，后者为诗化权力者提供了超越前者的动力。作为理性世界日益强大的反动者，这种小丑或撒旦不但不会绝迹，反而还会更多。像美国的人民圣殿教、日本的奥姆真理教等等，都是在华美的真理话语包装下，大肆危害人类社会的。

布罗茨基认为，诗人的作用不在于"瞬间的改变"，诗人用间接的方式改变社会，"当诗人的作品被接受，他们讲的是诗人的语言而不是国家的语言。"比如但丁之于意大利语，比如普希金和涅克拉索夫之于俄语。"今天的俄国人民不用社论的语言讲话。我认为他们不讲。苏维埃政权为所有方面而得意洋洋，除了一点——语言。"（见所罗门·沃

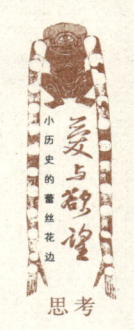

尔克夫《布罗茨基谈话录》，东方出版社 2008 年 4 月 1 版，93 页）这是否是布罗茨基过于乐观的估计呢？他也许不明白，连如今的社论和口号，也被诗化了。

眼下，兰花指翻飞，日破云涛万里红。被日益诗化的现实里，结出了累累硕果：农民得了"富贵病"；各大城市"幸福感"的评选；王兆山"纵做鬼、也幸福"的阴间抒情；一个诗人写道：领导一讲话，连"废墟里的亡灵也听得有了呼吸"；重庆一大学生发现了团结的力量，发出了"我们祈祷：让地震来得更猛烈些吧"的高呼；出现了余秋雨"在全民悼念的汽笛声中我暗暗自语：／如果能有十个轮回，／即使再有地震海啸，／我选择投生的土地，／一定不会改变"之类的誓言……

徐友渔在《对当代科学知识的臆断》一文里指出："一个多世纪以来，中国人引入外来学理的努力一直绵延不绝，但从来都有一种不良倾向，把坚实的东西软化，把理性论证的东西文学化、诗化，把所有的理论、学说都变得空灵、飘逸，一切为当下的生存方式和心态服务，表面上大肆喧嚷西方学理，实际上少有理解和把握。"

这个说法太温和了。诗化的因子汹涌在人们的血脉中——敢于诗化权力与世界。诗化的权力实际体现了"极权修辞学"的某种语法，是秉权者板结的铁幕上婀娜多姿的褶皱。自己被自己的真诚谎言所感动，诗化历史之余，诗化现实也是权力者最为着迷的现实劳作。他们确实在诗化着什么，当他们诗化完毕现实以后，诗化未来，就很自然地成为了一件顺手牵羊的工作。每当他们的诗性不可遏止的时候，正如蛊虫成蛊，相互吞噬，我们就该明白，是到了权力彻底被诗化为泡沫的时候了。那时候，再来作诗吧。

玫一
瑰切
　　的

有一些器物，从出现那一天开始，就注定了它们必定会改变那些相遇者的命运。如同圣杯从所有杯子里升跃，不但异形，而且还可以承载包括深渊在内的空间；如同大鹰以水准仪的方式平衡了飘摇的地平线，如同玫瑰在花园振臂一呼，叛者云集。伴随其影响的日益深远，这些器物在文化的香火中，为膜拜者拓展出了各自纵深的匍匐路程。

在德国植物学家、园艺学家玛莉安娜·波伊谢特所著《植物的象征》一书中，玫瑰占据了漫长的篇幅，柔弱的花瓣托举起了最为繁复的意义：从穆罕默德升天之际的汗珠到诸神身边恶魔登天的蔓生攀缘天梯；从保密之神到智慧之花，从童贞的圣母到情欲的风尘女子。美、浪漫、爱情、圣洁、感性、颓废、爱欲、死亡、宇宙、神秘、沉默、智慧、优雅……没有另外哪一种植物可以领受如此众多的词义。玫瑰仿佛受难者，用最华丽的方式，成为了莎乐美跟前承载圣约翰头颅的托盘。

玫瑰是一朵玫瑰

我在着手此篇文章之前，已经完成了《葵花的修辞学》。我的意思是，

当"朝（向）阳花"成为统领葵花的名词时，葵花在失明/失名的双重语境下，只配躲在田野里花开花落。而昂首挺立的朝（向）阳花，则俨然成为了宏大叙事里唯一的忠诚喻象——因为连获得权力许可的腊梅、红梅，也只有抗争的任务。为此，这个名词落下了严重的颈椎病，它的脖子再也转不回来，再也看不见生养自己的土地了。所以，我们可以创造"就是好就是好啊就是好就是好"的重复句来表达。其实，一朵葵花就够了。

但玫瑰不同。

号称"作家的作家"的美国小说家格特鲁德·斯泰因有一个名句——"玫瑰是一朵玫瑰是一朵玫瑰是一朵玫瑰。"从逻辑角度而言，这几乎是废话。但这是一句颠覆玫瑰修辞的命名。所以又绝对不是一句把玫瑰变成玫瑰酱的俗语。斯泰因是先锋派小说家，在文学创作中大量运用重复的手段来强调她自命的"持续的现在时"。在《有用的知识》一文中，她做了奇特的论述："一加一加一加一加一加……"她继续这样叨念下去，宛如在做小学一年级算术，唇齿叩击，一直达到了一百。她说，经历了每一个数，才明白了"一百"的真实涵义，因为每个"一"，都是完整的独立存在。有论者指出，在斯泰因的作品中每个单词同样是完整的独立存在，因此她的作品必须逐字阅读，依靠唇齿的叩击，犹如杵臼相击，逐渐触摸到混在齑粉当中的陌生物质。在读者的眼里，每个单词必须看起来具有新意。一个单词正出现在读者眼前，随后跟着一个又一个单词，作为抽象与具象的对应，其间有一种不等转换过程，这样就产生了她称之为的"持续的现在"。她试图通过关键词句的重复，不断地将读者拉回到时间轴的某一固定点上，使读者和作者一起永远处在"此时"，造成"现时感的持续"。这个来自威廉·詹姆斯和伯格森的哲学启示，一直就认为人的生存就是"一个不可分割的流动"。可问题是，要做到每个单词必须看起来具有新意，那就必须清除、打磨附着在这些词语上的习惯性青苔和意义，让它们在不断变异的语境里，在连续不断的歧义与突然而至的新意交汇中失名、失神，从而被重新赋予。

在这个体认状态下，我们再来打量玫瑰。

玫瑰本是独立存在物，它有形，有味，有色，即使不附加任何修饰词，玫瑰就足以自成气候。玫瑰是无限的能指，而向日葵则不是——因为它的养分，只是来自铁幕政治的反照。

我的问题在于，意义是词语之间的差异性赋予的，这固然表达了斯泰因对不可表现之物的心醉神迷，但无论你如何让"一"独立，一旦独立了，"一"还是"一"。我想，这种不可表现的物，匿身于我们划定的语言范畴里，同一性里应该包含了差异性和限制性关系，差异性关系又包含对比关系和衬托关系，从而对我们可能目睹不可表现之物。所以，无论我们对玫瑰做出怎样的推论，都将是关于别的什么的，而不是关于玫瑰的。我的意思是，斯泰因并不傻，既然无法说清那不可表现之物，那就让本体与喻体、本象与喻象合一。或者说，是将一种喻体改造为另一种喻体、把一种本体与另外一种喻象糅为金箔、最后达到喻体将让不可表现之物翻转为另一本体的炼金术过程。用斯泰因的话来说，语言即是那种导致"肉灵互变"的东西。

这里，必须触及另外一个有着"作家们的作家"之称的博尔赫斯的名句。他在《另一次死亡》中，比喻佩罗得—达米安的生命从世界上消失之时，使用了这样的句子——"仿佛水消失在水中"。这是一个"接龙"游戏，飞得最远的两翼之象，终于偷渡到了本体，完成了"接龙"。水消失在了水里，树叶消失在了树叶里。临水独照的那喀索斯，来自水回到水，走进死亡回到生。这样，回到图书馆的某册书籍，就像捉迷藏的孩子，因为藏得太深，反而被所有参加游戏的孩子忘记了。

被误读的玫瑰

意大利著名的符号学家翁贝托·艾柯（Umberto Eco）的历史小说《玫瑰之名》，引发了一场关于"玫瑰之名"的学术误读热潮。由于玫瑰这一庞大象征系统的多义性和丰富性，为读者阅读《玫瑰之名》提供了无

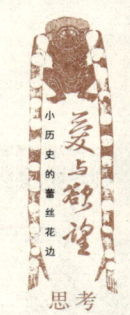

尽的诠释空间。一时间，对"玫瑰"的诠释五花八门，千奇百怪乃至匪夷所思。面对这种意料不到的情况，艾柯颇有作茧自缚之感，于是他宣称："玫瑰就是玫瑰就是玫瑰就是玫瑰……"看看，睿智的符号学家似乎也黔驴技穷了。

在数学的迷宫里，玫瑰花无风自动，成全了抽象的历险。在音乐中玫瑰步步生姿，用倒卷而来的香气，暗示了珠帘后的古典式守望与横陈的玉体。至于诗，那几乎就是围绕玫瑰的急促的狐步舞，使花刺成为了青葱玉指上的锐利指甲，从缎子的花瓣划过。所以，玫瑰早已隐身在它的影响里，遁地而走，并在咏叹者身后现身。哦，我看见了那葱绿的刺。

在玫瑰面前，道德家看见了淫乱，革命家看见了流血，阴谋家看见了诡计，诗人里尔克则看见了梦者的眼睑。他为自己的墓志铭写道："在如此众多的眼睑下／独自超然地安眠／也是 一种喜悦。"在德语中，眼睑与花瓣是同义词。在发音上，德语的眼睑与"歌声"同音。最终，里尔克为了摘些玫瑰花送给一个刚刚结识的女友，花刺扎破他的激动的手指，这加速了那潜伏的败血症彻底发作。里尔克于 1926 年 12 月殁于瑞士的巴尔蒙特疗养院。他曾说，"死神从各种事物的间隙中凝视我们，像从厚木板中探出头来的一根锈铁钉。"看来死亡不是铁钉，而是玫瑰花刺，它扎破了全部修辞。德语诗人伊凡·哥尔在《第七朵玫瑰》里说出了里尔克的结症："而第七朵／最为娇嫩／那信仰的玫瑰／那夜之玫瑰／那姐妹般的玫瑰／只有在你死后／它才会长出你的棺材。"但是，里尔克在"玫瑰，呵，纯粹的矛盾"感叹声里，是否握住了玫瑰之手？

诗人翟永明说"在一切玫瑰之上"，为了凸显什么？哦，那真是针尖上的天使。

我私下以为，在玫瑰面前，没有之上、之下的比附，也无须之内、之外的类比，只有一切的玫瑰。如此说来，我说的这些也是废话。

在铁板铜琶的破裂处

荆轲刺秦王。

2010年仲春，我开始着手修订《拆骨为刀——中国历史上侠义传奇》书稿，时间持续了大约半年。有几首古诗一直晃动在眼前。

一有间隙，它们就纷纷离开纸面，把我的书稿推出天窗，返回到各自的域场，把那些飞扬在空气里的精魂收回，焊合折断的刃口。然后，诗歌坠地，刀回鞘，稳如斜撑和石础。这印证了一个古老的说法，有些诗，是不能躺在纸上念诵的。甚至，它们不是依靠糖浆的嗓音来到世上助兴悦耳的。有些诗，出口即灭，一根火柴无法再次划燃；有些诗，说出就变质，晶煤曝光成了矸石。

它们只信任一条管道，在血的加盟中，血宛如银丝镶嵌，勾勒出声音的纹理。

我指的是这3首诗：《易水歌》、《垓下歌》和《大风歌》。一首唱给自己，一首唱给情人，一首则渴望别人抛头颅以巩固体制。

筑音：响遇行运

自称"以文字之缘漫浪江湖者四十年"的宋代文人俞文豹，在《吹剑录》里说：

东坡在玉堂日，有幕士善讴，因问："我词何如柳七？"
对曰："柳郎中词，只好于十七八女郎，执红牙板，歌'杨柳
岸晓风残月'；学士词，须关西大汉，铜琵琶，铁绰板，唱'大
江东去'。"公为之绝倒。

　　这并非是对写作境界的坐而论道。词乃须以曲度之，诗词必须发出
声音，方能让抽象之思从纸面起立，复原它的身姿或猫步，并钩稽那看
不见的余韵或丝缕，以飘拂的方式在声音的边缘觊觎或放弃。或如丈夫
见客，大踏步便出去；或如女子见人，先有许多妆裹作相。

　　《吹剑录》之名取自《庄子·则阳》："惠子曰：夫吹管也，犹有
嗃也；吹剑首者，吷而已矣。"吹剑只能发出小而锐利之声，自谦之中，
在红板玉音之下，在铜琵铁板之下，恐怕也蕴藉了俞文豹的个人之声。

　　可是，俞文豹为何不利用"筑"来加固自己的修辞术呢？

　　《易水歌》在寒风里展开它刀刃的语调时，历史特意为我们亮出了
那在冰块里凿进去的"筑音"。这是筑在历史大幕下的首次正式演出：
唱者荆轲，演奏者高渐离。

　　筑为先秦时代的乐器，长40～50厘米，《汉书》说"筑"比"琴"大。
筑源于中国南方，其声悲亢、激越，在民间广为流传，自宋代以后就已
经失传。1993年在长沙西汉王后渔阳墓中发现，为木质五弦，或十二弦琴、
二十一弦琴。《汉书·高帝纪》中有关于筑的形制的描述："状似琴而大，
头安弦，以竹击之，故名曰筑。"演奏方法是左手持弦的一端，右手执"筑尺"
击之发音。筑几乎是古琴右侧多出了一条别扭的假肢，样子就像一个怪客，
以一种并不华丽、光润的造型，却完美了那响遏行云的壮音。

　　燕王喜二十八年（公元前227年）深秋的一天，燕子丹及部分幕僚，
白衣白帽为荆轲送行。说是壮行，却如送丧一般。在易水岸边（今白洋
淀一带），摆好了一个桌案，放着一杯一杯斟满的酒，天光斜浸酒杯，
如淡血。此时只有寒风刮响流水的声音，荆轲的好友高渐离的筑声打破

了无边沉默，"变徵之声"像大石入水。荆轲和着拍节引吭高歌，苍凉凄惋的声调，让送行的人都流泪哭泣。一股来自高天的寒流，像一把冰渣，粉碎在荆轲额头，难以抵御的寒意直透脚底。他火炭一般的内心一派乱云。

高阳先生的历史小说《荆轲》将这一幕刻画得十分成功：筑声又起，由"变"声转为"羽"声，在满座的人的感觉中，仿佛宿雨已收回风势转疾，劲峭的冷意，反使人抖擞起精神，别有一种清醒振奋的意绪。一个个憬然倾听，一阵跃然欲试，那颓丧无奈的心情都一扫而空了。渐渐地，高渐离又杂用"商"声。"商"声被称为"金"音，高亢劲急，如千军万马中的金铁交鸣，那一片肃杀的气氛，越发把大家的心都悬了起来。然后，复又转为"羽"声，西风残照，冷落关河，虽不免苍凉之感，却能令人油然而兴横戈跃马的鼙鼓之思。

筑声如同天鹅的绝唱。裹挟在筑声里的荆轲，一边踱步一边吟唱：

> 风萧萧兮易水寒，
> 壮士一去兮不复还！

风把他的声音撕裂，如细雨打在水上。他在颤音中退回来，复又以慷慨激昂的亮声，震慑荒林，如同刀锋从脸面削过。送行者怒目圆睁，头发直竖，似乎把帽子都要顶起来。《燕丹子》指出了一个《史记》所无的细节："血勇之人"夏扶，只因不能随荆轲同行，突然拔剑刭颈。他是希望自己的魂，跟上荆轲，并壮行色。

荆轲的声音突然变得暗哑，宛如赤铁淬水。他仰头，深深吸气，据说吐出的气浪化作了一匹白虹，他用尽力气高唱：

> 探虎穴兮入蛟宫，
> 仰天呼气兮成白虹。

一道白虹拔地而起，历久不散。虹起的地方后来就叫"北白虹"，

虹落的地方就叫"南白虹"。这两个村名沿用至今，依旧佐证着这个峭拔的血性场景。

在高渐离的筑声远处，荆轲上车就走，连头也不曾回一下。那道罕见的"白虹"呢？是否已经凌空而下锲进了荆轲的头骨？他的表情，就像箱子里樊於期的头颅，就像车边夏扶血溅一地的身躯……

太子丹送荆轲到易水并非就此折回，而是涉过易水。他仍不肯回銮，一直送到易县西南的孔山，才洒泪作别。这一段30华里的路途，便叫做"送荆径"。在这条不归路上，荆轲完成了他从"游民"到"上卿"、从"刺客"到"义士"的人格蜕变。

"送荆径"早湮没于历史的尘烟，但有无数人子在此徘徊过。崇祯十三年（1640），陈子龙为母丧服满，入都途中路过易水，写下了沉郁顿挫的《渡易水》：

> 并刀昨夜匣中鸣，
> 燕赵悲歌最不平；
> 易水潺湲云草碧，
> 可怜无处送荆卿。

并刀如水，白虹贯日。并刀就是出自古并州之利刃。想来聂政刺杀韩相侠累，使用的应该是并刀。不然，他如何可以手刃37人？！其实，陈子龙如果心中有筑，如同陶渊明置身于无弦琴，那荆轲逼视死亡的眼神，想来可以在乐声里重现。

而后，我们在正史里听到了高渐离独奏之筑，在咸阳宫里发出的无心之音。而随着音箱里用于刺杀的铅块占据了共鸣的空间，声音变得宛如"吹剑"的细流。而后，筑重重砸在地板上，筑裂人殒。如同头颅一般滚落的铅块，才是筑音的核！

这是筑之于中国的绝响，烈度大大超过后来刘邦随大风播散的帝王之声。

帝王之声：历史的二重唱

埃下战役发生于汉高祖五年（公元前202年）十一月。乌江现名叫南沱河，为濠潼河水系的一大支流，流经安徽无为、灵璧等县注入淮河。这是楚汉双方最后一次战略决战，韩信以30万大军对战项羽9万之众，项羽被围，危在旦夕。

啊，又是一个深秋！又是水边！

秦嬴政时代，刺秦者多如牛毛。楚人尤烈，所谓"楚虽三户，亡秦必楚"。楚人是反抗秦王朝的主力军。楚人占据了中国政治舞台的中心，其意识形态发声学也随之改弦更张。用楚地方言歌唱、楚地音乐伴奏的"楚歌"，也就成为民间、宫廷中最流行的歌谣。汉初最早的"楚歌"，可追溯到项羽。已经聆听过"四面楚歌"的项羽，并不认同那是地道的"楚歌"，那不过是捏着嗓子学出来的"鸡叫旋律"。《史记集解》引应劭之说："楚歌者，谓《鸡鸣歌》也。……多于鸡鸣时歌之。"深夜了，项羽愁对正在黯然萎谢的虞姬，不擅音律的莽夫，竟然敞开了胸臆，忘情一曲：

> 力拔山兮气盖世，
> 时不利兮骓不逝；
> 骓不逝兮可奈何，
> 虞兮虞兮奈若何。

虞姬一听，拔剑起舞，并以歌和之："汉兵已略地，四方楚歌声；大王意气尽，贱妾何聊生。"歌罢自刎，以断项羽闻香软骨，激英雄奋战之志。尽管正史缺失，所唱曲子歌词却仍载于《楚汉春秋》的稗史。

始为男声的清唱，然后演变为二重唱，声音中间隔着一把剑。不知道虞姬拔剑起舞时，是否发出了铿然剑声？我想，这声音至少要比文人的"吹剑"大一些吧。

《埃下歌》被收入宋代郭茂倩《乐府诗集》时，题名《力拔山操》。

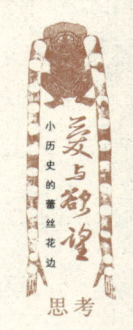

陈仁子编撰《文选补遗》时，收录但题为《垓下帐中歌》。冯惟讷《古诗记》题为《垓下歌》。朱熹《楚辞集注》卷一评价道："慷慨激烈，有千载不平之余愤。"黄庭坚那"楚狂行歌惊世人"的感叹当是贴切的。

这就让我发现，那些感动后世的，往往不是那些锦囊妙计或宫阙里的顾盼自雄，而是黑色绝望所酝酿出来的铅与铁，却又被柔情涂上了一道诡异的胭红。而所谓绝望，多半是力可拔山却无从拯救红颜时产生的。这时，汹涌的力量转过了利刃，只好咬噬自己。在临死前的一瞬间，项羽一定要怨天一定要尤人，就像伍子胥化作了万卷怒涛。这样的人从来就无须别人的宽恕。有人认为狂放、浪漫、血性就是"楚狂"精神，其实它们是戾气的掌上之舞，这也是我所理解的"楚狂"气质。不料数千年以后，它成为了自由主义的对立面。

有多少人在垓下产生过也"和"一首的念头？垓下项羽高喊的"虞兮虞兮"已经香消玉殒，一旦缺失对象，绝望不黑，反而生出"司丹康"的光亮——就像浪漫主义、现实主义或后现代的诗人都习惯表情严肃地猛甩头发。

王风自蹈：风起云飞

本着为尊者讳的古训，《史记》只讲刘邦好的，别的大都模糊。此种身体政治，成为了史家的真理："高祖为人，隆准而龙颜，美须髯……"奇怪的是，司马迁不写刘邦的身高，反而一头注视到了刘邦"左股有七十二黑子"。好在写到"好酒及色"四字，终于展示了司马迁的底色。

汉十一年（前196年）黥布被逼反时，刘邦曾经因项羽的箭伤而不欲亲征。后来他被迫亲征，再受箭伤。刘邦平黥布回师，过沛县，邀集故人饮酒。酒酣时刘邦击筑，同时唱《大风歌》。汉朝人称这篇歌辞为《三侯之章》，后人题为《大风歌》，始见于《艺文类聚》。

大风起兮云飞扬，

威加海内兮归故乡，
安得猛士兮守四方！

何为"三侯"？因为感叹词"兮"与"侯"古音相同，三兮，再三感叹之意，乃是刘邦罕见的真情流露。

如果说《易水歌》、《垓下歌》是"武曲"，那么《大风歌》则为"文曲"。尽管它与《垓下歌》同为"楚歌"，但《垓下歌》是黑色的绝望，《大风歌》则体现了胜利后的空空荡荡。缺乏抒发的主体，那就只能面对浩淼的"王土"和迅猛的"王风"，空自蹈虚一番。唐代创立"文选学"的大师李善对此解释说："风起云飞，以喻群雄竞逐，而天下乱也。"而"入吾彀中"的"猛士"还少了吗？他们往往不是死于战场，而是死于污蔑中伤和功高震主的清洗！而且，刘邦由自己的伤势，预感到生命的黄昏已然不远了。

唱时，刘邦流泪击筑，这手艺源自戚夫人的传授，夫人本是击筑行家。第二年高祖崩，沛县得以四时歌沛宗庙，唱的正是《大风歌》。作为汉家乐府经典，那种忐忑不安就像大风在"王土"上卷起的沙尘，遮蔽了王者的容颜。

绝望的项羽，曾悲慨人定无法胜天。胜利者刘邦在歌中响彻着不安的悲音，这就难怪他在歌唱舞蹈时，要"慷慨伤怀，泣数行下"了。第二年他病重中，再次击筑，突然对戚夫人说："为我楚舞，吾为若楚歌。"这北方汉子，决心要死在楚歌里。戚夫人随歌而舞，他唱的那首《鸿鹄歌》："鸿鹄高飞，一举千里。羽翮已就，横绝四海。横绝四海，当可奈何？虽有矰缴，尚安所施？"刘勰在《文心雕龙·时序篇》里赞誉"《大风》、《鸿鹄》之歌，亦天纵之英作也"。我倒是觉得，《鸿鹄歌》应是他的最亮音，美学价值超过了《大风歌》。

而这样的景象，与项羽之别虞姬，是何其相似啊！

这样，在铁板铜琶的破裂处，漏出了历史的红肉。筑音把一种与剑气异质同构的品质挥发出来，以千钧一发的悬置，构成了汉诗之上难以触摸的天庭。而《垓下歌》与《大风歌》，就是这天庭的梁柱。

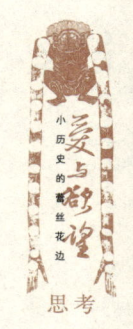

　　但我一直认为，在这三首诗里，对着女人咏唱的《垓下歌》，最靠近诗。因为彻底的绝望，反而获得了诗的确立。

　　这样的诗，被楚狂之气高高抛起。诗是不规范的，无意为诗，但诗性为这样的胸臆铺就了诗境。在此之后，汉语诗歌的面孔逐渐规范、整饬，一副眉清目秀的可人样儿。这样的诗是不能"和"的，异品拒绝仿造。非要为之，不是东施效颦的问题，而是有鞠躬过度、撕裂裤裆的危险。

　　但"和"人无数。军阀张宗昌，横征暴敛，成了北洋军阀当中声名最劣的地痞。他喜欢写诗。1925年张宗昌统治山东期间，曾经花重金请出清末最后一科的状元王寿彭出任山东教育厅长，并拜王为诗歌老师，自费出版诗集《效坤诗钞》分赠海内友好。鉴于自己有1.85米的伟岸身躯，张宗昌的诗总是直追"大体量"的名人与名事。少了冯玉祥"丘八诗"的朴素，反而开启了大跃进民歌的先河。

　　《俺也写个大风歌》："大炮开兮轰他娘，威加海内兮回家乡。数英雄兮张宗昌，安得巨鲸兮吞扶桑。"再如《笑刘邦》："听说项羽力拔山，吓得刘邦就要蹿。不是俺家小张良，奶奶早已回沛县。"再如《天上闪电》："忽见天上一火链，好像玉皇要抽烟。如果玉皇不抽烟，为何又是一火链。"最后这一首，混入到郭沫若、周扬主编的《大跃进民歌》里，绝对活色生香。

　　我的意思是，这样的诗不是特例，某些汹涌于诗坛上的言辞，与之就是五十步与百步的关系。

　　而刻意与历史过不去的厚黑教主李宗吾，于1912年辞官回到自流井。他做官清廉，只好向同乡陈健人借银五十元，以作归计。李宗吾作一首："大风起兮甑滚坡，收拾行李兮回旧窝，安得猛士兮守沙锅。"这是彻底拿帝王开涮了。他出成都东门，至简阳石桥赶船，望见江水滔滔，诗兴又来了，又作一首："风萧萧兮江水寒，甑子一去兮不复还。"荆轲如有所闻，定当首肯。因为四川话里，沙锅、甑子不但是吃饭的家当，更是脑袋的隐喻。

　　厚黑教主提醒千古倒甑子、打破砂锅的人，"闻此歌，定当同声一哭"。

宇 文所安和妻
子田晓菲。

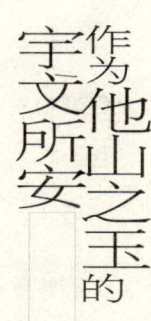

作为他山之玉的宇文所安

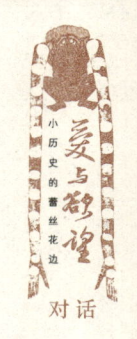

爱与欲望
小历史的蕾丝花边
对话

　　近年，费正清、高罗佩、顾彬、孔飞力、魏斐德、史景迁、王斯福、崔瑞德等汉学家的著作早已成为寻常，而宇文所安则异军突起，尤其是他阐释的唐诗流韵深入人心，行家里手也赞叹不已。其实，宇文所安实为 Stephen Owen 读音所化，平仄玉声，算是妙译了（有人指出"所安"出自《论语》"观其所由、察其所安"，名和姓有胡汉融合的意思），可以让人顿生诗情，直追唐宋地界。比起港台自我拔高的名字王安娜、叶乔治、夏查理之类，显然，宇文氏要高明多多。宇文娶了才女田晓菲（酷爱南朝）后，田又取了一个姓宇文的笔名，唤作"宇文秋水"。一双玉人，高起高打，跨国诗话，缤纷才情，都沉淀在"宇文"（原意为"天子"）这个峭拔于西域、后流散于中原的姓氏上。

　　一个人一生的安排，也许就是源自一次刻骨的"相遇"，在洋人看来，就是一次洗筋泛髓的神启。宇文所安 1946 年生于美国密苏里州圣路易斯市，长于美国南方小城。中国的古典诗词魅力在他幼年的阅读时光中翩然君临，自此欲罢不能，沉迷其间，以至于他父亲担心他的研究嗜好会让他饿肚皮。但宇文十分聪颖，他由一个中国古典文学的阅读者逐渐成为了一代大家，这不能不归结于他的高度敏感。他善于在范式里发掘异样的情愫，并从庸常的见解背后提炼出卓见。这就意味着，宇文不仅仅是敏感的，他更有在邈远山水、草木当中感知诗者命运、悲欢、沉浮的古典情怀。在我看来，宇文已经金钩银画，是汉语的宇文所安，这很容易让我们模糊那个遥远的斯蒂芬·欧文。

　　宇文从 1973 年出版博士论文《韩愈与孟郊的诗》以来，他的研究领域从作家研究推向诗歌史、诗歌理论、文学史、文学理论，在研究领域扩大的同时，又开始对中国文学的深层结构予以全方位考量。随着他的《追忆》、《迷楼》、《初唐诗》、《盛唐诗》、《中国"中世纪"的终结》

以及自选集《他山的石头记》先后在大陆翻译出版，赞美之余，我们发现他治学重心的最显著变化：从"诗史"到"诗学"的挪移。他在古典氤氲中的转身，还让学界中人深切意识到，"一位优秀学者的基本素质，除了勤奋和颖悟之外，最重要的就是能对自己的工作保持不断的反省能力，始终意识到自己的局限——研究类型和自身能力两方面的局限，并对成功的模式具有高度的警觉和随时准备摆脱它的决心。"

旁观者迷，当局者清

诗人就是世界的命名者。因此，说出就是照亮。基于对现实的难以言说，因而今天的诗人们正在失去命名的能力，但总有人试图恢复诗人往昔的光荣。记得我最早阅读宇文的作品是《迷楼》。书名是一个让人浮想联翩的命名，正如它的副标题"诗与欲望的迷宫"所显示的，是诗歌中对欲望的呈现。诗歌是欲望的语感，而欲望几乎就是诗歌的语境。用迷宫对应于西方诗歌，用迷楼来指称中国古典诗词，可谓相得益彰。对这样一种命名风格的偏爱甚至迷恋，在宇文所安来说已是根性。

迷宫里的事物总是被赋予了超现实的光晕。当代中国人对迷宫产生迷恋，主要是源自置身庞大图书馆和时间深处的博尔赫斯。博尔赫斯认为迷宫根本没有出路，那些错综复杂的"假路"，为我们提供了无数的可能，但世界仍在迷宫之中。其实在希腊神话里，米诺斯迷宫就成为了一种极端复杂的隐喻。忒修斯到了米诺斯王宫，公主艾丽阿德涅对他一见钟情。公主送他一团线球和一炳魔剑，叫他将线头系在入口处，放线进入迷宫。忒修斯在迷宫深处找到了米诺陶洛斯，经过一场殊死搏斗，终于杀死了米诺陶洛斯。可见，这是一个有解的迷宫，是一个有出路的迷宫，理性主义的睿智洞悉秋毫，迷宫不迷，我们不妨称之为一种"线性迷宫"。

那么，中国式的迷宫——迷楼，是否有解？或者对有些人来说，迷楼正是保护自我的超级堡垒。

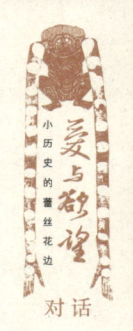
"迷楼"原指隋炀帝在 7 世纪初建造的一座供其恣意享乐的宫殿，其本义就是"让人迷失的宫殿"。无论是谁，只要进入迷楼，就会迷而忘返。在我看来，其实有两种情况：一种是无力走出迷楼；还有一种是根本不愿意出去。那么，无论作为时间纠结的迷楼还是作为空间回环的迷楼，作者似乎都忽略了有关迷楼的另外一个说法：唐代颜师古的《大业拾遗记》记载说："帝尝宰昭明文选楼，车驾未至，先命宫娥数千人升楼迎待。微风东来，宫娥衣被风绰，直泊肩项，帝睹之，色荒愈炽，因此乃建迷楼。"此乃目迷五色之"迷"，色迷迷，更多体现了迷楼的情色空间性质。尽管如此，宇文用以打量迷楼的手电筒，就是隐喻。

正如《迷楼》的翻译者程章灿先生指出的那样，宇文对两类系列的隐喻情有独钟：一个是有关行走、路途、岔道、迷路之类的隐喻，如《绪论》中提到的临阵脱逃——第一章中的离开爱尔兰、进出于舞圈，招引走上歧路、岔道，第二章中的牧女与蚕娘的途中遭遇、陌路的荡子，《结语》最后的走向他方，等等；另一个是有关建筑的各种隐喻，如第一章中的"马拉美内室"，第三章中的"相邻秘室"，"里尔克之室"，第四章中的"回廊"，第五章中的"前厅"，《结语》中的"假出口"、"此路不通"等。可见，书名中的迷楼和迷宫不仅隐喻本书的论述对象，也同样隐喻本书的结构特点和论述方式，是兼具客体和主体双重指向的隐喻。这里凝集了作者的精细和深微用意。

那么，以隐喻照亮隐喻，以修辞的隐喻来"澄清"认知的隐喻，也许会让事情进一步"迷楼化"。中国古典诗歌表达的远不止是一种人生写作经验，它不仅具有审美价值，还揭示了更加重要的东西——它帮助个人确定他在世界上所处的位置。当然，作为纸上迷楼的建筑者，宇文可能比读者更清楚一个用意：他以"隐喻诠释学"行走于诗歌中，他留在诗歌巷道中的身影，也是一种隐喻。这就像一个古物的修复者，他的复原主义努力，恐怕也有不少粉饰成分。这自然让我产生了如下臆想：古人的诗文，真有如此繁奥吗？

宇文所安作出了一种富有生机的解释，意味着他给出了一种他的理解。这姑且叫做"以其昭昭，使人昭昭"，但他显然并不满足于此，而是尝试"抛开固定的期待"，经常给出完全相反的解释，颇有启迪人心之处。宇文所安实际上将古典文学中的作家还原成了具备普遍人性的普通人——《回忆的诱引》对于李清照之潜在的怨恨情绪的发掘，将这种还原推向了极致。所以，《迷楼》的成功，不在于提出了什么观念结构，而在于这些诗歌经过他的复原，给我们（西方人？中国人？）带来了簇新的愉悦。

宇文所安的文体

1998 年之夏，宇文所安跟第五届人文学科国际学术讨论会开了一次玩笑。以"习俗与创新"为主题的大会要求他提供一篇正规论文，他却以"赋得人文学科国际讨论会"这种吟诗心态，写了一篇杂感《微尘》上交。我们知道，宇文的治学功力对于"论文"早已经驾轻就熟，只是他觉得，一本正经地不断重复讨论一些重大问题，已没有兴趣了。

从收有《微尘》的自选集《他山的石头记》来看，宇文不但不屑于写八股文，也反对"洋八股"。《微尘》文笔卷舒，开合自如，所谓深得事物中元的抒写，在宏大叙事为主导的学院派话语中别具一格。其实，《微尘》与他所偏爱的"文本细读"最为和洽的言路，就现代汉语而言，是随笔，而不是散文。

不少学者认为，宇文所安的研究很不够"学术"，宇文所安的多数著作，尤其是《追忆》、《迷楼》和《他山的石头记》，都是有意用散文（essay）写的，这种文体与点缀着大量注脚的"论文"大异其趣。

其实，Essay 固然可以译为散文或者随笔，但具有现代汉语常识的人知道，两者在汉语类型中是有明显区别的。Essay 一词源于法语的 essais，其拉丁语本意即是"尝试、试验、试笔"。在此，随笔作为一种"试验性"文体的特点，已经被"随笔主义"先驱穆齐尔深刻领悟并在写作中有意识地运用了。

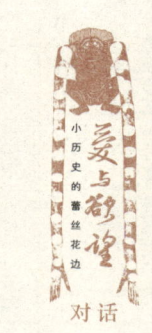

爱与智慧

小历史的蕾丝花边

对话

宇 文所安。

所谓"真正的断片，是举隅物，是时间的宠物"。宇文所安认为《论语》储存了大量的断片，没有说出来的话远远多于说出来的话，"当你能够从只有经验丰富的眼睛才能勉强辨认出的地方，得到作品的表明拒绝提供给你的那种智慧和深沉的感情时，你就得到了为'含蓄'设立的奖品。"其实，断片正是汉语随笔最突出的一个特征。

断片并非碎片，更非整体的碎屑。断片是对思想的深犁。从高处着眼，断片就是个体思想者逾越天堑与宏大叙事的一根钢丝。常识告诉我们，思想必须通过它最"对位"的文体来表达。文体宛如兵器之于技艺的重要。显然，文体意识是由文本在读写过程中的自有功能所决定的。它主要体现在两个方面：为写作提供了编码程序；为阅读暗示了解码方式。我再提示一个如下的思路：思想往往是在思者毫无准备的情形下光临的，它总是以缓慢的姿态出现，让思者松弛下来，准备好盛接它的器皿。它以一个形象、一个反诘、一个断片的彰显来还原我们渴求的形象。时间被劝化了，空间柔软而浑圆，思想得以打开，使黑暗进一步黑下去，黑得雪亮；思想使光进一步纯粹，就像刃口上飘过的细雪……

请注意，在汉语写作中流行了十几年的"人文随笔"，它从来就没有被从未命名的"人文散文"置换过。林贤治先生对人文随笔的解释很清晰：抛弃学院立场，坚守民间，以此立场表明一个非学院的民间价值向度。我认为，随笔不但是散文界的撒旦，也是体制文学散文的异端。散文需要观察、描绘、体验、激情，随笔则还需要知识钩稽、哲学探微、思想发明，并以一种"精神界战士"的身份，亮出自己的底牌。散文是文学空间中的一个格局；随笔是思想空间的一个驿站。散文是明晰而感性的，随笔是模糊而不确定的；散文是一个完型，随笔是断片。它们没有高低之分。喜欢散文的人，一般而言比较感性，所谓静水深流，曲径通幽，峰岳婉转；倾向随笔者，就显得较为峭拔，所谓剑走偏锋，针尖削铁，金针度人。

所以，一些中国学者把宇文的文体定型为"散文"，我以为不妥帖，而应该是"随笔"，这才能符合宇文所安的志趣。

个案举要

宇文所安所说："在学习和感受中国语言方面，中国文学的西方学者无论下多大功夫，也无法与最优秀的中国学者相比肩。我们惟一能够奉献给中国同事的是：我们处于学术传统之外的位置，以及我们从不同角度观察文学的能力。"（《致中国读者》、《初唐诗》，三联书店，2004 年）正是这"学术传统之外的位置"使宇文在面对汉语文学，能够保持持续的发现的激情和不懈的审美努力。另外，在传统文学史忽略的地方，往往是他发掘宝藏的所在——他的确拥有未泯的赤子情怀。有关宇文的赞美篇章已经很多，这里仅提出几个瑕疵，供读者参考。

1. 关于"古诗"

宇文所安说："这是一首古诗，一首人们耳熟能详的诗，是那一些常读常新而又从来没有新过的诗歌中的一首。我们也无从想象它曾经有过一段新的时候，从它在文字记录的历史上第一次出现开始，它就已经被称作'古诗'，包含在一组人们称为'古诗十九首'的诗里。这些都发生在很久以前，而且发生在另一个国家。"（《迷楼》第一章《诱惑/招引》，三联书店 2003 年 12 月版，9—10 页）

其实，在汉代并无《古诗十九首》之说，更无"古诗"之称。齐梁间刘勰的《文心雕龙》与稍后钟嵘《诗品》中始见"古诗"一词，据《诗品》记载当时这类"古诗"尚存有 60 首左右。到昭明太子编《文选》，始在杂诗类中首列《古诗一十九首》之目，又将陆机所拟 12 首成为《拟古诗》，为后人沿用至今。可见"古诗"一称是在六朝经过长期酝酿，随着当时文体分类的细化而形成的，而《古诗十九首》则更是在当时流

传的众多无名氏古诗中，经过反复的筛汰，至梁代中后期方以组诗的面目而定型。

2. 关于"地主"

在谈及白居易《游云居寺，赠穆三十六地主》一诗时，宇文指出："在诗题中使用'地主'一词是不太寻常的。称某人为'地主'，或作一首诗赠给某'地主'，等于承认一个在唐代文学中通常避免提及的事实：也就是说，在中国存在一个权力和占有的结构，有别于由士与农构成的社会。'地主'占有土地，但他不耕作，而且，也不依附于国家……"（《中国"中世纪"的终结》，三联书店 2006 年 1 月版，23—24 页）

这些议论显得有些粗率。唐朝时，"地主"一词已具有了"田地主人"的含义。韩愈在一首诗中就用了"地主"这一含义。杜甫有"清晨蒙菜把，常荷地主恩"的句子，白居易也还写有"海内时无事，江南岁有秋。生民皆乐业，地主尽贤侯"的篇章。这些诗里的"地主"，就是"一地之主"的意思，没有这么复杂呀！何况，出租土地的地主，也未必不耕作，而且他们从来就是依附权力的。

另外，宇文尚有不少对汉语现代诗的议论，我并不苟同。但他没有犯过类似德国马普研究院那样的汉学失误。他超拔于庸常研究的言路和精深，为汉语文学打开了崭新的视域。这意味着并非读书人都可以自称为"读者"，必须有如宇文所安所说的"追忆"，才称得上是"读者中的读者"。退到文字深处的古人，他们的文字，其实就是为宇文所安这样的人而准备的盛宴。

汉字的异质与
郁金香的翅膀
记荷兰汉学家柯雷在成都与诗人的座谈

荷兰汉学家柯雷。

　　这不是一篇学术性的文章，只觉得是一篇应该完成的实景记录。我写了一个开头，就被纷繁的求生文字带往到一个混乱的地域。几个月后抽身返回时，那些鲜活的印象逐渐变异，话语在挪位，从柯雷的嘴唇飞到周伦佑发亮的镜片上，仿佛霓虹灯从水面的返折，我看不见周飞转的眼睛。当阳光推开成都平原上特有的那层雾气时，皮影戏般浮动的影子又正在寻找各自的身体，它们在归位。

非非和郁金香

　　记得是 2003 年 3 月 26 日，周伦佑打来电话，荷兰汉学家柯雷要来四川大学参加一个学术会议，他将设法抽身与非非的诗人见见面。这是周的客气话，柯雷自然不会知道另外的一些非非诗人，他主要是想跟周讨论有关非非的问题：断裂、复活、谱系。两人说来说去还是说，都在设法将书面的尊严转化为口语的滑刷与机锋。这方面他们应该是高手，

但多几个人气氛也许就不一样了，这至少可以令语境产生出一些陌生化，从而铺垫出一些高亢的、向上的、突然陡转的言路。

会面的时间定在 3 月 28 日上午，地点还是在诗人陈小蘩的家里。那里的屋顶花园已经成为我们回顾自身和谱写乌托邦的设计室。这要归功于小蘩的宽容和好心肠。她一直是成都诗歌界高雅而严肃的"蓝袜子"。在去的车上，我就想，对荷兰我又知道多少哇？除了郁金香和风车，除了高罗佩的《秘戏图考》和柯雷的《荷兰现代诗选》，我的确对这个西欧的后花园知之甚少，连柯雷颇有影响的博士论文《被砸碎的语言》的译本也没有见过。

记得有一本书记载道，1593 年植物学家古鲁西耶斯受聘接管荷兰莱顿大学植物园，他带着郁金香及其他植物迁移至荷兰，从此郁金香在荷兰生根。我竭力追忆郁金香那融化在风里的芳香。记得辗转从布兰维尔的《游记》里读到过一个郁金香的历史趣事，说是一个水手给荷兰的大富商送信，在富商家的柜台上看到一个类似洋葱的球茎。他有洋葱癖，顺手放进了衣袋，出来后就开始品尝这个奇怪的洋葱。这是号称"桑伯·奥古斯塔"的极品郁金香，在 1636 年前后，全荷兰只有两株，价值 12 英亩的建筑宅地！可以想象这个误会带来的灾难性后果。

美国狂想家、诗人格雷戈里·柯索有一首描绘荷兰著名的郁金香产地哈勒姆的诗章《哈勒姆奇闻二则》："四座风车，最常见的那种／一天早上被人发现正在吃郁金香。／中午／整个城市闹翻了／尖叫着：恶兆啊！恶兆啊！"想到这里，我面带笑意，正好推开陈小蘩的花园房门。

周的话语被门的运动打断了一下，从上腭滑到牙齿，一些皱纹从嘴唇退往颊部。他脸色红润，容光焕发。陈亚平、陈小蘩、袁勇以及从绵阳和乐山赶来的雨田、龚盖雄，无声地坐在藤编大沙发上。柯雷站起来，很用力地与我握手。他比我还要高一点，约有 1.82 米，精致的光头发着遥远的青光，厚实的胸腔仿佛经历过举重生涯，他笑，很善意。

周续接着刚才被打断的讲述，滔滔的语流在空气中铺排开。他身后的阳光斜切过来，他像一个被分成两半的子爵，讲述早期非非和现在非非的起承转合。"对不起,我打断老周一下,"柯雷的汉语是一口典型的京片子,他从软面笔记本上直起身来,"我的意思是,非—非,啊,非非……"我注意到这个中国通的口语的确是一流的,不但是口音,包括他的表情与恭维都汉语市民化了。但周的发音我们更习惯,周说的是"飞飞"。听得出,这个上升的尾音包含了周的飞翔的欲望,好像在航天飞机上发射穿梭机。柯雷的尾音在放松的舌尖注入了一种下坠的力量,羽毛打湿了水,他断然收拢了翅膀。也就是说,唯有这个下坠的尾音,露出了他的身份,具有一种西语沉吟的意味。他说,"非—非","我的意思是,非—非现在怎么了?"是啊,我乃至在座各位都想知道,非非怎么成了非—非?

我后来在网上查阅到柯雷曾经对一个大连记者说过的话:"我七八岁时就对语言有了兴趣,学了几门外语,还自己编字典。父亲的朋友发现了我的爱好,于是送我一本《中文自学》。这本书使我第一次接触到了中文,中文里的四声一下子使我着了迷……"看来,在那本《中文自学》当中,柯雷理解了纸上的四声,但搬到舌头上,他似乎有一种透过语音问鼎指向的企图,就像用舌尖濡湿纸窗,窥视其中云收雨散的秘密。但这种过早彰显的企图,是容易使人得鱼忘荃的。

匪－废－非－非－飞－飞

周没有时间去品味这个细微的差异。他作为主讲人,在围绕一只看不见的麦克风而俯仰。他在往事与现实之间奋力奔波,以惊人的复述能力召唤着早年麾下那些写作者:他们的虔诚、分歧、狐步舞、以及异化,偶尔还要涉及到未来几年的憧憬。他脱了防寒服,一些手势把热空气挡开,这使得浓聚的沉沉烟雾迅速填补了他胸前的空缺。混合着雾气和卷烟烟雾的气团在他与柯雷之间跌宕。柯雷用手托住下颌,特别突出的额头刚好接触到这团气体。然后,他说,我知道,非—非是"不是'不是'的",这听起来颇像叨念着"非非非不非非"的《大涅磐经》,活在诚

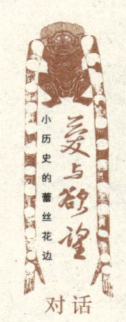

意和经验之外的人是很难明白的。"那么，匪一废现在的价值尺度，或者说，现在是如何看待写作与意识形态批评的关系？"周宽阔的语调开始变得一望无垠，有一种江河归入大海的卷舒。他淹没了一个又一个岛屿，他要把他的视野铺成一片平滑的水世界。周几乎是背诵了《体制外写作：命名与正名》一文中的一些段落，柯雷在这种大洪水的语言浪涛中略有些不安。我估计不是适应与否的问题，他几乎与中国当代的所有先锋诗人见过面，那些咆哮的抗议、急于出名的叫喊、准大师们深呼吸的深沉或低吟他都经历了，不会对周急促地展开大氅一般打开自己的做法有什么惊讶。我觉得，周这种冷静但尖锐的语调是他梦中的语感，他说出了一些沉痛的、关在骨头里的话，同样也是我正在思考的一些问题。周说："对体制文学，非非坚决地说——不！NO！"这不仅仅是个拒绝的姿态，而是整体性的拒绝。就好像一个人敢于断了自己的退路，于是，他握着唯一的笔，行走在危机四伏的道路上，并逐渐充满信心。

柯雷在寻找词汇。我明白外国人在这种需要微妙汉语陈述己见的时候，有一种习惯，就是嘴唇蠕动，但发不出声音。他在寻找不挫伤周以及在座各位，但又要体现自己看法的词汇和短语。这不能是居高临下的，而是在稀薄的赞扬之后，迅速把听众的注意力诱导到一种新价值庙堂下的学院艺术。他说："中国改革20多年了，变化很大嘛。而且现在什么东西都可以发表嘛，即使纸上不行，那么在互联网上不是都可以发表吗？"

估计柯雷平时不大上网，或者很少上简体版的汉语网站。他不知道发个帖子也是要注册、也是经过审查的，斑竹可以随时删除他认为可疑的文字。也就是说，即使你想在互联网上倒垃圾，也是不容易的，估计不比在街道吐苦水、呼口号容易脱身。

他说，"非—诶，啊，非—非。"谢天谢地，他终于启动了纠错功能，"非非好像与所有的先锋诗歌阵营没有什么往来，坚持自己的价值立场和艺术观，这很对。但是，世界正在趋于一体化，口语写作，现在的下半身写作就很流行，你们怎么看？如果坚持成为了一种封闭，那是否意味着非非具有民族主义倾向？"

荷兰汉学家柯雷写诗、译诗，还吹萨克斯。

我记得在昆德拉的小说《生命中不能承受之轻》里面，作家让萨宾娜宣称："我的敌人是媚俗，不是共产主义！"即便如此，作为一种生活美学原则，"媚俗"同极权体制不无关联。这就是说，"精英文化"（比如当下所谓的先锋电影）对国家美学的依赖，或者说，是思想话语向大众话语的无批判的哀求与顺应。可以这样说，"媚俗"的最大特征在于：放弃个体的欲望和趣味，接受体制的、一体化的原则和秩序。也就是说，真实性、独特性与异质性被同化了，它的普适性就像瘟疫一般可以迅速统治一个版图。写作已经被纳入了一种体制、主流写作界认可的模式标准，并把这种标准内在化为个体的必需。甚至，这种必需逐渐可以成为一种依赖和内在的渴求，并为造就犬儒鼠系提供了唯一生育方式。

在我的耳朵里，最后一句话是分量很重的话。如果摊开来说，我们就有成为自我封闭的、夜郎自大的、以一己沙上建筑放大为特洛伊城堡的"诗歌义和团"。如果我没有理解错的话，我们一直是生存在汉语中的诗人，不是口语的、史诗的、翻译体的写作者。非非依靠的资源恰恰是来自西方文化和汉语传统、又根置于当下的语言形态。非非的写作终极就是趋向一种经典写作，它的根性是经典之须。但是，这些均体现在非非很多文章里的观点，柯雷那双非凡的慧眼没有看见。

从翻译体写作到白话写作

我们分别谈了自己的观点。具有语言天赋的诗人陈亚平以《诗歌白皮书》为例，谈了自己对口语写作、翻译体写作前景的悲观。诗人龚盖雄是一所大学的讲师，利用这个机会，展示了他淋漓而尖锐的批判话语。他说，非非之所以成为当代最具坚韧性的写作群体，并不是偶然的。体制外写作代表了 21 世纪汉语写作的正常形态。我则阐述了一个看法，历代诗人都认为写作应该远离意识形态，但在中国，意识形态从来没有放松过对写作的密切关注。它总是要设法把你的笔拉回到它认可的地域，要求以俯身的、弯曲的笔意，实现国家美学的宗旨。也正如乔治·奥威尔所说："对于一种你正患上的不治之症，你不可能发生纯审美的兴趣；对于一个要割断你喉管的人，你不可能感到无动于衷……"但这些言论，显然没有触动柯雷，他也许认为我们在夸大自己的苦难，或者妖魔化环境的险恶。也就是说，他不满意于我们的回答。

这让我回忆起在哪个地方看到介绍柯雷的一篇文章。说他是当代汉语诗歌的旁观者和研究者，不带个人感情色彩，力求客观而中立地研究诗歌。我想，他也许可以近乎完美地达到这些指标，但人总是有观点的。比如，研究当代诗人，怎么不去研究作协体制中的老诗人呢？这其实是在关注中国当代先锋诗歌当中的各种现象，然后把注意力集中到那些影响日益扩大的几个人或者流派身上。但这些人的发福，难道仅仅是因为艺术水平超乎整体美学基线之上么？恐怕不一定吧。对这类问题，我想，柯雷是愿意回避的。

为了活跃气氛，老练的柯雷谈起了汉学家阅读中文的蜗牛速度，视力很难与思维接轨，这是汉学家最不愿意承认的问题，但他讲出来了。他谈到莱顿大学汉语研究领域的设置。他的记忆力是出众的，几乎可以复述他在荷兰关注到的中国诗歌界的一举一动，逻各斯的严格和清晰体现了作为理论行家的原态。他谈及他的博士生的研究方向，谈到全欧洲最为庞大的"中国当代诗歌资料库"，让我们大开眼界。我记得曾经看过国内某个先锋诗人的文章，说自己的诗集被这个资料库"荣誉珍藏"，那口气，估计就距诺奖不是很远了。有了写作的方向，就不至于找不到北。无可否认的事实是，柯雷对当代中国诗人来说，一直是一个巨大的存在。他可以为汉语诗人打开一条字母化的路，并迅速把你格式化，成为磁盘上的一个点或者书库检索栏当中的一张小卡片。然后，你就有权等候着字母的问候和关注，来与之相遇了。

听到我们称一些诗歌为翻译体写作，柯雷显然很不以为然。他大度地说，即使是翻译体写作又怎么嘛，世界不是在一体化吗？翻译体写作也是接近世界的一种方式。我同意他的看法，但问题在于：我们反对把翻译体写作包装成一种汉语普适性的写作，如果汉语写作已经被矮化为翻译体写作，这绝对是白话写作八十多年来的耻辱。

周半闭着眼睛在喝水。他显然从有些激动的谈话场面逸出去了。此时，他极可能徘徊在西昌邛海边的林荫道上，从柳叶上寻找蝉鸣和露水。他回来了，手上似乎多了一片柳叶，刀刃一般的薄。他说话，显得语重心长："和中国文化人相比，欧美文化人心态比较健全，一般具有开放性的人格结构。但这也容易产生另一个问题，使研究失去精神尺度，特别是对汉语诗歌的研究。"柯雷听懂了一半，"伦佑，我明白你的意思，你是指我写文章介绍下半身。"周默然。我想，凭柯雷的名声和诸多效应，大概在中国诗歌界，从没有谁能够如此"纠正"他。但是，周已经说了，一共两次，语调低沉，让人感动。

周的样子总让我联想起精通命相的诗人马克思·雅各布。我想，周的意思并不是想教育谁，而是针对柯雷在标举口语写作、下半身写作而说的。周的意思是，研究什么是别人的自由，但研究者应该有一个比较严格的价值尺度。但这个标准我想柯雷并不在乎，他仅仅是着眼于一种诗歌现象，也许没有顾及这个现象的深层背景、它的动机、甚至伴随而来的负效应。比如，口语与后极权亲善语言的关系，媚俗与国家美学的关系。还有，这就不属于诗学的研究范畴了。

如何从纸上出走

马尔库塞在《单向度的人》一书中，剖析资本主义发展到高度物质化的社会。我想，这其实跟极权社会中的人一样，同样会变成"单向度的人"。写作者都缺乏一种超越身份和环境的思考。极权社会的单向度，是因为容不下异己的声音。物质主义社会的单向度，是因为被物化社会

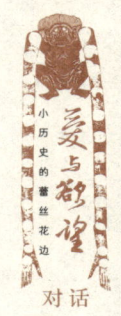

收编。我们在作品里见到的美学范式，往往都是这些液汁留下的蚀刻画。

柯雷显然不属于"不安的缪斯"，他应该属于缪斯的祭司才对。因为像我们这些对写作心怀崇敬的人，不仅会使自己的写作不安，也会令自己的读者不安。某根弦被触动，就会发出一阵连自己也无法预测的响动。每个写作者的一生，都是纸上的建筑，我们可以撒豆成兵。如何找到心灵与思想在交汇之际那种暂时的和谐，并把它置放到恒久的祭坛？如何从纸上出走，从僵硬的体制话语突围，在最真实的生命与生活中活出最完善的自己？

柯雷大度地笑了，突出的额头像蜡一样发光。他必须从他曾经醉心的那些玄妙的"诗歌的节奏"当中抽出身来，来解决非非与环境锋刃般的对峙。但是，他感兴趣的还是，有几个人为什么要另立山头？为什么对于体制外的写作，在座各位都有一致的见解？诗歌的非非是不是逐步在演变为文学的非非，文化的非非，甚至思想的非非？对这种变化，我能够看出，他事先是没有准备的。

周拿出了自《非非》创刊以来至今的 10 本《非非》刊物，有二分之一柯雷没有见过。他像展开履历一样把它们逐一摊开——曝光，激活，飞翔。看看吧，看完之后很多问题就不成为问题了。

估计大家都有些疲倦，雨田拿出了照相机，请柯雷与大家逐一合影。这个沉默的雨田，光光的头，下颌一片钢髯，是个在风尘里一心修行诡异之思的作家。我们的照片，连同我对 40 岁的汉学家的美好印象，被他带回绵阳，连同他本人一起失踪。

我们不妨听听柯雷对中国当代诗歌的评价，为了准确起见，我找到了他发表的一段话，与那天与我们谈的大同小异："首先，中国当代诗歌创作已经繁荣到我无法用简单的语言来描述，它的色彩不是红的、蓝的这样单色调的，而是多彩的；早期的朦胧诗尤其值得一提，这些诗歌中特有的意象手法是我们这些外国人最感兴趣的（如顾城的'黑夜给了我黑色的眼睛，我却用它寻找光明'）；另外，中国诗歌有着与其他国家诗歌一样的特点，那就是这些诗歌反映了诗歌产生的那个年代的一切，我们把这些诗歌同它的时代和地域联系起来，可以看到一个国家的文化和发展。通过中国诗人的作品，我们可以了解到中国的过去、现在，特别是看到了中国的发展。"先锋诗歌已经成为体现一个国家精神文明的东西了，我们再无话可说。

应该说，我们与柯雷之间出现的认识差异，是非常正常的。这是深入汉语之后所造成的歧义。柯雷的汉语语境毕竟是在研究的卷页当中，他精通的几国文字以自由的汁水稀释了汉语当中的一系列不安。他很忙，甚至有权把汉语当作一门可以攻克的高超手艺。而我们的汉语语境，却是具体到了从自行车到性交的每一个间隙。一个外国人，不远万里，来到中国，他把中国人民的诗歌事业当作了自己的事业，他代表一种什么精神啊？

回家的路上，偶然回忆起在来的路上想到的郁金香。在罗马神话中，郁金香是布拉特神的女儿。她为了逃离秋神贝尔兹努一厢情愿的恋慕，而请求贞操之神迪亚那的魔力庇护，把自己变成了郁金香。所以，野生郁金香就是贞操的具象。至于人工栽培的郁金香，那流淌着火焰以及云雷纹的花叶，怕是预示了更为诡异的美学尺度吧。想起那个把极品郁金香球茎当作洋葱的水手，柯雷是不会犯这种低级错误的，他严格的学理应该赋予他清晰的判断，他有足够的眼力来厘清发泡塑料与金属的区别。也就是说，他用来祭献给缪斯的，应该是上好的郁金香，而绝对不是中国诗歌界里那些冒充郁金香的洋葱。尽管郁金香要艰难地开花，洋葱也要失控地发芽。

在我的意识中，郁金香是左旋的花。

如果把利玛窦进入中土作为西方早期汉学，即"传教士汉学"开始的标志，那它已有差不多 400 年的历史；如果把 1814 年 12 月 11 日法国法兰西学院正式任命雷慕沙为"汉、鞑靼、满语言文学教授"作为"西方专业汉学"诞生的标志，西方专业汉学也已走过了约 190 年的历程。在这个源远流长的研究谱系里，以当代汉语诗歌研究为己任的顾彬、柯雷、奚密、戴迈河诸人，无疑是其中的佼佼者。他们必将使当代中国当代诗

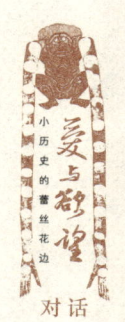

歌获得双重的收获：更加广阔的视野和更为公允的评介。

见到不久前的报纸，说在一场"睁开眼睛——SARS 之后的中国诗歌"朗诵会上，荷兰莱顿大学汉学院院长柯雷不仅现场用荷兰语朗诵，还携其爵士乐队，"柯雷"为朗诵会助兴云云。看来，研究家也是不甘于寂寞的。

学术界认为，我们处在一个"边缘的中心化"和"多元的一元化"的奇特时代，这个背景对时代的写作提出了更为复杂和艰难的要求。不是有人说，非非介入意识形态批判过多了么？注意一下这个前提吧。

既然你的笔不是鸵鸟的屁股，在向天空表情，那么你就无可回避。

附记 本文未经过在场另外诸位及柯雷过目，纯粹是本人的个人印象和感受，特此说明。

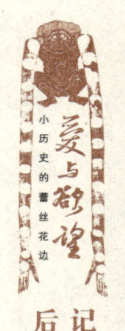
小历史中的梼杌叙事

我视野里的奇人怪语

1

伟人的遗传基因并不总是稳定的，杂交水稻也可能出现变异，高粱杆儿也会变成矮冬瓜。

黄帝的孙子——北方天帝颛顼固然是人中之龙，但颛顼的儿子梼杌却剑走偏锋，成为了"人子"的反词。《山海经》说，梼杌为一种人面虎身、凶狠狂暴的猛兽，也被称为"难训"或"傲狠"，还说梼杌喜好在荒野中拔足狂奔，从里到外的极端无政府主义，没有人能够使其归顺于制度和伦理的麾下。颛顼徒为神仙大帝，可惜的是，他的四个儿子均为邪神，前三个生出后不久就夭折了。第一个死后住在江水中，变做"虐鬼"，散布瘟疫疾病；第二个死后住于若水，叫"魍魉"，以使人生疮害病或者惊吓小孩为使命；第三个死在正月三十，最喜穿破衣喝稀粥，人称"送穷鬼"。只是他们恶的级别不够，比不上恶兽梼杌的名头。

在我看来，这口口相传的历史具有阴谋论和血统论性质。颛顼为黄帝后裔、昌意之子，生于若水（今雅砻江四川境内的雅安一带）。有学者指出，"蜀"在古羌语呼复辅音"颛顼"，其义言鱼，高阳氏之鱼王，即蜀王，也就是禹王；颛顼是禹的羌语名。颛顼二字很奇怪，字书上解释有愚昧、谨貌等义项。颛顼二字均从"页"。《说文》云："页，头也。"足见颛顼与头有关。《说文》言颛顼是"谨貌"，就是"木头木脑"，川语"木脑壳"是也。所以，它被引申为"愚昧"。如果我们把颛顼与三星堆青铜人头像相联系，那些青铜头像就有些木脑壳意味。这幽暗地昭示后人：有其父，必有其子。

中国古代有所谓四大凶兽——贪得无厌的饕餮、穷凶极恶的浑沌、背信弃义的穷奇和好斗不已的梼杌。梼杌的长相是十足凶恶的，《神异经·西荒经》中有云："西方荒中有兽焉，其状如虎而大，毛长两尺，人面虎足，猪口牙，尾长一丈八尺，扰乱荒中，名梼杌。"我估计这样的造型比起玛丽·雪莱笔下的佛兰肯斯坦来，后者难望其项背也。后来梼杌被用来比喻顽固不化态度凶恶之人，《左传·文公十八年》有云："颛顼氏有不才子，不可教训，不知话言，天下谓之梼杌。"

梼杌另有一说是神名，《国语·周语上》："商之兴也，梼杌次于丕山。"另外有一部战国时的书简名叫《梼杌》，是专门记载楚史的史书。我估计写作者是着眼于断木的木纹，取其年轮与史记的吻合，所谓"纪恶以为戒"。这至少说明，那个时代的梼杌恶名并未闻名遐迹，不然，又何必以此来命名煌煌史书？否则，史书则是记恶之书了。

有学者推测，梼杌可能是指某一支好战的强悍部落。但这个与人伦格格不入的怪兽为什么从木呢？我的推测是，在冶炼青铜尚未出现之前，木器不但是最常见的工具，也应该是武器。《说文解字》："梼，断木也，从木，寿声。"在《汉语大字典》当中，"杌"字有一个义项是："砍树剩余的桩子。"因此，"梼"和"杌"放在一起，意思就是：树木横断之后剩下的树桩。焦循 (1763 — 1820) 在《孟子正义》中解释说："惟梼杌皆从木，纵破为析，横断为梼杌。断而未折其头则名顽。是梼杌则顽之名，因其顽，假断木之名，以名之为梼杌，亦戒恶之意也。"

四川与梼杌有关的，在神、人之外，还有一本书，《蜀梼杌》，一名《外史梼杌》，是北宋蜀州新津人张唐英早年的著述。《四库全书总目·史部·载记类》称："其书本《前蜀开国记》、《后蜀实录》，仿荀悦《汉

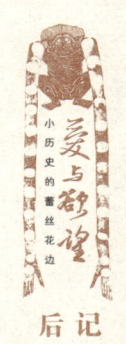

纪》体，编年排次，于王建、孟知祥据蜀事迹，颇为详备。"由于来源于西蜀官方史籍，其立场与北宋官方史籍有异乃至对立。陕西师范大学历史文化学院的王晖先生指出，古蜀人用表示圆木桩的"梼杌"（梼梼）来称呼先辈祖先。可见"梼杌"（梼梼）应是中性词，是没有褒贬之义的。所谓的恶名应是中原诸侯方国强加给的。这就像"混沌（浑沌、浑敦）"一词，最初也是中性词，所以《庄子·应帝王》中用来称呼"中央之帝"——黄帝及其后人的，显然是褒义性的。因此，《梼杌春秋》其义实际上就是"先祖们的历史"（见《史学史研究》2007 年第 4 期）。

我在此引述了一些古事，并非暗含有高标鄙人出身之义，因为我等不过是尘土。只是想说，这梼杌一般的性格，一直就横行在人性的天桥上，稍不留意，它就会冲垮天桥，秀都懒得走了，只以血淋淋的断壁残垣来满足内心的嗜血——而不论结局是伤害对手，还是自伤。

我的青少年时代，在尚武搏击之余，偶尔也会阅读家里不多的闲书，也许这个习惯最终改变了我的命运——没能以拳脚为生。记得那时读《世说新语》，王敦和周处卓然独行的故事很是吸引我，以至于我被邻居视为周处时，自己竟然还以周处后来的除害之举聊以自慰。但这种幻觉终究将彻底消散，以至后来在《水浒全传》里，这种痒意的疮，终于得到了全面爆裂。所以啊，"金疮迸裂"不一定就是亡命之兆，也有大释放的快意。

成年以后，我读明代的禁毁小说《梼杌闲评》，发现其命名颇有深意，既可理解为大恶人魏忠贤评传，又可解释为史事小语。小说确为"大嚼疗饥奸贼脑，横吞解渴残臣血"的泄愤之作，又岂是清风明月的"闲评"？！

哈佛大学王德威教授的《历史与怪兽》一书，围绕现代性和怪兽性的辩证、历史和"再现历史"的两难来展开历史、暴力和叙事之间的互动。梼杌历经了怪兽、魔头、恶人、史书和小说的转变，说明中国文明对历史、暴力和叙事想象之一端。它引发人们思考：历史是对怪兽的暴力记录，还是本身就是暴力体现？王德威指出，"历史只能以负面形式展现其功能：亦即只能以恶为书写前提，藉此投射人性向善的憧憬。扬善是历史书写的预设及终点,但填充文本的历史经验却反证了善的有效或可行性。历史的本然存在,甚至吊诡地成为集恶之大成的见证。"这是说的大历史,我想这并不一定包括个人的小历史。但就我而言,却觉得这当中蕴含了难以言传的诡变和危机……

这就是说,善恶固然是有标准的,但历史并不掌握这个标尺。"秉笔直书"的人俨然拥有这个标尺,读史的后人则人人胸怀真理。我难以做到,只是希望在复原往事的过程里,上帝即在细节中。危地马拉作家奥古斯托·蒙特罗索在《黑羊和其它的寓言》里,借"恶"的口吻独白道:"事实上很难让人们跳出现在的思维模式,恶怎么做都不对,善做什么都有理。"正因为"恶"有这样的想法,"善"又一次幸免于难。

2

我的父母均是体制里的小职员,不尚力,也不习武。他们庞大的家族中没有一个与武功有关。母亲出生于资中县苏家湾,为地主以及(伪)乡长家庭。她怀揣 20 块大洋,步行两天到成都求学医道,但这样的努力并未改变她的家庭命运。后来,父母几乎就是"伪人"(体制的命名技术,是对于不同制度下的机构、官职统统冠以"伪"字,古人说:"伪者,人为之,非天真也。"在我看来,这有些近似于清朝公文中那些加口旁、加三点水旁的怪字)。旧时母亲家中有佩枪,有电话,有制糖厂,出产蔗糖和各种蜜饯。这些背景使得她必须沉默寡言,就像被时代的粉碎机打磨出来的小石子,噼噼啪啪,黯淡,制式划一,发出破响。父亲是"国民政府幼年空军学校"第五期学员,校长是宋美龄,学号 1411。1949 年没有去台湾,而是留在了祖国,他必须养活他的一大堆嗷嗷待哺的弟妹。他像落在盐锅边的青蛙,只得冒险前行。父母在 1960 年左右从乐山双双调到自贡市盐化工系统。他们的结合,其实是糖与盐的综合,像比例不甚适中的糖盐水。后来,此消彼长,接近钱钟书所说"盐溶于水,有味而无痕"的状态。

父亲唯一的爱好是体育,后来与母亲邂逅,一起参加过第一届全运会。

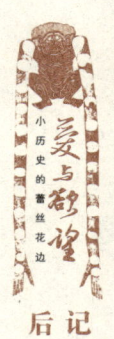

因此，我从小学二年级开始，就被送到业余体校参加训练。初去练竞赛，后来改田赛，最后是篮球。训练过程中发生过几次脱力性的昏厥，这锻炼了我的体格和毅力，十三四岁就显示出强大的肺活量，达 4000 毫升以上。肌肉力量却是在 16 岁后逐渐爆发出来。那时，体重仅 100 斤的我，就可以跟搬运工角力、扭扁担。

我的老家位于川南自流井，当地附近荣县和富顺两县有少量的民间习武传统，多属峨嵋派嫡系，有关诸如余和尚、罗跛三爷的传说，一直是茶馆里的话题。一旦有什么高人从"岩上"下河到自流井张家沱、灯杆坝，往往就会在茶馆里引起骚动。

自贡盐场的特点是："牛头对马岭，不出贵人出盐井。"尽管当地出了谢奉琦、雷铁崖、李新琪、曹笃、龙鸣剑等一大批同盟会的豪杰，但当地人口语里的"贵人"，指的却是大官，这乃是官本位价值谱系中的常态取向。据我所知，本地所出最大的官乃是戊戌变法志士刘光第。1898 年 9 月 5 日，光绪下诏赏他与谭嗣同、杨锐、林旭四人四品卿衔，在军机章京上行走，参预新政。这至多就是个省部级而已。旧时号称自贡有三大异人——厚黑教主李宗吾、罗跛神腿罗三爷、筹建富顺文庙的肖永升肖三公，但在上世纪七十年代，只有罗跛神腿罗三爷闻名远近。

罗跛三爷名利田，号心丹，仙市乡（镇）箭口村斑鸠石罗家大院人。自幼习武，可惜是个跛子，自流井、富顺的武师都认为他非练武之材。罗跛三爷后去荣州拜朱沙罐为师修习字门拳术。据说他扬长避短，在跛脚上形成了独门腿功。某年，陕西会馆的陕西拳师雷老陕在汇柴口元朝井设擂，扬言以 100 头牛作赌本，说是谁要赢了他，这些牛就归胜者。一时之间，自流井万人空巷，都挤到张家沱之上的汇柴口。摆擂七七四十九天，自流井竟无人是其对手。有好事者远赴富顺，将罗跛三爷请来。罗跛三爷到得擂台之下，雷老陕见罗跛三爷是个跛子，哈哈大笑。这激怒了罗跛三爷。他最恨别人嘲笑他是跛子。他嘿嘿一声，径直往牛群走去！走了一圈，罗跛三爷就招呼同伴离开，下张家沱去喝烧酒。雷老陕跳下擂台拦住罗跛三爷，要罗跛三爷上台比武。罗跛三爷并不理会。

正说话间，那打赌用的牛群，轰然倒地，每头牛额头有一个指洞，罗跛三爷用指力在牛头上戳了一个窟窿！

雷老陕赶紧跪下请罪，摆了酒席赔罪，据说还成了罗跛三爷的好朋友。这就是在自流井茶馆里反复流传的"罗跛三爷单指破百牛"的故事。

仔细想想，这固然夸耀了罗跛三爷的指力，手指如捅条——不，简直是一台拆房子的破碎机。不说别的，100头推卤牛是什么价钱？清末时期，一头"头班个子牛"价在20两银子左右。这样的代价，岂能是一个练家子拿得出的？看来，这不过是茶客们附会神功的结果。但茶客并不理会人们的分析，他们说了，这叫功夫！懂吗？

我不懂，只好洗耳恭听，津津有味。罗跛三爷押运井盐顺沱江入长江出川、罗跛三爷在灯杆坝力插旗杆……

后来我考证出来，罗三爷在汇柴口擂台是动了手的。他被雷老陕抱住双腿举了起来。电光火石之间，三爷以跛脚瞄准老陕头部一戳（即字门功夫的"一"字），老陕顿时昏厥。陕西同伙为了报复，设计邀请罗三爷再去元朝井。罗应邀前去，刚一进门，门内忽然逐出一条2000斤以上的盐场"打人牛"。来势凶猛，三爷闪身避过，用二指点击牛头，牛顿然俯地。人们破开牛尸，头骨已被戳穿一个孔。这就是"罗跛三爷一字破牛头"的本事。

1979年前后，我开始习武。从偶然得到的一本长拳套路书上，悄悄依葫芦画瓢。练得起兴，把房前屋后的树木打了个遍。手掌骨折过两次，脱臼的次数就多了。我的双脚绑着铁砂袋，一绑就是几个月。其实，那时社会风气中并不流行武术，要知道，电影《少林寺》是1982年才上演的。

那时社会上依然有文革武斗的余续，偶尔有练家子在茶馆里现身，比如将一把竹椅子坐断，或者把茶碗瓣碎，茶馆里的幺师一般是赔笑，根本不敢谈赔偿。茶客一见，知道有高人发招了，立即代为掏钱，递上烟，东套西扯，是希望练家子再露几手。如果对方好说话，把酒喝了，还可以跟着学几招。那时我几乎每天都在自流井东兴寺街上的大茶馆里厮混，有天见到一个老头儿，自称叫王老师，大热天给我握手，对方的手像生

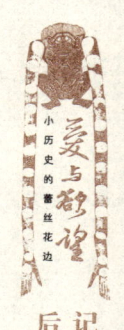
铁一样冷，我一用力，他的手却滑出了我的掌握。

"伙子，劲不小啊！"川南行话里，故意省去了一个小字，是显得尊重。

听到这样的称呼，我笑笑："王老师，听口音你不是本地人。"

他嘴唇蠕动，把川西乐山一带的口音滤去了一些："啊啊，是嘞。来找一个亲戚，不巧亲戚搬家了。只好在茶馆里打听打听……"

王老师大约五十多岁，个头中等偏瘦，穿一件黑呢中山服，花白的头发向后倒伏，眯眼扫视众人，眼珠像炭精一般，看得大家心颤颤的。按照社会上的说法，王老师的眼光就体现了他的"内行"（读"行走"的"行"），是有内功的。这并不如金庸小说里那些高手，动辄印堂高高鼓起，活像脑壳进了水。

几个人凑钱请王老师吃饭，凉拌猪耳朵、卤猪蹄、高寺牌高粱酒一瓶。王老师很满意，兴致一来，朗声念道："一树开五花，五花八叶扶。皎皎峨眉月，光辉满江湖。"我们几个愣头青自然听不懂。十几年后，我根据记忆里这首诗的读音，在湛然法师的《峨眉拳谱》里找到了原文，才明白王老师是峨嵋派出身。

2008年初，我在写作《与绞肉机对峙的中国身体》时，苦心搜集石达开入川的资料。偶然发现，石达开的"记室"（文书）何崇政是一代武林高手。他精于峨眉枪和棍法，因此在石达开军中常教亲兵习武，深得石达开喜爱。须知，石达开出道前就是广西小有名气的练家子，与九纹龙史进类似（事见凌善清《太平天国野史》）。翼王在成都科甲巷巷口被处以凌迟之后，何崇政试图以武林力量来东山再起，无奈应者寥寥。他后来在峨眉山落发为僧，法号湛然。

王老师并不多解释文绉绉的古诗，他提到了罗三爷："三爷是字门中人。此拳发源于江西，传说一个叫罗明的僧人依靠岳飞的硬门拳，再化蛇搏斗之巧而创，流传于湖南、河南、四川等地，清朝时期极一时之盛。在四川，字门在川南、川东很是流行。"

说完，他起身比划，身形带起了破风声："字门武功，最大的特点是收势须成'之'字或'一'字形，四两拨千斤。高桩长手，大起大伏，没有固定套路，因'字'与'智'谐音，故以字取意，一个字就是一种攻防动作，一个字就是一个练功心法。"

他伸手带起我们当中的一个，一推一带，膝盖靠死对方下盘，对方立即倒地。王老师的动作颇像舞蹈。他把我也拽出来，我已经注意到他的手型，含胸塌腰，不丁不八，让过了他晃手之后的一字腿。我点了一下，后退了两米多。

王老师哈哈一笑："伙子，你有点根基。出手贵软而忌硬，贵圆转而忌散漫。我看你腿部力量可以，但手臂细软。"说完，他掏出纸笔，写了一个方子给我："每天'劈手'后，用药洗一洗……"

我至今觉得，中国历史舞台上只有几类人——勇者与伎者、君子与小人——轮番表演。自然了，秉权者不在此例。他们只是偶尔与民同乐才混迹其中。勇者容易成为权力的筹码，但伎者又何尝不是如此？后者连筹码也算不上，不过是为酒意的发作提供触媒，甚至吮痈舐痔。君子，应该是如苏轼《墨君堂记》所言"群居不倚，独立不惧"的那种人。汉语中的勇者属于冷兵器时代，身体的力（只是如今的学者一般视之为暴力）爆发出来的创造力，是对一种伟力的复原和模仿。它那"形而下"的直接造型，贯穿的却是身体浪漫主义的精髓。所以，一个在舞台上飘飘欲仙的人，与一个突施搏杀的勇者，区别在于前者体现了人体与大自然的亲和，是情景"空气动力学"的同盟军，后者则必须以伤害为技艺指标。旁观者中，不露声色者，多是崇尚"斗智不斗力"的浩然之辈。他们喜欢回到书斋和计谋中，在纸上斗力。以纸的方式，消解或禁锢体力与技艺，比如，我们都玩过的"纸刀"、"纸子弹"；再比如，后来大热的"纸手铐"。

人的心理习惯随着环境的变异是可以改变的，但一个人的身体习性则未必。那时，我浑身的关节都可以爆响，惬意无比。二十多年后，我每天还要做俯卧撑、压腿，哪天我骨节不响的话，八成是风湿或感冒即将发作的征兆。所以，置身文字深处，每天听见自己的骨节噼噼啪啪，连鼻梁下部的软骨也可以翕动而弹响，就像词语的拆卸和组装，有意思

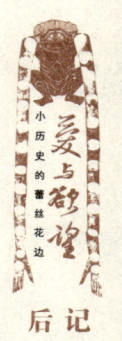

没意思，无需多说。

3

我估计，自己算是有点恒心的人。每天"劈手"早晚两次，每次击打五百，手臂立刻肿了。用药水洗后，第二天基本复原，接着再练。一个月后，手臂上的汗毛全部褪尽，多年以后也不长了。三个月后，握紧拳头，发力，手臂发出老黄竹一般的色泽。

后来王老师让我打铁砂袋，手臂开始发黑。他开了另外一个方子的药，药水洗后，手臂显得脏兮兮的。

王老师偶尔还在茶馆里闲坐。我那时读高中，只好约两个人经常去偷废钢铁，卖了几块钱再请王老师吃饭：凉拌猪耳朵、卤猪蹄、高寺牌烧酒。王老师偶尔指点我几句，平时并不多言。我估计，是我出的钱太少了。

1980 年初，傍晚是人们最躁动的时候。男人们灌够了烧酒，骨头发痒，只好出来溜达，但又无处可去，就在马路上走来走去。谈恋爱的男女一见这阵势，就赶紧选偏僻一些的地段，绕道而走，以免招来麻烦。一来二去，脚杆发痒，平滑的马路也要起一个凼凼。某个傍晚我听见街面上一阵吆喝，狂风一样，知道出事了。

一个外地的货车驾驶员，在路边买烟，估计是嫌贵，与贩子动了手。有上百人围观。我挤进去，右手抓住凶暴暴的司机手臂，一拐。他反力相抗。我缩指成爪，一扣一拉。他吃不住痛，身体歪向我一边，开始失去重心。我知道机会来了。我是左撇子，对准他的肋部斜切了一掌。掌沿像切到了一团猪油。

司机蹲下去，没有声音，但开始呕吐。我走了，快步离开，到茶馆泡茶。盖碗里的茉莉花还没有沉底，进来不少人。递烟，点火，有人马上开了茶钱："伙子，那个司机还没走哟，是不是下手太重了？"

王老师进来了，一言不发，像不认识一样，躲在角落里喝茶。我感到有点异样，就不大理睬众人。大家觉得无趣，就各自埋头喝茶。两个警察进来，高喊："哪个打了人？"众人都没有开腔。司机待在门口，我看清楚了，他大约有三十出头的年纪，体重至少比我多出 40 斤，胡子八叉的，颧骨高耸，从筋骨上看，是个下力人出身。但是他怎么禁不起我一掌呢？我绕到司机身后对他说："你再不走，老子叫你走不成！"

他听懂了。用手捂着腰，对警察说找不到人，算赎了……

王老师慢慢走过来，坐了一刻钟不说话，喝茶。他吐出了一根茶梗："出手没有轻重，你这样下去很危险！唉，其实练武练的就是一种心性。"说完起身就走。这一走，我再也没有见过他。现在想起来，生活中的告别远没有诗意，很多人与你擦肩而过，一辈子就再也不会见面。二十多年了，王老师的面庞日渐模糊。如今我只记得他的眼睛，炭精一样，偶尔会在黎明时分我的某个遥远的梦境边缘闪烁一次，两次。一醒，他就变得面目全非。

我的习武之道并未终止。我开始狂练腿功，立定跳远，下蹲，负重登山，金鸡独立……几个月后，已可以凌空踢碎 2 厘米厚的木板。但对手不是木板，他不可能在你的最佳发力点等待你的飞腿。我开始找人比试。

街上有个人叫雷洪，成天在练剑术，风声大作，从不与人说话，傲得很。我对他说，要过过手。他笑了一下转身就走。我赶上去，几十个人立即围了一圈，公路交通立即瘫痪。他突然回身，双手按在我胸口。我倒弓，卸了他未吐出来的力道，双脚直踹他的胫骨。这是他想不到的。令我也想不到的是，他身体前赴，像一个失去革命立场的面口袋，门户大开倒向我。我再次起脚，把他踹上天……我回家拿来跌打药酒，他还歪在地上呻吟、呕吐，秽物和鲜血。他自己把药酒在腰部涂抹了半天，一言不发就走了。过了几天就请我喝酒。我们还交了一阵朋友。他的力道太差，无论他怎么练，除了击打不懂武功者，否则是毫无用处的。

记得几年前我在乐山大佛游玩，看到了这个雷洪。他大腹便便，像个老式推土机，比孕妇还孕妇；头发稀疏，提个包包，但像局长那样油光满面，不怒自威。他已经认不出我了，他的眼睛色迷迷地盯住与他手拉手的妹子。我想，真该对这个油水肚皮再补一脚，他的体态就不至于如此不堪。

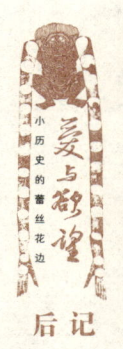

史载，董卓为司徒王允杀死，后被值夜的军士在肚皮上插了一根灯草，点了整整三天三夜，板油还未耗尽。后来董卓的部将李催郭汜兴兵为董卓报仇，想把董卓的尸首装在棺材里，结果装进去几次，均被雷霆劈裂。雷洪不是董卓，估计他的肚皮比董卓的要小一号，点灯的话，可以支持一天。

哦，记得上世纪八十年代初期的路灯都是昏黄的，好像是统一制式。路灯下看不清行人的面容，灯光把人拉成竹竿，鬼影幢幢。而且一到晚上 8 点，街道上就无人了。无人而备显空旷的街道是寂寞的，时间就像悬挂在茶馆顶棚的白炽灯，糊满了死蚊子。

《楞严经》云："见见之时，见非是见，见犹离见，见不能及。"我浅显地理解为：在眼见的作用中，见到所见的事物时，所见的事物并不是能见的自性；能见的自性，远离所见的事物和能见的功能，因为能见的自性，不是能见的功能所能见到的。我偶然参悟此语，已经是 20 世纪末的事情了。

1999 年，我在《卞和》一诗（见《非非》2000 年年鉴）开头，回忆了那一段暴力岁月："我自幼迷恋杀戮，在不规则的年代投身搏斗。大口大口吐血，手掌骨折断。我给自己接骨、正骨，因脱力而未能复位。天气阴冷，手背上突起的包块唤醒疼痛，蛰伏底部的激烈随时可能漫过大堤。弯曲的掌骨让我想到壮烈、荒唐和任性……散漫的回忆，引导脱离主旨的细节，直立、自行其是。尖叫折断梦的翅膀，我成为体制中人。从茶的呼啸中惊醒，在亏空的肾脏盛开。纵欲、出名的场面，在文件下演绎。从往事中突出的锥尖，是飞翔的终结者。我卡在噩梦与美梦中间——悬念明亮依旧。丰润生汁的身体继续膨大。危机过去了。亲吻定格，被舌头深入。粘腻的怀念在嘴角意犹未尽。聚合、发衍的可能是多方面的，细节在故事的悬崖纵身一跳，延伸为悬空的梁柱。白天休息，在黑夜成长，汇聚足以同主旨抗衡的思想，满怀血气去劈荆斩棘。"

现在看来，这段描写不真实的地方在于：我那阵还因为开始练硬气功，不但不近女人，还因为肾脏经常发出暖水冲刷的微声，很少遗精，自然对女人没有实质性兴趣。与女人交往，是纸面意义的，写信、寄枫叶、借书还书之类的情义。一言以蔽之，是纸情。一张纸就隔开了我与明亮事物的关系。它们投射在纸背的光，并没有留下影像。比如，那个时代的女性青春，肉身革命尚未从宽大飘逸的衣裙里突围而出，很容易被"倩影"一词囊括并抽空。倒是纸质的纤维造像，飞如暗器，逐渐成为了我的光源。

4

1982 年，我立定摸高达到 3.15 米，被选拔去参加四川省中学生篮球运动会的集训，几乎就不再上课了。每天早晨长跑 5 公里，下午练球。晚上，又坐到茶馆中。

教我硬气功的师傅，依然姓王。他是贵州气功王高老山的徒弟。70 年代末，高老山组织的气功团已经开始在东南亚一带巡回演出，王老师不知什么原因离开了。他天庭开阔，梳着大披头，发出凡士林的油光，但还蓄起内地人罕见的浓密八字须，有些像香港的打星元华。这就不和谐了。他浑厚的嗓音旁若无人，让人联想起广播站级别的普通话。我估计，普通话是被演出憋出来的。在背后，人们喊他"港客"。

王很不喜欢"港客"，说这是骗子的称呼。他甚至故意装作大舌头说话："港客？嘶哑地暴叫'钱钱钱'。我怎么是骗子呢？"

"港客"只用一招就把我镇住了。

坐在茶馆里，"港客"目露精光，把粗大的胳膊平放在茶几上，胳膊上纹了两条龙。可惜的是，他的太阳穴像个暗门在翕动，没有如金庸、梁羽生描写的那般"高高冒起"。手臂上鼓起了一个鸽子蛋大小的包，包在手臂上游走，像个潜泳者。我看见包块游到了上臂，在腋下消失。十几秒后，包块在另一腋下出现，然后顺手臂徐徐而下，抵达手臂指尖。手掌血红，突然胀大如蒲扇，然后，渐渐蔫下来。

"想学？"他嘲讽的嘴角向下撇了几下。

我感到这个人比较难对付，"水"很深，因而没有作声。

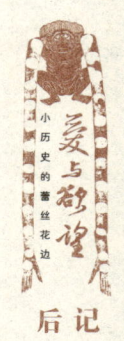

喝了一瓶白酒，他高兴了，决定要试我几招。我们来到茶馆背后，那里有一座很大的沙丘。他双手卡腰："你来推我，用你所能想到的任何方法。"我自信自己的腿部力量，一侧身，猛然用肩、胯顶过去，力道起码也在300斤上下。但竟被反弹回来，如同撞到一砣生铁。

他的八字须翘起来："呵呵，如何？撞痛了吧？"

第二天，他又来喝茶。当场用掌劈断了茶馆门口的5块红砖。

从他双手运气的姿势上，我想起曾经在秘本《少林绝技汇编》里看到的导引图式。但问题是，少林气功的意念导引，是从下丹田开始流注循环，先达会阴，过尾闾，沿督脉上行，经夹脊，至玉枕，再到百会，顺前额下至面颊，过"鹊桥"(指舌)，接入任脉，仍然回到下丹田。这就是人们所说的"小周天"。"港客"的导引术似乎不同，是从左侧到右侧，从左手到右手。

我提出了这个疑问，"港"客没有说话，只是惊异地看我。转身走了。

傍晚，他把我从家里叫出来，样子很严肃："也谈不上拜师了，因为你是学生，估计你也拿不出钱。你晚上开始'入定'，懂吗？排除一切杂念，觉得太阳从百汇穴不断涌进身体，体内光芒万丈，把光热汇聚在丹田。有感觉了再说吧。"

我谢过他，深夜就在小天井里入定。舌抵上腭，全身放松，摒弃一切思虑、欲望、杂念，用自然顺腹式呼吸法，以鼻吸气，不勉力而行，顺其自然，以意将吸入的气微微送入下丹田。

有天深夜，父亲起来小解，看见我站在小天井里，像个疯子，把我臭骂了一顿。我以后就从后门溜出去，在河边练习。一周以后，我逐渐感到丹田大热。而且练习完后，根本无法入睡。

记得那阵正是冬季，我仅穿一件毛衣，下身穿一条单裤，也不觉得冷。

在这个紧要关头，"港客"却出事了。

他在川南运送一批"货"，与宜宾、叙永一带的黑道发生火并。一个人对三二十人，他受了几处刀伤。我看到他的时候，他坐在茶馆里，身边多了两个帮手，一个帮他提包包，一个为他拿衣服。

　　"港客"叫人打开包包，里面有两把长剑，以及单刀、九节鞭、线标、三节棍，还有两根 3 寸宽的腰带。这些器械少量是表演道具，多数是真家伙。二十几天不见，港客瘦了一圈，八字须像螃蟹嚣张的大钳，占领了面部的很大地盘。港客手臂缠着纱布，文身的龙鳞从纱布缝隙里冒出来。他伸手拿剑，转动庞大的腰肢，比划了几个姿势，像个戏剧人物。他再换刀，速度大为加快，可见使刀比用剑要拿手得多。他身边的两个帮手一看就不是蜀人，骨骼棱棱，像水竹一样筋节有力。

　　对于器械，我除了在业余体校偷练过几天棍术，别的一无所知，因而无从评判。

　　"港客"简单说了说受伤情况，也没有更多自吹，但坚持不喝酒了，说是怕影响到"内行"。临走，他突然问我练得如何了？我实话相告，他指点了几招。比如，如何把丹田气引向头顶和胸腹，但如何上到手掌，他就不说了。

　　3 个月后，他试了我一次。在我头顶放了 5 块砖。我把意念堆往百汇，他抢起一块就砸下来，我发力向上一挺。头上的砖碎了，当时觉得头略有点晕。因无大碍，觉得十分神奇。

　　别人不讲就算了，我开始琢磨如何把气导引到手掌。记得是一个晚上，大约 10 点钟，我在后门边的釜溪河边的一个码头练习吐纳。釜溪河发源于荣县北境尖山子，古时称荣溪、荣川，清代至 20 世纪初又叫自井河、盐井河，长 146 公里。两百年来，本地的井盐多是经船运，盐船所过之处，建有专用的运盐码头。码头就像一个动词，激活了码头周边的人居与商业，并逐渐演变为集镇。相对于刚硬的咸风与重浊的卤气，釜溪河则过于清浅了。它带着盐船磕磕绊绊汇进沱江，再转入长江，直走楚天和江南。

　　深夜，尚可以看见停泊在码头周围的盐船乌篷里，透出的煤油灯火光。静下来，甚至可以听见船老板云雨的声音。木船把失重的力量昭示在水上，云雨越是激烈。秋水涟漪荡至河心，声音伴随煤油灯的微光倏然入水，像一条鳝鱼在空中逶迤，再刺破水面。我闭上双眼，两手平摊，世界只有河风的呼啸，将盐船推远、将云雨抛开。但一张破报纸突然在风中噼

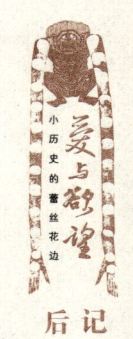

啪作响，而一些落地的枯竹叶也闻风而动，像一个死人掀起了末日的鲸骨撑裙，灯笼翻转，把一连串臆想中的太阳裹住了，这让我头皮发紧。骷髅有表情，显得镇静而矜持，与那些聚光灯下的歌星相仿。张开大嘴，吹气如夜来香，如臭牡丹，但颔骨的闭合装置失灵了，大口无声，如蛇吞象。白骨发出玉石的荧光，迎风长肉，渐渐丰腴，但腿脚还是白骨。河风弱了，贴地，猛然又旋起，再黏合一股凉意顺脊柱冷冷而下。我一惊，发现浑身早已是大汗淋漓，而且被风吹冷，脚心却没有知觉，但是我并没有摔倒。

看了看表，时间过去了4个钟头！怎么可能？我估计至多也就是半个小时的样子。但4个小时就流过去，把我的腿脚冲刷得毫无知觉。我上身暴热，下体寒冷，像个被怪刀砍开的子爵。

星光洒满了河岸，蟋蟀鼎沸，将河面绞碎。那激烈的云雨声潜伏在一口锅里沸腾，而一层绸子碎片浮起来遮盖，碎得不能叫绸子了，但感觉总是丝织物。软而烂的水面，躺着银河的一翼。它略一搅动，丝绸完好如初，在风中抖动。裙子在风中滴水。白骨之脚，在水体上兀自跳起芭蕾，一步一条死鱼。

我不清楚为什么会想到这些。那个骷髅如果从幻境里来到我跟前，我绝对要打碎她，把她的烂骨头填进她的蛇嘴。我心头烦躁，胃有点痉挛，索性跳进釜溪河游了一个来回。回到岸上，抽支烟，仰望星空，觉得躯壳化在泥土里，扶也扶不起，关也关不住，魂要出去梦游了……

星星往天空深处殒落，河面上就多了一个鱼泡，就像希望，在一种不喜不悲的状态中持续。然后，风把水面带往对岸。

一觉醒来，发现自己遗精了，心里大为不快，也隐隐不安，又跳进河里游了一阵。总觉得那个穿长裙的骷髅，来过。我闻到身上有股奇异的香气。

两天后，觉得浑身燥热，与朋友说话，对方惊讶地发现，我的舌苔全黑了。我感到是岔了气，就是俗称的走火入魔。好不容易找到"港客"，他冷冷一笑，那撇夸张的八字胡像蝙蝠翕动。我猛然觉得，这一开一合的姿势，很像骷髅裙底之物。心里一惊，如入冰窟。他说："这是你活该！

你不该自以为是。你自己想办法吧。"说完，跳舞去了。

那时没有出租车，连人力三轮在号称"小山城"的自贡也尚未出现。赴舞会，人们也是大汗淋漓地走。我厚着脸皮跟到了人民公园的舞场。这是一个露天的篮球场，塑料布把这个昔日的政治聚会空间包裹起来，密不透风。2角钱一张的门票，3角钱一瓶的汽水，就是说，5角钱即可以实现平地飞升。奥吉亚斯的牛圈经过匆忙改造，就成为了情欲的飞地。沉默多年的高音喇叭，已经不再吐出口号和宣言的唾沫了。胶木唱片吱吱呀呀，声音贴地蛇形，喇叭只吐温柔的黏液，黏黏糊糊，在篮球场上飘起了可疑的毛毛雨。估计是舞池里汗味太大，主办方不得不喷洒浓郁的空气芳香剂以正视听。还可以发现，那时的男男女女都喜欢穿白色的衣裤，紫光灯打在身上，白得妖异，像丹田融冰，直走胯部。一曲终了，红灯四射，有些胖婆绷得太紧，卡着腰特意把"骆驼桥"亮出来（这个词，我是到上世纪九十年代才知道的），在舞曲间隙里等男人邀请。"跟着感觉走"的序曲响起，紫光灯中的"港客"显得笨拙而用力过猛。那阵流行"站舞"，所有的舞客全部浸在昏昏欲睡的臆想里，双股战战。越是舞池的中心地带，越是安全。联防队员手提电警棍，在浓得化不开的饺子阵里巡视，也拼命往核心乱挤，看见有伤风化的举动，会突然扭亮警棍脑壳上的电筒，光束总是直奔髋部。他拍拍那个梦游者的肩膀，示意回到法制现实，要规矩点。"二排"一走，又秩序井然。据说，还是有发生性交被捉住的。"港客"粗大的胳膊搂紧一个女人的腰，女人成了8字，还腾出一只手在摸女人的下身。他在失重，激起了涟漪，像一个高举篙竿的船夫，白色的牛仔裤帐篷在女伴的"骆驼桥"上走秀。但是，他的八字须把灯的紫光挑起来，像挂霜的猎手。他安心埋伏，透过女人的卷发，看我。他的半截脸，海洛因一样的白。

这是我最后一次见到"港客"。后来听说他跟一个女人在人民公园长椅野合，被联防队抓了个现行，整成了流氓。估计也定不了什么大罪，但他就此消匿了，蒸发得干干净净。

事实上，当时我就明白，"港客"不过是在等我出钱，付他一笔他

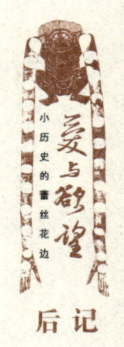
认为"大体可以"的学费，才会为我处理岔气的问题。但我身无分文，自然不再会去考虑这事。这大概也是古话"富不读书，穷不习武"的真谛吧。

打听到我的一个同学陈永东的父亲是习武者，我去找他。陈伯很热情，给了我一点麝香服下，屙出很多黑血。他练的是内功，无法处理硬气功出现的全部问题。他为我封闭了气道，建议我改练，我没有照办。舌苔恢复原状后，一天晚上，我试着运气。

丹田蕴热后，硬气功发气如同托举千斤巨石，肠肠肚肚都在向上，好像腹腔都被提空。我感到嘴唇发木，一股发腻的液体直冲天堂，鲜血喷口而出。那个穿裙子的骷髅，除了脑壳外，身体已经与常人无异，就像舞池里的女人，有肉的韵致。她的蛇嘴把我的血接住，立即唇红齿白，然后俯身，吻我的脚。但她的脑门发出紫光灯的反照，冷沁色，像裹挟青苔的冰块。

我倒地了，剧痛让我醒来，摔倒时肩膀撞在一把铁锹上。这是当时的我无法解释的怪事。过了2个月，我再次试图验证，沮丧地发现，骷髅不但再次显身，倒在我怀里作娇柔状，而且她吐出的味道不再是臭牡丹，而是腊梅花的浓香。我连自己以前拥有的"气感"也消失了。

上世纪九十年代，我早已变成了一个文学青年，循规蹈矩，还戴眼镜。偶然读瓦尔特·本雅明的著作，似乎发现了一些端倪。在本雅明的理论中，韵味是传统艺术的总体性规定，就是震惊。本雅明面对的是波德莱尔，他发现了"震惊体验"——是在"故事"中绵延承接的经验，无法把握机械化大生产的庞大物质景象时一个诗人的潜意识恐惧。他发现自己注定生活在过去不可信任、现今不可把握、未来不可预见的拥挤的空旷之中。在我看来，就是一个空洞拉伸出来的罩子，区别于深渊的是，我能看见，我能触摸，但是我无法说出。

在本雅明眼中，震惊是一种现代性体验。它和社会的急剧变化以及新事物层出不穷地涌现有关，人们对此缺乏准备，因此而产生了震惊。"韵味在震惊经验中四散"，这是本雅明对波德莱尔的概括，也是对现代文化，特别是对机械复制时代艺术反应的说明。但我奇怪的还在于，面对"气感"消失的震惊之余，却有一种韵味在震惊经验中悄然聚拢。我看见骷髅日益丰腴，盆骨的温床把涟漪荡往后腰，臀部把所有的线条悬挂起来，成为了腰线的辐射，将我无数揣测的丝缕逐一展示。她成长为一个女人，把我斜躺在地面的影子捡起来，叠好，装进她的裤袋……

王斑在《全球化阴影下的历史与记忆》一书的第三章的"篇引"，是本雅明的一段话："历史中的所有阴差阳错，所有的哀伤和失败，都可以在人的脸相上，更准确地说，在一个骷髅上表达。虽然骷髅之为物，毫无象征性的表意自由，毫无古典的和谐得体，脱去一切的'人文'的修饰，但在其中，人受制于自然这一事实则表现到了极致。"我不能确定我已经完全吃透了此话的意思。骷髅人既是历史表象之物，又是现实的表意之形，纵横交叉。当它与那个舞厅的女人意象磷火归一时，我必然会受制于历史，其实也暗示了我会受制于现实，受制于现实中女人膨大的身体。因而，有关"女人是水做的"之类，我是不大相信的，她们才是难啃的骨头啊。

这样的情况，逐渐出现了，震惊都来不及！

5

1983 年五六月份，我经常在家昏睡，经常迟到，为免心烦，干脆就不去学校了。自己偶尔吊火车出去散心，往南到宜宾的安边，或到重庆沿线游玩。这里，必须记录其中一次回家中途时的突发事件。

邻居小高很耿直，他已经工作了，在看守一所河道闸堰。由于井盐滞销，盐船的踪迹稀稀拉拉，闸堰逐渐成了河上的摆设，但修理闸堰的工具房依然完好，老虎钳、锉刀、钢锯、錾子、二锤都很齐全。利用这个机会，我找到一根无缝钢管，点燃红炉，用两天时间制作了一把火药枪，长度刚好可以放进袖管。

我到卖鞭炮的杂货店去问，他们竟然有很多根鞭炮导线，每根有二三米长。我买回来，把导线剪开，倒出黑色的火药，有一大塑料瓶。

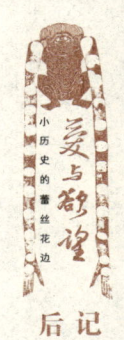

导线里木炭太多，硝石、硫磺的量不够，我从闸堰的石壁刮下硝石，硫磺只好去买。回来又配置了两天，我均出一小勺炸药，包好，塞进一个枯树洞，用一根导线点燃。枯树没倒，但炸出了一个大洞。开始时，火药枪枪膛里我只装一寸长的药，用捅条捅几下即可，红炉旁的铁屑就是理想的铁砂弹。

我站在闸堰上试放了一枪，一声闷响，声音并不大，但撒在河面上的声音扑了回来，四面都是金属桶倒塌一般的破响。这才发现，火药枪的声威，是在枪响之后。

小高不敢靠近，甚至不敢来试放一枪。他偶尔出钱与我一道外出，够哥们。其实，这也是我之所以制作火药枪的一个原因，但我违背了以前练武的原则。他不能打，也不能跑，在外面就危险了。

一天傍晚，我们从内江返回，到D镇火车站下了车，步行十几里，到达了D镇街上。

因为认识一个朋友何镇江，就住在D镇，我去过几次。D镇分上下两场，起始于古代传递文书档案和接应官员小息的驿站，近代以来成为自贡井盐外运的陆路门户。随着社会经济的发展，随着地矿部第二地质大队和盐业地质钻井大队管子站、市无线电三厂的相继落户，逐渐发展为人口稠密的市镇。清末民初，维新党人、哥老会和江湖行帮多在这里聚集结社。人杰众多，比如大名鼎鼎的江姐江竹筠、戏剧家陈戈、高僧正果大师就出生在此。D镇历来还是耕牛销售地，人来货往，市井繁华。一条主街长达三华里。商店像街道的翅膀，悬挂两旁，布匹、百货、农副土特产品充斥其间。这里小巷子尤其多，曲折盘回，不知终点。

D镇人喜欢挖地窖和地道，因为此地有深厚完整的粗质黄砂岩。何镇江家里就有一个地道，可以通往屋后的菜地。说这些大家可能不感兴趣，我再提到后来崛起的恐龙博物馆，估计大家就猜出是哪里了。

我和小高找到何镇江。那个年代，夜晚的小镇早已关门闭户，好不容易敲开一家饮食店的条门，草草吃点东西，大家就在空无一人的街上闲逛。

　　街道上除了昏暗的路灯和风中飞舞的纸屑，真是鬼都没有一个。明晃晃的月光，撒在马路上，像一层盐粒。但是，我觉得要出事。

　　10 点钟了，何镇江觉得太寂寞了，提议约 D 镇的美女李桂花出来。我听他说过几次，李桂花无比妖媚，很"椭"（自贡方言，很漂亮之义），与社会上不少人有染。何镇江带我们七八拐，来到一栋土墙房子。他吹了几声口哨，李桂花一面穿衣服，一面悄然开了门。她穿一件那阵时髦的运动服，下着牛仔裤，发出轻微的笑声，风姿颇为老练。说实话，我当时非常惊讶，很难把眼前这个身高近 1.7 米的女人，同身后孤零零的土墙烂屋联系起来。

　　李桂花带我们去附近一个学校操场闲聊、冲壳子、哈哈大笑。声音惊起了树上的乌鸦，呱呱乱叫，把一树的月光摇落，银光的弧线不断弹跳，然后熄灭在李桂花的腿上。

　　何镇江故意约小高到一边闲聊去了。我和李桂花在操场来来回回地踱步。我一直无法看清她的面庞，她走的是一字步，模仿模特儿的步伐。据说，少女时节的女人，总是喜欢这种紧凑而略带防卫的步态。但从实际效果来看，她摇晃的腰肢像插在捣药臼里的木杵，显得嚣张。

　　周边的树林聚集了一层淡雾，飘来牛粪和田野的气息。而且，田野的气息里还有一股稻草的霉味，习惯了，就觉得舒坦。树冠就像铅笔速写，赋予眼前这个女人一种不真实的出尘感。

　　多年以后，我读到本雅明的书，尤其是他 1928 年出版的《单向道》。在这本书的扉页上写有如下献词："我以她的名字将这条街命名为 / 阿西娅·拉西斯街 / 作为工程师 / 她让这条街穿过作者。"阿西娅·拉西斯是本雅明近乎单恋的情人，有些像叶芝之于毛特·岗。我注意到他使用了富含深意的"穿过"一词，爱如利刃，诗人们喜欢那种被爱深深刺中而拔不出来的持续感觉。所以本雅明后来提出了他的美学旨归："都市诗人的快乐是爱，但不是一见钟情，而是灯火阑珊处的爱，这最后一瞥的永诀在诗章里与神奇的时刻相融合。"这种浓郁的气息，我当时的确能感受，只不过说不来而已。如今一点就破，道理清晰了，但气息漏

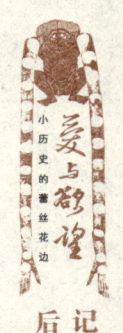

走了。

所以，李桂花是一盏昏暗的路灯，既无法照亮街面的动静，也无法梳理街巷的走向，她照亮的是暴力荡漾街区的岁月下我的一个截面。

一会儿，听见一串脚步急促而来。上来了3个人，年龄都要比我们大。他们说，李桂花怎么在操场上卖骚？显然根本不把我们放在眼里。我说，说话规矩点，我们不过是在摆龙门阵。对方嘿嘿几声，拳头就砸过来了。

说句实话，多年来我很少感到害怕的味道，但此时体会到了。嘴里有一种我不熟悉的味道，像那个骷髅用蛇嘴吐进来的肺气，发冷，陌生得坚硬，还有一点点香味。我的身体和骨骼在气味的穿刺下发痛，痛不可挡。我伸手，但对方的拳头已经击中我的额头。

月亮破了，一树的月光破了。我猛然觉得，手脚在冷意中痛得发热。

我突然接住了对方的第二拳，右手锁住他的锁骨，左手反拐，将他的手卸脱臼。就在对方下蹲时，我再用膝盖猛顶他的面颊。这一顶，少说也有三百斤的力量。

枪？一个字飞舞在眼前。火药枪插在袖管里，但是没装引药。我抽出来当短棍用，对准另外两人就抢过去，直到枪管弯成一根弧条，才住手。

三个人倒在地上，奇怪的是都没有吭声。

李桂花早不知到哪里去了。我和小高、何镇江往外走。小高说，肚子痛，钻进了学校的厕所。这应该是紧张造成的腹泻，我和镇江只好在外面等，一面把弯曲的钢管拗直。这一等，来了二三十个人，手提扁担，把我们围了个严严实实。

我们退进厕所。我和镇江用肩膀把小高送上围墙，让他上房顶呆着。我对镇江说，你熟悉地形，自己设法吧。我出去了。

这段往事，我只跟一个在医院的朋友讲过，他学术地认为，高度紧张引起血压上升、心跳加快、代谢率提高、细胞耗氧量增加、血管舒张、脾脏中的红细胞大量进入血液循环、骨胳肌和心脏中血流量加大，同时抑制消化管蠕动，肠壁平滑肌中血管收缩，血流量减少，人的力量倍增，反应速度比平时迅猛；外形可以出现瞳孔放大、毛发直立。这些就是在精神极度紧张时的反应。可以认为肾上腺素和去甲肾上腺素的作用在于动员全身一切潜力应付紧急状态。对他的分析，我没有多说，只是问："紧张的人，也有屁滚尿流的吧。"他不否认，但承认自己没有经历过。

我当时觉得，既然走不了，那就不走。第一个想法就是，必须下重手迅速打倒两个，才有希望脱身。这一想，力量回到腰部，我努力调剂呼吸，镇静多了。

我站住，好大的月亮啊。对方在乱喊些什么，我已经听不到了。一阵劲风，我侧身让过一根扁担，但身后的风声已经迫近后脑。我大喝发力，扁担击中后背，立即弹断。我捡起那根断扁担，立即打倒两个。

月光黑下来，我几乎能看见对方慌乱的身形。我往一堵墙边靠，只要背后无人，我估计还能抵挡一阵。靠住高墙，对方不敢上来，那种拿扁担像刺刀的姿势，至少是懂一点招法的。因此我突然冲向一个高举扁担的身影，扁担在空中，手立即被我制住，卸下，用风魔棍的打法，横扫下盘。

我觉得差不多了，拔腿狂奔。看见一堵围墙，一跃而过。外面是农村，不禁心头一喜。

几块石头呼啸而来，追我的人迫近了。我纵身一跳，落地，却陷到水田中央。泥到了腰腹，人立即拔起来，再跳，我又落到第二块水田里。追我的人在田埂上绕来绕去，我跳了四块水田，侧身倒卧在水田边的水草下。听着他们从头顶跑过，知道他们肯定会原路返回，因而没动。

为什么我知道他们一定会原路返回？没有地缘理由，只是觉得田埂曲折，世界漆黑，如果他们不原路返回，就会绕很远，不划算，何况他们内心也是恐惧的。记得侧卧在水草丛里，我是不速之客，打扰了青蛙的求欢仪式，它们陷入了集体缄默。青蛙是雷公的使者，俗话说"青蛙叫，雨水到"，但对着明月高叫而求欢，也许是人类的仿生学行为。

偶然想到李桂花，想起何镇江。他可以在深夜熟门熟路把对方叫出来，而且是口哨勾魂术，我认定他们是交易过的。而且，这个交易引发了当地人的醋意。这个在水田里获得的猜想，事后证明是正确的。

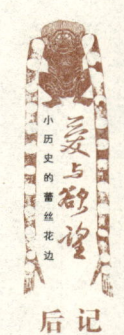

多年以后，偶然读到法国戏剧家萨缪尔·贝克特在《马龙之死》里的一段话："……假如一个人等了足够长久，就将永远等下去。因为经过一段时间之后，已经什么也不可能发生，谁也不可能出现。除了徒劳无益的等待之外，再别无可能。也许，他的情况正是这样。"我的情况并非如此。我觉得今天的历险很奇异，我并不慌乱，但愤怒让我忘记了冷意，尤其是辜负了大好的月光。

待他们拖拉着脚步从头顶跑过回去，我从水田起来，却失去了方向。我看了看表，已经深夜 12 点，怎么办？

隐约听见火车的汽笛声，估计距离铁路线不远，于是朝估计的方向走。我的鞋早不知去向，穿袜子狂走。

半个小时后，我找到了铁路。辨明方向后，走 10 公里回到了市区。我的指关节、肘关节均有脱臼，皮肉伤有十几处，背部发乌，痛得无法入睡。

第二天见到小高，他没事。他躲在厕所房顶，下半夜才下来，他是顺公路步行回来的。

几天后镇江也回来了。他说，他是从一个地道跑出去的。厕所里会有地道？会不会是李桂花的幽径？这就不是我能知道的了。他最大的贡献是，竟然把我陷在水田里的皮鞋找回来了。这双车轮底皮鞋，后来一直带我进入初恋时节。

我没再说什么。但是我一定会再去 D 镇。

如果说"入魅"的过程是源于一种对权力、情色的狂喜，那么，我的"入魅"则只能是一种遭受屈辱的狂怒——我连对方的哪怕一张脸都没有看清楚！我要返回到"魅气"弥漫的 D 镇街巷里，让那些游走在昏暗光线下的魅影，在暴力中显形。

6

一个月后，觉得事情早过去了，我当时手里有 20 元，就请了 7 个哥们喝茶。其中有两人练有打铁蛋子之技，几乎百发百中。这有些像古代那些打飞蝗石的人，级别不高，但特实用。为此，我特意打听到一家化工厂有磨球机，请人找了半口袋，一斤一个的，正顺手。

已经进入雨季了，从东兴寺茶馆出来，飘起了漫天细雨，看来一时半会停不下来。大家装作互不认识，乘公共汽车而去。售票员总是眼观六路，老于世故，根本不问我们是否买票了。一个钟头后，车到 D 镇终点站，大家下车，稀里哗啦，雨下得真大。

我来到街上，空无一人。走近李桂花的土屋，我学何镇江的口哨，一种山鹧鸪的叫，呜呜呜呜呜，"行不得也哥哥"，音调委婉。屋里灯亮了，但又迅即熄灭。我当时想，多半是没有吹出激越的荡音，或者，雨水把哨音打湿了，跑偏，对方对不上暗号，自然不理睬。另外的可能是，何镇江恰好就在土屋里！

多一事不如少一事，为什么还要去找李桂花？何况事情多半不可收拾，她一旦知道了，会很麻烦。这只说明，我对这个女人有想法。我把她的下身虚化了，而把上身奋力拔高，成为了大理石基座上的胸像。

我们退到土屋旁的一条小巷子，干等。等待戈多。何镇江告诉过我，那三个人就住在这里。

我觉得，他们不会出来了。甚至希望他们不出来。一个人一直把自己埋在仇恨里，当他伸出头来，发现仇恨颇像牛屎堆，自己就是一只屎壳郎，在勤奋地推路过桥。我玩的不过是粪球游戏。

比我狠的人多的是，"港客"就是一个。他是"吃人粪的戴胜"。戴胜喜欢四处巡视，体态风度极佳，头随着步伐一点一点的，节奏鲜明，是一个头戴礼帽、体态潇洒、衣冠楚楚的大人物。这种唐·璜式的嚣张装束，很容易蒙蔽青睐的眼睛。戴胜太懒，把粪便堆集在巢穴内，臭气熏天难以入鼻。这反而成全了它，构成一种知名的武器。若遇敌害，它就从尾脂腺分泌出一种黑褐色油状液，气味恶臭，把危险排拒在自己的空间之外。

比较起来，我不如"港客"。他无所谓仇恨，所以他有懒的本钱。

一道门开了，灯光把一个懵懂的身影铺在地上，看样子是去上厕所。他撑开伞，所以根本没有发现有一群狼围在周围。

嗖的一声，我知道有一颗铁蛋子飞出去了。铁蛋正中后背，他哇了

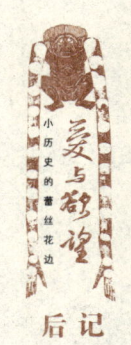
一声就前扑倒地。几道门相继打开了，出来几个人，一见阵势，一些人慌忙关门，一些人急不择路，竟然往街上跑。

立即又打倒三个。一个人跳过来抱住我，在这之前，我找不到动手的机会，现在送上门来了。我用肘夹住他的头，顺势往墙壁上撞，"穿夹壁"的土墙也塌下一大块。

巷子里喊声四起，我们马上退走，是希望他们追上来。但没有一个人出来，反而扫兴得很。

晚上10点钟，还有一辆收班车。10分钟后摸到车站，看到一辆公交车，前后门大开，车灯明亮，但里面空无一人。凭直觉，知道是陷阱。我们立即上小路，急行20里赶到D镇火车站。不管有没有客车，货车总是有的。

我买了十几个馒头、包子和一瓶高寺牌白酒，大家吃了，情绪逐渐兴奋。

一进火车站，大家分开走，赶上了重庆到安边的慢车。

……

治安部门追查了很长时间，没有找到线索。何镇江被弄进去盘问多次，他只说，当晚有人证明他不在现场。这人是谁？我没问，也无需问。我没有向他说明一切。

20元能够做什么？做成了一桩在我生命中撞击不已的事情。这7个朋友，现在均已成家立业，我就不说他们的名字了。从内心深处感激他们，尽管那时，我们是多么无知和血性。

有一天我问何镇江："山鹧鸪是怎么叫的？是不是呜呜呜呜呜呜……"

他泛起死鱼眼睛，翘起了鱼嘴："不是。是这样——'行不得也，花哥哥'……"

7

我的叙述应该结束了。

时间到了2008年金秋，我论述古代侠义的专著《拆骨为刀》由重庆出版社出版了。回到老家，几个朋友请我到D镇喝手工茶、吃豆花。我们来到一家开设在果园中的农家乐，浓密的树荫下，老板反复看我，我笑笑，发给他一支烟。我发现 D 镇变得十分陌生了，那些小道、巷子、厕所、桉树林之类，已经被房地产的热潮摧毁殆尽。

当地的文学爱好者也来了两个，我把《拆骨为刀》分送大家，讲了一个《淮南子·人间训》里的典故：世事纷繁，却彼此暗含玄机。由于事物是不同类属，这种现象随处可见，又难识别。所以，有些事态看起来相似，却分道扬镳；有时，有些事物的现象看似不同，却殊途同归。有时候好像是这回事却又不是；有时候好像不是这回事却实际上正是。

谚语说："老鹰嘴里掉下了死腐鼠，富户虞家要遭灭亡了。"这话怎讲？说的是这样一个故事：虞氏家族原是梁地的大富，富足殷实，钱财多多。虞家在大道路口边建了一座高楼，经常在楼上设宴，摆排乐舞，宴请宾客，大玩弈棋之类游戏。有一次，一群游侠结伴而行经过楼下，楼上玩博棋游戏的人，赌博忘形，大笑不止。正在这时，一只飞过老鹰将嘴里叼着的一只死腐鼠掉落下，正好落在一个游侠脑壳上。游侠听到楼上的喧哗，以为是虞家人故意扔下的死鼠。那位倒霉游侠就对同伴说："虞家富贵享乐的时间已很长了，平时对人常轻慢无礼，还有一种侮辱人的心志。我们平时不敢冒犯他们。今天虞家竟然用死鼠来侮辱我们。此仇不报，我们就无法在天下树立英勇之名。我们协力，一定要消灭虞家。"当晚，众游侠合力杀入虞家，把虞家消灭了。

侠的本义就是"辅助和挟持"；義字指羊，是"用我来宰羊以作祭品"的意思。又因"我"字指宰羊的兵刃，故義字从我。侠义之魂戛金断玉，响彻古代中国的锈红色长空。侠义之士就是放弃自我的一群人。拆骨为刀是一种自戕，成为他们的唯一选择。喜欢武侠的人，知武而不知侠，慕侠而不重义，就是本末倒置。文绉绉的"游侠""任侠"一类的词语，在西汉就变质了，以后更是江河日下。唐朝诗人写了很多纵马仗剑闯荡江湖的豪迈诗篇，其实，他们一般是骑在毛驴背上雄视古今，踏上致仕之途或碰壁后，又慢镜头一般在落寞中颠簸，脑壳却在拼命壮怀激烈，臆想"十步杀一人，千里不留行"，姑且就叫"驴上诗思录"吧。所以，

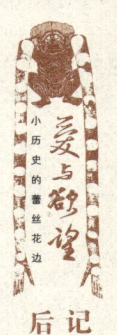

不要一听"侠"就双股战战。

在座的人楞楞看我，不知道我这番倚老卖老的话在指什么。

如今喜欢高谈"祛魅"的知识人，很难明白一点：祛魅需要比"入魅"更多的力量和时间。祛魅后，我们的身体就像经过大扫除的客房，墙壁有凹洞，也有涂鸦，地面全是扫帚扫划出来的水痕。

我置身的果园里，有几株金桂和银桂花，香气在桔子林间盘绕，拉出了狐步舞的蛛丝弧线。桔子青红相间，几滴露水，滴落在我头上。

我问老板："这里是不是有个叫李桂花的人？"他很肯定地回答："没得。从来没得。巴掌大个地方，我活了四十多年咋会不晓得？！"

图书在版编目 (CIP) 数据

爱与欲望：小历史的蕾丝花边／蒋蓝著．
— 北京：中国青年出版社，2012.1
ISBN 978-7-5153-0377-2

Ⅰ．①爱… Ⅱ．①蒋… Ⅲ．①随笔 Ⅳ．① I313.65
中国版本图书馆 CIP 数据核字〔2011〕第 108679 号

书　　名：爱与欲望：小历史的蕾丝花边
作　　者：蒋蓝
责任编辑：庄庸　王昕
特约策划：席永君
特约编辑：李满意
装帧设计：周明
出版发行：中国青年出版社
社　　址：北京东四十二条 21 号
邮　　编：100708
网　　址：www.cyp.com.cn
门 市 部：(010)57350370
印　　刷：三河市君旺印刷厂
经　　销：新华书店

开　　本：700mm×1000mm　1/16
印　　张：19.25
字　　数：160 千字
版　　次：2012年4月北京第1版　2012年4月河北第1次印刷
印　　数：1—8000册
书　　号：ISBN 978-7-5153-0377-2
定　　价：39.00 元

本图书如有任何印装质量问题，请凭购物发票与质检部联系调换。
联系电话：(010) 57350337

后花园图书

这是"川籍诗人学者"蒋蓝近十年从被人遗忘的历史角落里挖掘出来的历史或现当代人物"小传记"。

说此人物传记"小",因为它并不是讲述著名或非著名人物的"全传",而是鸡零狗碎的细节、琐事,甚至片断的"小小"传,堪称为一个人人生那面墙里的某个断砖,或者,就像历史这个小姑娘的蕾丝花边:如国画大师陈子庄的晚年、林徽因的李庄时代、李宗吾的牛虻思想、萧红的别样情事,以及叶芝的幻象、普希金的名利场、奥威尔的异端……是谓"小历史"断片式的学术思想随笔。

本书使用了田野考察的手法,辅之以历史资料考据,可贵之处是含有独特的个人化价值判断,加之行文文体均采用了散文(思想随笔)笔法,最大真实地在历史语境里还原人与事的形态,此为"小历史"之优。在作者看来,人物是历史空间中最为关键之处,而人与事的结果往往为历史学家们过分关注而使人物的情感日趋"干枯"……这就是所谓"大历史"之劣。

蒋蓝是如何从"大历史"之劣转向探索"小历史"之优的呢?只要看看他是如何掀开历史这个小姑娘的蕾丝花边的……

上架指南/历史读物

ISBN 978-7-5153-0377-2

9 787515 303772 >

定价:39.00元